编 委 会

南阳会战

中国对日最后一战

秦　俊◎主　编　李学峰◎副主编

人民出版社

河南科学技术出版社

目　　录

前　言 ……………………………………………………………… 1

第一章　门号作战计划 …………………………………………… 1

第一节　"绝对国防圈" ………………………………………… 1

第二节　"一号作战" …………………………………………… 3

第三节　"门号作战计划"出笼 ………………………………… 9

第二章　双方作战准备 …………………………………………… 10

第一节　日军作战计划的传达及研究 ………………………… 10

第二节　日军第 12 军的作战计划 …………………………… 13

第三节　中国参战部队在豫西鄂北的布防及作战部署 ……… 14

第四节　中国 31 集团军的作战部署 ………………………… 16

第三章　日军陷宛城 ……………………………………………… 22

第一节　南阳地志 ……………………………………………… 22

第二节　宛人有着光荣的反帝传统 …………………………… 23

第三节　南召前哨阻击战 ……………………………………… 27

第四节　三路日军包围南阳城 ……………………………………… 29

第五节　日军调整了计划 …………………………………………… 31

第六节　浴血南阳城 ………………………………………………… 32

第四章　宛西前哨战 ………………………………………………… 40

第一节　五龙庙坡阻击战 …………………………………………… 40

第二节　符沟血案 …………………………………………………… 42

第三节　激战灌张铺 ………………………………………………… 44

第四节　申鱼池遭遇战 ……………………………………………… 45

第五章　血战西峡口 ………………………………………………… 48

第一节　日军犯西峡口 ……………………………………………… 48

第二节　攻城前之部署 ……………………………………………… 52

第三节　血战西峡口 ………………………………………………… 57

第四节　激战马头山 ………………………………………………… 59

第五节　滞留在淅川的 163 联队 …………………………………… 61

第六章　歼敌重阳店 ………………………………………………… 66

第一节　激战奎文关 ………………………………………………… 66

第二节　制定袋形战术 ……………………………………………… 70

第三节　血战马鞍桥 ………………………………………………… 72

第四节　歼敌重阳店 ………………………………………………… 75

第五节　乘势东进，夺回半川 ……………………………………… 84

第七章　粉碎万寿节攻势 …………………………………………… 87

第一节　霸王寨争夺战 ……………………………………………… 87

第二节　日军万寿节进攻计划 ……………………………………… 89

　　第三节　中国军队的部署 ·· 92

　　第四节　瓦解日军北线进攻 ··· 93

　　第五节　击破南线进攻之敌 ··· 107

第八章　乘胜反攻 ··· 117

　　第一节　反击作战 ··· 117

　　第二节　敌军增援 ··· 119

　　第三节　赶筑重阳店附近预备阵地 ·································· 121

第九章　互有攻守，双方僵持 ·· 126

　　第一节　中、日双方作战部署的调整 ······························ 126

　　第二节　中国军队的反击作战 ·· 129

　　第三节　大块地防守战 ·· 131

第十章　中国共产党领导下的抗日活动 ·································· 135

　　第一节　日军暴行 ··· 135

　　第二节　抗日宣传与组织 ··· 147

　　第三节　南阳抗日自卫纵队的抗日活动 ··························· 155

　　第四节　宛南抗日游击队的抗日活动 ······························ 158

　　第五节　镇平、方城的抗日游击活动 ······························ 161

　　第六节　民团与南阳会战 ··· 165

　　第七节　民众对国民党军队的支持及抗日活动 ················· 174

第十一章　南阳会战的制胜原因及历史意义 ·························· 181

　　第一节　抗战胜利、日军投降 ··· 181

　　第二节　南阳会战制胜原因及不足 ·································· 186

　　第三节　南阳会战的历史意义 ··· 192

第十二章　反思历史,面向未来 ………………………… 195

　第一节　不仅是一个民族的灾难 ………………………… 195

　第二节　日本播州友好访问团访问南阳 ………………… 196

　第三节　铭记历史,发展中、日友好 …………………… 201

附　　录 ………………………………………………………… 203

主要参考书目(资料) ………………………………………… 264

前　　言

史学界普遍认为,在八年抗战中,中国军队在正面战场一共进行了22次会战,其中就包括"豫西鄂北会战"。

关于"豫西鄂北会战",在不同的著作中,分别被称为"豫西鄂北会战"、"鄂西会战"、"荆江两岸战斗"、"老河口会战"、"西峡口战役"和"南阳会战"。

笔者认同"南阳会战"之说。

何也?

在这场会战中,中国投入兵力14.8万人,日本投入兵力7万余人,而中国军队用于南阳的约10万人,日本用于南阳的约5万人(用于宛西①4万、南阳1万)。这场会战,不仅始于南阳地区南召县,也终于南阳地区内乡县的马鞍桥。而且,它的主战场就在内乡和淅川,重点是西峡口。

这场会战始于1945年3月22日②,终于1945年8月19日,历时将近5个月,时间之长、战斗之激烈,"为八年抗战史所罕见"③,"较之

---

① 宛西:南阳古称宛。南阳以西的四个县——镇平、内乡、淅川、邓州,称之为宛西。今之西峡县,时叫西峡口镇,为内乡县所辖。

② (台北)河南西峡口军民抗战实录编辑委员会编:《河南西峡口军民抗战实录》,2015年2月,第41页。

③ (台北)河南西峡口军民抗战实录编辑委员会编:《河南西峡口军民抗战实录》,2015年2月,第390页。

台儿庄战役毫不逊色。"①

南阳会战的直接参与者黄润生,在其《八年抗战最后一役——西峡口之战》一书中说:"西峡口战役是会战(豫西鄂北会战)中最激烈的一场战役,也是身为中国军人最值得骄傲的一仗。"②

在南阳会战之西峡口战役中,有四次大战——重阳店、豆腐店、大横岭、马头寨(钵卷山),我中国军队打得非常顽强,战果也很辉煌。

一、重阳店之战(4月1日至4月7日):中日激战七日夜,"最后我军力保奎文关,前后歼灭日军110师团以下官兵(包括139联队队长下枝龙男、大队长国本正次、代理大队长小矶,以及大尉松在内)4000余人。此歼敌数字,被日军防卫厅战史室编辑的《日军在华作战纪要》一书收录,很显然,这是翔实的史实"③。"此次空前胜利,较之台儿庄战役,毫不逊色④。"

二、豆腐店之战(5月3日至7日):攻击豆腐店之日军,乃110师团⑤163联队,该联队是日军训练出来的山岳作战部队;我方作战之主力部队,乃第85军之110师,该师师长是廖运周,以作战勇敢而著称。双方经过六日之激战,日"大队长稻垣少佐负重伤,两位中队长阵亡"⑥,丢下大批死尸及武器逃往霸王寨,"前卫突围之

---

① (台北)中央军校第七分校王曲师生联谊会王曲文献委员会编:《王曲文献·第4部·战史:抗日之部(下)》,1996年5月,第896页。

② (台北)中央军校第七分校王曲师生联谊会王曲文献委员会编:《王曲文献·第4部·战史:抗日之部(下)》,1996年5月,第957—985页。

③ (台北)河南西峡口军民抗战实录编辑委员会编:《河南西峡口军民抗战实录》,2015年2月版,第95页。

④ (台北)中央军校第七分校王曲师生联谊会王曲文献编辑委员会编:《王曲文献·第4部·战史:抗日之部(下)》,1996年5月,第896页。

⑤ 师团:日本军事编制单位。师团相当于我们的军,师团设师团长,师团下为旅团,旅团下为联队,依次往下为大队、中队、小队、分队,分队相当于我们的班,每个分队大约有10人组成。

⑥ 《日军在华作战纪要·日军投降前之派遣军》第1册,第529—530页。

官兵,到达后方时皆有死后复生之感。①"我方清扫战场时,"发现敌弃尸1130具、死马289匹、山炮3门、轻重机枪3挺、步枪173支、骡马41匹"②。

三、大横岭之战(5月6日至5月9日):攻击大横岭之日军,乃日军110师团之139联队;我方主力部队,为第9军之28师。事后,第28师师长王应尊撰文回忆当时的作战情况:我军在"空军炮火的协助下,官兵奋勇前进,不顾牺牲,猛冲猛打,迫使敌人节节后退……(日军)阵地上死尸遍野,森林中吊死多人,遗弃的马匹枪支弹药及衣服,不计其数。最令人惊奇的是,在敌人遗弃的包袱中尽是敌人的右手,手上挂着一个写着死者姓名的牌子,事后知道敌人被击毙后,必须要把死者的右手送回日本交死者家属。"③这次战役,歼灭日军1000余人④,而"我们也付出了很大代价,阵亡营长2人,重伤副团长1人,伤亡连排长以下官兵4000余人。"⑤

四、马头寨(钵卷山)之战(4月14日至5月18日):日军"攻击马头寨时,特由老河口调来15公分榴弹炮一大队,对该寨猛烈轰击,山上千余树均被炸成数段,炮弹轰成无数坑洞和尘土。"⑥"我官兵在敌炮轰时,则隐蔽于山后掩体内,待敌炮击停止,其步兵向山上爬时,即集中投掷手榴弹及拉法滚雷,歼灭半山腰之敌……敌伤亡枕藉。我官兵将山上尘土打成细灰,倾倒在山坡上,敌兵爬山时,两腿竟陷入此稀松尘土

---

① 《日军在华作战纪要·日军投降前之派遣军》一册,第529—530页。

② (台北)河南西峡口军民抗战实录编辑委员会编:《河南西峡口军民抗战实录》,2015年2月版,第109、115页。

③ (台北)河南西峡口军民抗战实录编辑委员会编:《河南西峡口军民抗战实录》,2015年2月版,第109、115页。

④ 歼灭日军之数字,见1945年5月19日《大公报》。

⑤ (台北)河南西峡口军民抗战实录编辑委员会编:《河南西峡口军民抗战实录》,2015年2月版,第109、115页。

⑥ (台北)河南西峡口军民抗战实录编辑委员会编:《河南西峡口军民抗战实录》,2015年2月版,第118页。

中动弹不得,被我机枪当人靶击毙。"①此役,日军战史是这样记载的:"我军虽一再实行夜袭,但徒劳无功……'山井眼(即马头寨)难道无法攻克吗?'一语,遂成为官兵的暗语,亦成为痛苦的代名词。"4月27日,139联队之第"一、三两大队在十五榴弹炮掩护下猛攻马头寨,但遭中国军手榴弹攻击,伤亡甚多,仍未攻下。到5月增援兵力,复行攻击,仍未能攻下,而大队长以下负伤者甚多。"

这四次大战,据台湾1978年出版的《八年抗战经过概要》讲,毙伤日军达15000人。

这四次大战,乃西峡口之役的重要组成部分。它是"中国人民抗日战争后期最有影响的一次战役……西峡口的安危,对于当时作为抗日后方的西安至关重要。此役的胜利,阻止了日军西犯的企图,彻底粉碎了日军'打通豫陕公路,进逼西安,威胁重庆'的梦想",②"用最后一枪打败了日本侵略者称霸东亚的美梦,使第二次世界大战日本的西线战争在这里落下了帷幕"③。反之,若非中国军民把日军挡在了南阳,他"极可能沿豫陕公路西窜,进而越秦岭侵我西安,甚至分兵直趋汉中,威胁成都。"

南阳会战,就时间来讲,是所有会战中最长的一次。而战争之激烈,也是史所罕见。大家都知道,在战场上,日军是从不遗尸的,而这一次不仅遗,还多次遗。起初,尚把死者斩下一肢,带回国交给死者的亲属。到后来,连一肢也顾不得斩了,"只能取一个拇指充数"④。再到后来,连伤兵也不顾了,因害怕伤兵们做中国俘虏,败退时,将一些伤兵集

---

① （台北）河南西峡口军民抗战实录编辑委员会编:《河南西峡口军民抗战实录》,2015年2月版,第119、169页。

② （台北）河南西峡口军民抗战实录编辑委员会编:《河南西峡口军民抗战实录》,2015年2月版,第119、169页。

③ （台北）河南西峡口军民抗战实录编辑委员会编:《河南西峡口抗战实录》,2015年2月版,第172页。

④ （台北）河南西峡口军民抗战实录编辑委员会编:《河南西峡口抗战实录》,2015年2月版,第100、115页。

中一地烧死。而且，日本是一个不肯轻言失败、谎言随处可见的民族，连举世公认的台儿庄大捷，他们败得那么惨，还不肯言输，反说成是战略收缩。但在八年抗战中，有一场战争日本承认他输了，这就是南阳会战。

南阳会战之"重阳店之战"，日军在华作战记录中是这样写的："4月1日开始进攻的步兵第139联队，未达到预定的目的地——西坪镇，并抑制住急躁的心情，在重阳店——桐树营之线停止了进击，假设遽尔急进追击至西坪镇的话，则非但步兵139联队妥全军覆没，即整个110师团，亦恐难逃悉数被歼的命运。"上述这一段记载，是所有日军战史中未说过的话。

南阳会战之"西峡口战役"，日本顾问范健在其所著的《日军在中国方面的作战纪录》中，不但坦承此次作战艰苦，而且首次吐出"损失惨重"的苦水。这在这其他战役中是少见的①。

南阳会战之"豆腐店之战"，日军战史亦坦承，"'山井眼（即马头寨）难道无法攻克吗'一语，遂成为官兵的暗语，亦成为痛苦的代名词。"

不可一世的日军，苦战将近五个月，未能突破南阳的防线，原因固然很多，但最重要的原因有以下五点：

一、源于中国军队的坚强抵抗，且能利用有利地形血死拼战。

二、中国军队上自最高指挥官，下至三军将士至信不疑，致担任该战场指挥官者，得宁静专一，发挥果断及时处置，造成我军有利战机，予敌重大之打击。

三、空军与陆军密切配合，创自抗战以来，在陆空联合作战上之新纪元。此外，战车防御枪的使用，在对日作战中发挥了重要作用。

四、军民空前合作。西峡口之役的实际指挥者王仲廉如是说："在抗战八年当中，经过12省份之战役，唯有宛西内乡、镇平、淅川各县，军

---

① （台北）中央军校第七分校王曲师生联谊会王曲文献委员会编：《王曲文献·第4部·战史：抗日之部（下）》，1996年5月，第988页。

民合作无间,精诚团结,抗战到底。"

五、中国共产党及其领导下的游击队,发挥了重要作用。国民党抗战之主力部队之110师的师长廖运周,本身就是共产党员。

南阳会战的胜利,写下了我国近代史上抵御外敌侵略史上最光辉的一页,但由于政治等方面的原因,以往出版的一些战史,大都把"芷江会战"作为八年抗战的最后一役,而真正的最后一役,是南阳会战。

全国性抗日战争始于1937年7月7日的宛平县卢沟桥,但很少有人知道,抗日战争结束于1945年8月19日的宛西芦沟村马鞍桥。

近年来,对于南阳会战和西峡口战役,全国各界都给予了高度重视。尤其是河南日报报业集团和中原出版传媒集团,对南阳在抗日战争中的地位和作用,一直给予密切关注和跟踪报道研究。近日,这两家河南省内最大的文化事业单位联合派员前来南阳,作深入调查研究,走访了多位南阳会战亲历者和专业研究人士,并召开了座谈会,取得了丰富的第一手资料。他们还和日本、台湾的专家学者,参战老兵以及中央党史研究室、中国人民大学、国防大学、军事科学院的专家学者联系,获得了大量珍贵资料。没有他们的前期工作,本书不可能这么快和大家见面!

南阳会战是抗战结束前中日双方最后一次会战。南阳会战是中国抗日战争的重要组成部分,将与喜峰口战役、台儿庄战役、武汉会战、长沙会战等一道载入中国人民抗日战争的伟大史册!

这是南阳人民的光荣,也是全中国人民的光荣!

我们应当记住荣誉,但也应当记住耻辱。

列宁有一句名言:"忘记过去,就意味着背叛。"

在第一次世界大战期间,日本对南阳、对中国的侵略,给南阳人民和中国人民带来了深重的灾难。

据不完全统计,日军侵犯南阳期间,烧杀奸掠,无恶不作,致使

16425 人受伤,49651 人死于非命,逃亡人数达 504491 人[①];荒废土地 6198371 亩,占总耕地的 12%;损失房屋 873679 间、农具 4940542 件、牲畜 1122520 头、衣服 13443628 件。至于奸淫妇女方面,更是令人发指,他们每到一地,就肆意奸淫妇女,连七十多岁的老太太都不放过。至于遭到日军蹂躏的南阳妇女的具体人数,没有确切的统计,仅据邓县(州)城关的统计就达 500 人。我们要牢记耻辱,振奋精神,努力为实现中华民族伟大复兴的中国梦作出自己应有的贡献!

---

① 　资料来源:南京中国第二历史档案馆,全宗 21 号,目录 2 号,卷宗 287 号。

第一章　门号作战计划

第一节　"绝对国防圈"

1941 年 12 月 7 日晨,日本成功偷袭珍珠港后,乘势向东南亚各地发起疯狂攻击,气焰十分嚣张,先后占领了美属菲律宾、关岛、威克岛,英属香港、马来西亚、新加坡、缅甸,荷属东印度及法属印度支那等地。至 1942 年春,日军占领了东南亚广大地区和南中国海、西太平洋全部英、美海空军基地,重创了美国太平洋舰队和英国远东舰队,夺取了制海权和制空权。后来由于中途岛战役的惨败,日本损失了 4 艘航空母舰,330 多架飞机,其技术熟练的舰载机驾驶员大部分丧生,海空军均遭重创,失去了战略上的主动权,日军不得不进行战略调整,实施"绝对国防圈作战"。

在此之前,日军大本营和政府一直是根据昭和 17 年(1942年)3 月 7 日联席会议决定的"今后应当采取的战争指导大纲"来指导作战的。该指导方针是在太平洋战争初期日军初战告捷时制定的,其主要目标是首先迫使英国屈服,然后使美国丧失战斗意志。然而战争的进行与日本的预想相去甚远。美国在太平洋方面的反攻规模和速度比日本预期的要迅速和强大得多。日本企图扩大作战战果的各个战役——中途岛作战、瓜达尔卡纳尔岛作战以及东南太平洋方面的岛屿作战全部失败，并且严重消耗了准备用于对英国施压的军事力量。另外，德、意在北非作战的失利以及意大利脱离三国轴心，导致日本与它们协同作战的构想也宣告破产。

9月15日，在对战争局势进行研判的基础上，日军大本营决定改变作战方针，决心从同美军进行的消耗战中撤出来，抓紧时间建立"绝对国防圈"，造成不败的战略态势。在此期间，迅速充实以航空兵为中心的陆海军战斗力，以应对可能到来的英、美的反攻高潮。

要把大本营新的作战方针付诸实施，必须对整个国家机器进行调整，以动员和集中所有资源和力量。因此，在9月30日，大本营奏请召开御前会议。

会议由东条英机主持，他首先让干事朗读世界形势判断和会议议题。之后，东条英机代表政府和大本营就议题的宗旨进行了说明。接着，军令部长永野、外相重光、大东亚大臣青木、企画院长铃木分别对方案中的战略措施、外交政策、大东亚政策、总动员事项进行了说明。然后，枢密院议长原嘉道提出质疑，统帅部和政府进行了答辩。最后，与会者对该方案取得了一致意见。就这样，通过了以确立必胜的战略态势、建立绝对国防圈为中心课题的"战争指导大纲"。

新的战争指导大纲并没有能帮助日军扭转被动局面。在该大纲确定之前，麦克阿瑟指挥的部队已经开始对"绝对国防圈"的前卫线右翼要冲芬什哈芬发动了猛攻。日军在付出了5500人的伤亡后，被迫放弃芬什哈芬。随后，日军占领的西奥地区、马绍尔群岛相继失守。盟军继续乘势北上，袭击"绝对国防圈"的要冲马里亚纳。日军舰队组织83架飞机进行反击，结果不仅没有取得预想的战果,反而在空中和地面损失了大量飞机。更为严重的是,美军在太平洋中部方面也开始触及到"绝对国防圈"的要冲。1944 年 3 月,阿德米勒尔提群岛被美军占领,日本在东南方面的国防圈的前卫线完全崩溃。

第二节 "一号作战"

一、作战计划的制定

1943 年夏秋间,日本开始筹划大陆交通线战役。当时中国方面的情况是:地面部队总兵力约 300 万,其中机动兵力约 9 个军 25 万,主要集中在贵州、湖南,因与英、美联合反攻缅甸有关,引起日本的注意。空军方面,美国驻华空军飞机约 130 架,主要利用中国西南地区的空军基地,活动逐渐加强。中国空军飞机约 200 架,利用华中、华北的空军基地活动,与美空军相互配合,令日本感到很不安。日本判断,到 1944 年春夏,中、美飞机将超过 500 架。特别是美军重型轰炸机会逐渐向中国西南地区增加,对日本本土已经形成很大威胁。

中国虽在正面作战中遭遇一些失利,但世界形势和太平洋战局的演变、盟国援助的增加以及在粮食、轻武器方面的自给,使得中国政府的抗战意志不仅没有减弱,而且正在进一步加强。

尤其是,日军在中国失去了制空权。在 1942 年以前作战中,日方始终以绝对优势的空军力量掌握着制空权。从 1943 年开始,日军已不敢再像轰炸重庆那样采取白天编队轰炸的方式,如果那样,只能白白遭受损失。日军陆军航空队在兵力和装备处于劣势的情况下,只得设法改进战术,加强训练,利用黄昏、月夜或黎明进行突袭。

日本中国派遣军当局为了迅速解决中国问题,瓦解重庆蒋介石政权,从1944年年初起,曾数次向大本营提出进行打通京汉路的战役。由于美国驻华空军力量的增强,使长江补给线受到了威胁,因而想攻占京汉线铁路沿线南段,打通华北与武汉地区的联络,使华北与华中的兵力易于统一调配,同时占据河南,以便摧毁中国政府继续抗战的意志。

经过深入研究,日本大本营决定实施这一作战,并将战役名称确定为"一号作战"。经过精心准备,1月24日,大本营对中国派遣军总司令官及南方总司令官下达了以下命令:

(一)大本营决定摧毁中国西南方面空军的主要基地。

(二)命令中国派遣军总司令官攻占湘桂、粤汉及京汉铁路南段沿线重要地区。

(三)命令南方军总司令官协助中国派遣军的此项作战。

大本营同时指示作战纲领如下:

(一)作战目的

主要目的在于击败中国军,占据湘桂、粤汉及京汉铁路南段沿线重要地区,以摧毁中国空军的主要基地,制止其窜扰活动。

随着作战的进展,只要条件允许,就尽快修复京汉、粤汉两条铁路。

南方军为协助中国派遣军的作战,在缅甸及印度支那方面发动一部分作战。

(二)作战方针

中国派遣军于1944年春夏期间,首先从华北方面,随后从武汉及华南地区分别开始进攻作战,击溃中国军,特别是中国的中央军,先后占据黄河以南的京汉铁路南段和湘桂、粤汉两铁路沿线重要地区。

(三)作战指导大纲

1. 京汉作战

甲、1944 年 4 月前后,以华北方面军从华北方面开始作战,击溃中国军,占据黄河以南京汉铁路南段沿线。

主要作战期间预定为一个半月。

乙、作战使用兵力预定如下:华北方面,第 12 军(以 4 个师团为骨干)第 5 航空兵的一部分。

丙、上述作战完成以后,将必要的兵力,从陆路经过武汉地区,调往湘桂战场。新占领地区的防守兵力预定约为两个师团。

2 湘桂战役

甲、1944 年 6 月,以第 11 军从武汉地区;7、8 月,以第 23 军从广东地区开始作战,击败中国军,攻占桂林和柳州附近后,扫荡湘桂、粤汉两铁路沿线,占据该地区。

主要作战期,预定约为 5 个月。

乙、根据情况,下一步尽可能迅速进行摧毁遂川和南雄附近的中国机场群的作战。

丙、只要情况允许,就从 1945 年 1、2 月开始,以第 23 军进占南宁一带,打通并确保桂林至凉山间的通路。

丁、第 5 空军在第 11 军作战开始之前,以全力摧毁中国空军。开始时先夺取空中优势,随后压制中国军使其不能抬头,并在紧急时期以必要的兵力直接协助地面作战。

戊、作战使用的兵力,预定如下:

第 11 军 7—8 个师团

第 23 军 2 个师团

派遣军直属 1—2 个师团

第 5 航空军两个师团

己、湘桂、粤汉两铁路沿线占领地区的防守兵力,以 8 个师团、四个旅团为骨干,尽量争取集中兵力。

3. 南方军的策应作战

南方军为了策应支援中国派遣军的作战,在缅甸及印度支那方面发动一部分作战。

4. 后勤管理务必节省船只,特别是为了进行果敢的机动作战,要注意克服雨季、炎热、瘴疠带来的困难,充分利用内陆水运,节省陆路运输力,充分利用现地资源及缴获的物资器材①。

二、打通平汉线

1944 年 1 月 25 日,中国派遣军总参谋长松井太久郎中将与参谋天野正一,由南京回到日本,至参谋本部受领此次作战任务及有关指示。29 日,松井太久郎中和天野正一回到南京,于 2 月 3 日、4 日召开参谋长会议,传达此次作战命令。参加会议的有华北方面军参谋长大城户三治中将、第 12 军参谋长寺垣忠雄少将、第 11 军高级参谋武居清太郎大佐、第 13 军参谋长佐佐真之助少将、第 23 军参谋长安达与助少将、第 3 飞行团参谋长吉井宝一大佐、海军中国方面舰队参谋、海军大佐松岛庆三列席。

4 月 17 日夜,日军第 37 师团、混成第 7 旅团渡河部队在交叉火力与远、近程的炮兵火力的掩护下,强行突破河南省中牟附近中

---

① [日]服部卓四郎:《大东亚战争全史》第 3 册,商务印书馆 1984 年版,第 1011、1013、1014 页。

国军队暂编第 27 师防线,渡过黄河。在此战斗中,日第 5 航空军以战斗机、轰炸机几乎将中方炮兵全部摧毁。

23 日,南下日军下达进攻许昌的命令,拉开了豫中会战(中原会战)的序幕。在该会战中我方投入 23 个军,日方投入约 6 个半师团,经过 21 天激战,日军陷我郑州、许昌、郾城、漯河、信阳、明港、确山、遂平等地。于 5 月 7 日将平汉线打通。

日军攻陷我郑州后,兵分两路,一路沿陇海线西犯,一路沿平汉线南侵。沿陇海线西进的日军于 4 月 22 日从郑州出发,直趋洛阳;驻晋南的日军第 1 军一部渡过黄河,阻挡从潼关增援洛阳的中国军队,并往东向新安进犯,威胁洛阳后方;沿平汉线南侵之敌,攻陷许昌之后,则向西进攻郏县和洛阳外围重镇临汝,形成三路进攻洛阳的态势。中国守军除洛阳守城部队外,其余纷纷向西南宜阳等地退却,把孤城洛阳丢于敌后。从东、西、南三路进到洛阳外围的日军于 5 月 13 日汇合起来,追击向西南撤退的中国守军。不久,嵩县、洛宁、卢氏等地失守。5 月 19 日,日军以 1 个师团、1 个旅团兵力开始围攻洛阳外围阵地,我洛阳守军 3 个师利用有利阵地与敌激战。23 日日军又增派 1 个师团攻城,25 日洛阳陷落,豫中会战宣告结束。

三、打通粤汉线

在平汉线作战进行的过程中,日军就开始了湘桂战役的准备。就在占领洛阳的当天,中国派遣军司令官畑俊六按计划将司令部移到汉口,第 11 军各部队也在岳州附近集结完毕。自 5 月 26 日至 8 月 8 日,经过两个多月的激战,日军攻占长沙和衡阳。此役,称之为"长衡会战"。日军侵占衡阳后,继续南侵,于 1945 年 1 月打通了粤汉线。

四、打通湘桂线

1944 年 8 月中旬,日军开始实行打通湘桂线作战。此战始于 1944 年 8 月 16 日,结束于 11 月 24 日,我方投入兵力约 9 个军,日方投入兵力约 9 个半师团,经过 3 个多月激战,日军陷我桂林、柳州后,兵分两路:一路继续南下,直趋南宁;另一路由柳州西犯。我方拟在宜山一线及南丹一线组织防御,但日军进展迅速,我守军措手不及。日军长驱直入,11 月 2 日进到贵州独山,威胁贵阳,重庆震动。但日军孤军深入,兵力不足,随即由独山撤回,与我第四战区守军在南丹、河池之间对峙。11 月 24 日,南犯的日军攻陷南宁①,进而与从越南谅山北上的日军会合,打通了湘桂线。

日军从 4 月中旬开始,在 8 个月内完成了豫湘桂作战,打通了京汉、粤汉和湘桂线,长驱 2000 多公里,侵占了河南、湖南、广西、广东等省的大部和贵州的一部分,攫取了河南的大部分厂矿及湖南的钨锑等重要矿产资源和湘桂粤三省的工厂,占领了衡阳、零陵、宝庆、桂林、柳州、丹竹、南宁 7 个空军基地和 36 个飞机场,给中国的抗战造成很大影响。但日军的作战目标并没有真正实现,他既没有能阻挡住中美空军对日本本土的空袭,更没有能摧毁中国政府抗战的意志。另外,战线的拉长,使得兵力原本不足的日军更是雪上加霜。一号作战还有一个日军意想不到的结果,随着国民党军队的溃退,八路军和新四军在敌后活跃起来。在日军打通京汉线南段的 1944 年 5 月,京汉线北段以东地区的一些地区被八路军收复,日寇陷入人民战争的汪洋大海中难以自拔。

---

① 中国军队曾于 1940 年 10 月 30 日收复南宁,11 月 13 日收复钦州,11 月 30 日收复镇南关,4 年后南宁等地再度沦陷。

第三节　"门号作战计划"出笼

随着日军"一号作战"的进行,中国在西南地区的空军基地相继丧失,但日军并未能从根本上削弱中、美空军的实力。1944年冬,中国空军获得大批美国援助的新飞机,实力大增。中、美空军以芷江和老河口为主要基地,对日军飞机场(尤其是汉口飞机场)的后方设施以及水陆运输线等进行大规模轰炸,特别是日军第12军管界内的黄河桥梁再三遭到袭击和轰炸。中、美飞机还专炸日军火车机车,使之不能运行。京汉、津浦、陇海各线遭到轰炸固不待言,甚至青岛也遭到袭击。因此,日军虽然打通京汉南线并开始通车,但运输效果远不如预期。不仅如此,中、美空军还对日本本土构成威胁。1944年下半年,从四川出击的B—29轰炸机还对伪"满洲国"及日本北九州进行了轰炸。

在中、美空军的攻击下,日军后勤设施及补给线基本陷入瘫痪。故而,1944年12月,日军制定了夺取我湖北老河口及湖南芷江机场的作战计划,其中夺取老河口的计划被称为"门号作战"。

第二章 双方作战准备

第一节 日军作战计划的传达及研究

1944年12月中旬，中国派遣军第12军高级参谋折田正男大佐被秘密召到北京华北方面军司令部，接收第1科科长寒川吉溢大佐关于"第12军要单独于明年3月实行老河口作战，占领该地飞机场"的内信。折田根据以往京汉线作战的经验和中国空军活动情况，认为3月间作战缺少自然界季节性的掩蔽物，不利于防空，因此恳请把作战开始时间延期1个月，但没有得到同意。折田返回郑州后，第12军司令部为了顺利发动进攻，下令各兵团要隐藏作战意图，并对当面中国军队的情况、地形等进行秘密而细致的侦查，做好必要的准备。同时，军参谋部开始制定作战计划。

在听取第110师团幕僚的意见的基础上，折田制定了第一个作战方案：军的主力第110师团、战车第3师团从洛阳方面向老河口方向南下作战，第115师团、骑兵第4旅团从郾城地区西进，以使该作战顺利进行。第12军参谋长中山源夫少将虽然没有在中国作战的经验，但却有在菲律宾岛作战的经验，他不同意折田的方案,认为不仅军主力方面的地形将对作战造成很大困难,而且对中国军队的情况重视不够,考虑到第8战区中国军队的动向,更是不妥。1945年1月19日,中山源夫向军司令官提出一个方案,主张利用当面中国军队第一、第五战区衔接处的弱点,进行贯穿突破,为此选择从容易机动的南阳平地向西作战。第12军司令官内山英太郎中将同意了这个方案,从而确定了第12军的作战计划大纲。中山源夫认为占领老河口飞机场并不太难,需要特别重视的倒是侧面胡宗南军,因此很重视西峡口这一战略要点,要求把作战焦点放置到该地,进行重点进攻。

为配合第12军的作战,日本华北方面军司令部指示第1军一部进入黄河南岸实施牵制作战。

1945年1月下旬,随着作战计划逐步确定下来,第12军为加强参谋业务,把第117师团参谋佐佐木四郎少佐调来担任辅佐作战工作,与华北方面军协商后,把第114师团参谋小林正孝少佐调来担任通信参谋。另外,还与第110师团共同研究了该师团的作战要领。1月29日,日军在南京召开方面军、军司令官会议,下达了关于老河口作战的中国派遣军命令。2月3日,在青岛开会的第12军司令官内山英太郎回到了郑州。

为配合12军作战,中国派遣军司令部要求在武汉地区的第34军当12军在老河口作战时进行策应作战,并预定第1军从陕县方面对中国第8战区军实行牵制作战。

2月3日,日军第12军司令官内山英太郎一回到郑州就批准了作战计划,并于2月7日召集各兵团参谋长及骑兵旅团高级副官会议,研究作战方案的实施问题。参加会议的有:

第110师团参谋长末永光男大佐

第115师团参谋长村中嘉二郎大佐

第 117 师团参谋长江口浩平大佐

战车第 3 师团参谋长向田崇彦大佐

骑兵第 4 旅团高级副官竹下忠实少佐

会议对作战作了如下构想①：

我军若是进攻老河口，中国第 5 战区的军队定会为躲避决战而后退，以南阳为中心在白河两岸抵抗。此时，如果中国第 1 战区的军队赶来增援，将极大地影响作战任务的完成。因此，命令在洛阳的第 12 军最精锐的第 110 师团主力越过嵩山山脉南下，进入南阳北侧，击破重庆军②的抵抗。预期这时候中国第 5 战区军（包括第 1 战区军的一部在内）将与我军进行决战。我军则在此期间，令骑兵第 4 旅团避开主要道路，从抵抗薄弱的方面直捣老河口。在击败南阳附近的中国军队的抵抗后，令第 115 师团向老河口方面，令第 110 师团及战车第 3 师团主力向内乡及西峡口方面，令战车第 3 师团之一部向其南侧淅川突进，各部都要控制住通往南阳平地的出口及小路的前端，阻截中国第 1 战区方面军的增援，排除从右侧方面对我军攻占老河口的威胁。为使以上作战计划顺利进行，我应以第 110 师团之一部在卢氏方面向洛河河谷进攻，以牵制和束缚中国第 1 战区军从黄河河畔南下的作战行动；以第 1 军之一部在灵宝正面实施作战，把中国第一战区军牵制于黄河河畔；以第 34 军之一支队向宜城及襄阳方面进攻。

---

① 日本防卫厅防卫研究所战史研究室著，天津市政协编译委员会译：《昭和二十年（1945）的中国派遣军》，第 1 卷第 2 分册第五章《老河口作战》，中华书局 1982 年版，第 41—42 页。

② 重庆军：指国民党部队。因此时南京沦陷，重庆为中国首都，故日军以重庆军代称国民党军队。

第二节　日军第12军的作战计划

一、方针

12军于3月末开始行动,以主力快速袭击和突破鲁山、舞阳、沙河店一带的中国军队阵地,快速挺进西峡口、老河口之线。

二、指导要领

(一)命令豫西地区队顺着洛阳—卢氏大道前进,在突破长水镇西方地区当面中国军队以后,除尽多地牵制中国军队外,要制造似乎要进攻西安的假象以迷惑中国军队,使12军主力部队的攻击能顺利进行。

(二)第110师团突破鲁山附近的中国军队,顺着鲁山—南召大道向南阳西北方挺进,准备攻占南阳。

(三)战车第3师团突破当面的中国军队以后,经保安镇附近向西峡口—淅川一线突进。

(四)以第115师团一部突破舞阳,以主力突破沙河店附近中国军队阵地,然后向南阳南侧前进,准备攻占南阳。

(五)骑兵第4旅团(配属1个步兵大队)先跟随第115师团前进,然后超越115师团奔向老河口,占领该地飞机场。

(六)吉武支队随在战车第3师团的后方前进,一面扫荡中国军队,一面向南阳前进[①]。

---

① 日本防卫厅防卫研究所战史研究室著,天津市政协编译委员会译:《昭和二十年(1945)的中国派遣军》,第1卷第2分册第五章《老河口作战》,中华书局1982年版,第41—42页。

第三节　中国参战部队在豫西鄂北
的布防及作战部署

中原会战结束后,国民党已经预感到日军要南下和西进,遂作部署如下:

一、第五战区(司令长官刘峙)的部队防守鄂北老河口以及豫南邓县、南阳、方城、叶县等地区。具体分工是:

(一)第五战区所属之孙震的第22集团军防守鄂北。

(二)第五战区所属之刘汝明的第2集团军防守豫南,其所属3个军的态势是:

甲、曹福林的第55军3个师,位于唐河、泌阳、沙河店地区;

乙、刘汝珍的第68军3个师,位于南阳、社旗、方城、独树、杨楼、尚店一线;

丙、李宗昉的第47军3个师(原属第22集团军)位于新野、邓县地区。

二、第一战区(司令长官陈诚、副长官胡宗南①)防守在南阳以北,直至豫西地区:

(一)高树勋的新编第8军两个师防守南阳以北的鲁山、南召、南阳以西的镇平地区;

(二)第一战区所属之武庭麟的第15军3个师,防守内乡以北、栾川以东的伏牛山地区,直至嵩县、汝阳附近;

---

① 胡宗南(1902—1962),浙江孝奉(今属安吉县)人,字寿山。黄埔军校第1期学生,蒋介石嫡系,陆军一级上将,中原会战后,先后任第1战区副司令长官、代司令长官和司令长官。

（三）第一战区所属之王仲廉①的 31 集团军防守栾川、西峡直至商南。具体分工为：

甲、吴绍周②的第 85 军 3 个师，防守栾川、西峡口、朱阳关地区；

乙、赖汝雄的 78 军 3 个师，防守西峡口以西的丁河、西坪镇、商南地区，阻止敌军沿此主要通道攻向西安。

（四）第一战区所属孙蔚如的第 4 集团军之防务是：

甲、张耀明的第 38 军两个师位于洛河上游的长水镇、故县、范蠡镇一线；

乙、李兴中的第 96 军两个师，位于卢氏及其以北的杜关地区；

丙、马法五的第 40 军 3 个师，位于灵宝及其以南的官道口，控制这条军用公路；

丁、罗列的第 1 军两个师，位于灵宝以西的阳平镇、阌乡、潼关、华阴一线；

戊、谢辅三的第 27 军两个师，位于华阴以南的洛南、永丰、古城街一线。

三、第 10 战区（司令长官李品仙）的部队防守豫东、皖北，并有向平汉路支援、策应进攻的任务，以牵制敌军，其部队有：

（一）傅立平的暂编第 9 军。

（二）刘昉的第 173 师（属徐启明的第 7 军——广西军主力）。

（三）徐长熙的骑兵第 3 师（属廖运泽的骑兵第 2 军）。

---

① 王仲廉（1903—1991），安徽萧县人，别字介人，又名介仁。黄埔军校第一期学生，1939 年授予陆军中将。南阳会战时任 31 集团军总司令。1949 年到台湾。退役后撰写回忆录。著有《征尘回忆》等。

② 吴绍周（1902—1966），苗族，中将，安徽天柱县人。1922 年从军，1943 年 5 月任 85 军军长，淮海战役为我军所俘。1962 年任湖南省政府参事。

四、空军则由航空委员会副主任王叔铭在汉中附近的南郑设对空指挥所,指挥空军第 4 大队、第 11 大队协同地面部队作战。

第四节　中国 31 集团军的作战部署

一、宛西的兵要地志:随着时间的推移,日军南侵的意图越来越明显。于是,国民党政府布防的要点放在了宛西。宛西峰峦耸峙,山势崎岖,地形复杂,易守难攻。由淅川经磨峪弯至荆紫关之大道、由内乡至西坪镇的公路是豫西交通要道。另外,朱阳关至西坪之间的公路因大雨损坏,尚未修复。豫陕公路两侧山地连绵。海拔 500 米至 1000 米的高地星罗棋布,其上多筑有城寨。山间沟渠纵横,山区多小径,致机械化部队及大部队活动困难。豫西地瘠民贫,食粮缺少,军队补给由大后方西安运补,而前方仓储不足,储粮甚少,对作战不无影响。淅川虽有淅水、丹江,但秋冬均可徒步涉过,对行军作战不构成障碍。

宛西民性朴实强悍,爱国情绪激昂,重道义,守信节。自 1929 年起,镇平的彭禹廷、内乡的别廷芳、邓州的宁洗古、淅川的陈舜德①,创办地方自治,以"村村无讼,家家有余,夜不闭户,路不拾

---

① 陈舜德,字重华,河南淅川人。师范毕业,1930 年,与镇平彭禹廷、内乡别廷芳、邓县宁洗古在内乡聚会,决议在宛西实行地方自治,并成立宛西四县联防办事处,办事处主任(司令)别廷芳。办事处下辖四个民团支队,内乡县民团为第 1 支队(别廷芳兼支队长,俗称支队长为司令),邓县民团为第 2 支队(支队长宁洗古),淅川县民团为第 3 支队(支队长陈舜德),镇平县民团为第四支队(彭禹廷、王金声为正副支队长)。1943 年 9 月,从宛西以及南阳县民团中抽调 9 个团,成立"鲁、苏、皖、豫边区挺进舰队"第 4、6、7 三个纵队。第四纵队司令王金声、第 6 纵队司令陈舜德、第 7 纵队司令别光汉。陈舜德走马上任,率第 6 纵队出征豫东,参加了"周家口之役",毙日军数百。

遗"为鹄的。并在各县编组民团,在内乡成立宛西民团指挥部,公推别廷芳为总指挥,订定公约,有利共举,有害共除;设立乡村师范学校,培育自治干部;整编保甲,清丈土地,剿匪,禁烟,修路造林,兴水利,建工厂;在农闲练兵,使全民皆兵,所以颇具规模。彭禹廷、别廷芳去世后,后继者刘顾三、王金声、丁叔恒,以及陈舜德等,虽说依然高举地方自治的旗帜,但已变味。尽管地方自治变味了,地方民团的势力仍然十分强大。

二、二西①会议:中原会战结束后,蒋介石以第一战区司令长官蒋鼎文等指挥作战不力为由,将蒋鼎文撤职,改由陈诚兼任第一战区司令长官,胡宗南任副司令长官,郭寄峤任参谋长。

陈诚接到任命后,在淅川县西坪镇召开豫中团长以上各级干部座谈会,检讨中原会战失利的原因及改进的办法。并对日军犯宛(南阳)后的作战作了明确批示:为了确保西安、巩固陕南,必须以伏牛山为根据地,固守潼关、朱阳关、西峡口、荆紫关各要点,控制住豫陕公路、荆(紫关)西(峡口)公路,协同第五战区反攻。

8月,陈诚又在西安召开团长以上各级干部座谈会,内容和西坪会议基本一致。根据西坪、西安两次座谈会,以及与第五战区暨第一战区各负责长官历次研商的结果,制定了:(一)《第一战区作战指导纲要》;(二)《第一战区各部队(机关学校)改善官兵生活之建议》;(三)《补充训练意见书》;(四)《后方设施意见书》;(五)《第一战区豫陕边境东正面防御地带工事构筑计划》;(六)《第一战区交通设施计划》;(七)《第一战区交通破坏指导纲要》;

---

① 二西:即淅川县西坪镇及西安市。见台湾"国史馆"出版的《陈诚先生回忆录》,2015年版,第482页。

（八）《第一战区兵站设施暨补给指导纲要》；（九）《第一战区粮弹屯备计划》等文件。另外,对谍报网的设置、情报搜索区域与任务的划分进行了明确规定。

其中,作战指导如下:假如日军经南阳沿豫陕公路西进,该战区应以控置于西坪、商南间的第31集团军部队占领既设阵地,阻击日军,同时以有力部队于卢氏、雒南方面南下攻击日军右侧,协同第五战区部队夹击深入的敌人。

第31集团军依据上述作战指导,为确保荆紫关、西坪镇、朱阳关一带山地及协防伏牛山区,以第78军、暂编第55师①、暂编第62师暨配属之工兵第九团②、炮兵第11团第5连（该连装备德式105榴弹炮）与第85军野炮营,在荆紫关、西坪镇、朱阳关、商南等地构筑主阵地带,并在霸王寨、魁门关③至马头寨一线构筑前进据点阵地,另在重阳店以西构筑数道前进预备阵地。令第78军驻西坪镇及其东,第85军驻桑坪,令新编第1师集结武关及马寨附近整补,总部驻清油河。

三、军委会④的"协同作战计划:1945年元月,军委会为使第一、五两战区日后能密切协同作战,颁发协同作战计划。该计划对第一战区的指示如下:"应以一部保持现态势,于西峡口及卢氏各附近构筑纵深阵地;并以第15军或第78军控置于内乡、淅川间机动使用,准备适时策应南阳方面之作战。"

时任第一战区代长官胡宗南接到命令后,感到执行困难,乃于2月9日提出申覆意见如下:"关于战区应以一个军控置于内乡、

---

① 李守正的暂编第55师属第85军。
② 工兵第9团:简称工九团,即独立工兵第9团,团长蒋桂揩(一说裴树凯)。
③ 据1990年出版的《西峡县志》和1992年出版的西峡地图,该地名为奎文关。
④ 军委会:国民政府军事委员会的简称。

淅川间,准备策应第五战区南阳方面作战一项,现因第15军大部进入警备区,正积极建立嵩山根据地不使动摇;第78军现在西坪附近修筑铁道及工事构筑,任务极为重要,实难抽调。豫西一带防广兵单,方虞部署难周,遑论抽兵控置。为便于协同作战及掩护本战区右侧背之安全计,经与第五战区协商:(一)位于两战区接合部之新编第八军,暂归第五战区指挥,统筹部署。(二)以第89军(欠第20师)置于淅川附近,归参谋长郭寄峤指挥,准备策应第五战区南阳方面之作战……"①军委会没有同意上述意见,命胡宗南仍遵前令办理。1945年3月中旬,第31集团军总司令王仲廉率第85军军长吴绍周、第78军军长赖汝雄到西安晋见第一战区代长官胡宗南请示作战机宜。胡宗南先要求吴绍周按该军现有兵力作防御部署,又要赖汝雄对他的防区作战计划进行详细说明。赖汝雄回答说:"目前由西峡口以西沿豫陕公路到西坪,由我第78军及工九团合力构筑的防御阵地,虽缺乏有掩盖的工事,但利用有利的地形,所构筑之阵地具有极大之强韧性。另外,配属本军的第85军野炮营(法造炮九门),已在西坪以西公路两旁构筑阵地,并对阵地及前地进行测地作业。"胡宗南听后点点头。他又问王仲廉:"若日军沿豫陕公路西进,侵入陕境如何打法?"王仲廉说:"依公路正面阻击、侧击、突击、截击敌后,并施行尾击。另外,我们在公路两侧内山地及伏牛山屯粮屯弹药,以免补给中断,俾能支援作战。"当时,王仲廉等人并没有讲如何反攻,如何收复南阳、鲁山、嵩县,截断平汉路。胡宗南也没提反攻的事。

第三天,鲁山、南阳方面传来情报,日军有向西进犯的企图。胡宗南用电话令王仲廉等连夜乘汽车赶回前方。当天下午,王仲

---

①　王仲廉口述,黄润生笔录:《豫西鄂北会战西峡口之役》,《河南文史资料》1998年第1辑。

廉等由西安动身。是日夜,王仲廉、赖汝雄回到清油河,吴绍周回到西坪。

四、胡宗南的命令:1945 年 3 月 23 日,胡宗南致电王仲廉,作出如下部署:

(一)战区以相机打击敌军,确保豫西山地为目的。

(二)刘茂恩总司令指挥之第 15 军之第 64 师及地方团队,即占领王营、郭寨、内乡、两河口、二郎庙、湍河西岸既设阵地,以一部守镇平据点,保持重点于内乡、两河口附近地区,务须确保内乡,击破西犯之敌。

(三)第 31 集团军配属工兵第 9、第 13 团,重炮第 11 团第 5 连,装 2 团轻战车 1 连,暂编第 55 师、暂编第 63 师、暂编第 66 师、新 1 师等 4 个师,及陈舜德、席祥青①分别率领之第四、第六两纵队,并作如下之实施:

甲、第 85 军副军长倪祖耀指挥第 110 师及陈舜德、席祥青两纵队,确实巩固伏牛山区,积极袭击敌军,策应豫西方面之作战,对车村、庙子、潭头等各要点必须确保。

乙、第 85 军(欠第 110 师)移驻丁河店附近,派一部至屈原岗附近,其余部队集结原地,完成战斗准备。

丙、以第 78 军及暂编第 62 师,积极巩固淅川、荆紫关、西坪镇、朱阳关之线阵地。

丁、以暂编第一师,配属工兵第 13 团,积极完成武关一带阵地。

戊、西峡口以东公路,即完成破坏准备。

(四)第四集团军就原地加强巩固,阻击西犯之敌,对卢氏、十

---

① 席祥青:应为王金声之误。

八盘、管道口诸要点之工事,尤需巩固。

在敌强我弱,敌方军事意图又不明的情况下,胡宗南以确保豫西山地、阻止日军西进、占据有利地势、构设加强阵地并相机打击敌人的部署是很得宜的。

王仲廉接到上项命令后,即转饬所属部队,限期完成规定作战任务。

第三章　日军陷宛城

第一节　南阳地志

南阳简称宛，因其"在中国之南，而居阳地，故以为名也。"她"割周楚①之丰壤，跨荆襄②而为疆……尔其地势，则武阙③关其西，桐柏④揭其东，流沧浪而为隍，廓方城⑤而为墉。汤谷⑥涌其后，淯水⑦荡其胸，推淮⑧引湍⑨，三方是通。"⑩

"南阳"一名，由来已久，但作为一个行政区域之名，是在先秦时期。秦昭襄王三十五年（公元前272年），初置南阳郡（在全国

① 周楚：西周和楚国。
② 荆襄：荆州和襄阳。
③ 武阙：即武关，在陕西丹凤东南。
④ 桐柏：即桐柏山，为豫鄂两省界山。西北东南走向，东西长近200公里，宽约100公里。
⑤ 方城：春秋时楚国所筑长城。北起今河南省方城县北，南至今泌阳县东北。战国时又筑，自今方城北面循伏牛山脉，折南循白河、湍河间分水至今邓县（州）北。
⑥ 汤谷：同"旸谷"。《楚辞·天河》："出自汤谷，次于蒙汜，自明及晦，所行几里"。
⑦ 淯水：即白河。属汉水支流，源于嵩县境内伏牛山玉皇顶东麓，至湖北省襄县中湾村南与唐河汇流，称唐白河，于襄樊市东7公里处注入汉水，全长329.3公里。
⑧ 淮：即淮河。古称淮水，为中国古代四渎之一。
⑨ 湍：即湍河，在南阳市西部，古名湍水，因水流湍急而得名。发源于内乡、南召与嵩县交界的深山区。至新野县湍口入白河，全长216公里。
⑩ 张衡：《南都赋》。

共设 36 个郡），辖县 14。此后，或为国，或为府。至中华民国，变成了河南省的派出机构——河南省第六行政督察区，辖县 13：南阳、唐河、桐柏、泌阳、方城、舞阳、叶县、南召、镇平、内乡、淅川、邓县、新野。

南阳不仅是入陕（西）、入襄（阳）、入郑（州）、入洛（阳）的孔道，还是中原的粮仓。粮食产量占全国的 1.4%。故而，南阳历来为兵家必争之地。公元前 217 年，刘邦率起义军伐秦，南阳郡守吕𪩘举城而降，刘邦才得以从南阳西入关中，灭秦而得以为帝。日军也想步刘邦之后尘，由南阳、内乡、西峡口入武关，进而占领西安和国民政府之临时首都重庆，建立大东亚共荣圈。可惜，他们不是刘邦！

第二节　宛人有着光荣的反帝传统

一、齐慎抗英

清道光二十一年（1842 年）七月，犯粤之英国海军从上海宝山沿江西上。以参赞大臣身份率川兵驻守佛山的宛人齐慎，率将士 700 人，日夜兼程，于 7 月 13 日抵镇江，与湖北提督刘允孝同驻城外。19 日，英舰 56 艘直达瓜洲河口。21 日，英军 7000 人在军舰掩护下分三路登岸入侵镇江。齐慎一面命刘允孝率部扼守险要地势，相为犄角；一面亲率千余人，正面迎敌。他身先士卒，率众冲入敌营，击毙英军头目和士兵多人，战斗自晨至晚，终因敌强我弱，镇江失守。镇江虽然失守了，但齐慎这种英勇抗击英军的行为，受到了恩格斯的高度赞扬，并断言："如果这些侵略者到处都遭到同样的抵抗，他们绝对到不了南京。"

二、反洋教①

早在明崇祯十七年(1644年),就有法国传教士到南阳传教。但不为当地人接受,被视为异端邪说。清道光十二年(1818),当法国传教士刘方济到南阳传教时,因行为不端,被当地绅民扭送官府,一个月后在武汉被判处绞刑。

清咸丰十一年(1861年)六月,南阳天主教主教安西满(安巴都),托称宛城内江浙会馆系该教早年所建之教堂旧址,强迫清政府"查明发还",因南阳绅民的一致反对而没有得逞。

清同治十二年(1873年)春,法国驻京公使和天主教南阳主教安西满分别向清政府提出,让南阳"还堂",又因南阳绅民的强烈反对而作罢。

清光绪二十六年(1900年)七至九月,南阳数万民众,打着义和团旗号,高喊"扒洋楼,报冤仇"的口号,两次围攻设在南阳靳岗的天主教河南教区总堂,并扒毁城内天主教堂。为此,南阳人民付出了沉重的代价。翌年,4月25日,清政府竟以南阳发生教案,"戕害凌虐"外国教士为由,诏令南阳府停止文武科举考试5年。

尽管如此,南阳人民并没有向洋教士屈服。1901年9月7日,软弱无能的清政府与洋人签订了丧权辱国的《辛丑条约》。依据条约,南阳府每年分推赔款的白银17万两,当安西满依持《辛丑条约》,向南阳府索取"赔款"的时候,南阳府所属之安皋乡民王钟寺(绰号王八老虎)率领太清观附近群众组织联庄社,反对向教会交纳赔款,迫使安西满放弃了索要赔款的要求。

---

① 资料来源于南阳市地方史志编纂委员会:《南阳地区志》上册,河南人民出版社1994年版,第29—35页。

三、抗击日军

（一）第一次"新唐事变"。1939年5月，侵华日军为巩固其占领下的武汉，纠集了3个师团（第13、16、3）和骑兵团以及新成立的第3飞行团，发动了旨在消灭驻防在湖北、河南交界处的国民党军队（两个军和1个师）的"隋枣战役"。战役之初，日军气焰十分嚣张，先后陷我新野、桐柏、唐河三县。我南阳民团7000多健儿在别廷芳、别光汉的率领下，开赴抗日前线，配合国民党军队，向日军发起全线反攻，激战三昼夜，歼敌3000多人，战马数百匹。日军狼狈南逃。因"隋枣战役"时，新野、唐河曾经沦入敌手，且主要战斗又在新野、唐河二县进行，故而又称之为"新唐事变。"

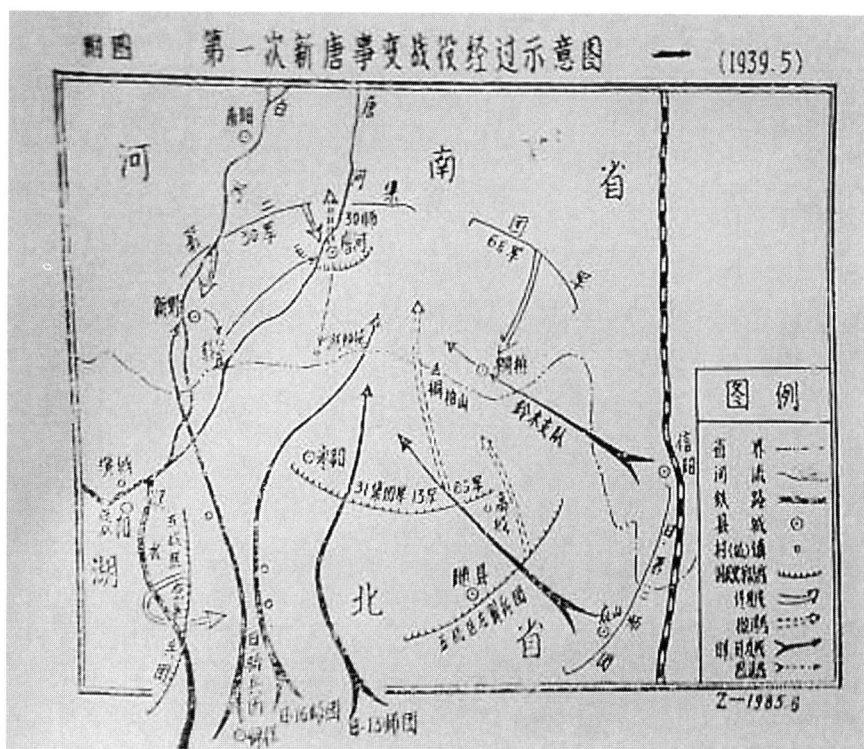

（二）第二次新唐事变。1940年5月，不甘失败的日军，又纠集了三个师团（第3、13、39）的兵力，对襄河东岸和豫南地区发动攻击，于5月5日陷我汝阳、桐柏，5月7日陷我唐河，5月9日陷我新野。我南阳民团二次出山，协助国民党部队屡败日军，日军不得不再次南逃。此次会战，毙日军650余人，伤日军1880余人。南阳《前锋》报以头版位置专载宛西民团抗日胜利的消息。同年秋，国民政府中央军事委员会特派政治部三厅中央监察委员会张继（字溥泉）率慰问团到内乡、西峡口慰问有功将士，于南唐岗召开慰劳大会，赠奖章、奖旗，向受伤战士颁发水壶、茶缸等慰问品并授予别廷芳"陆、海、空军"一等奖章。[1]

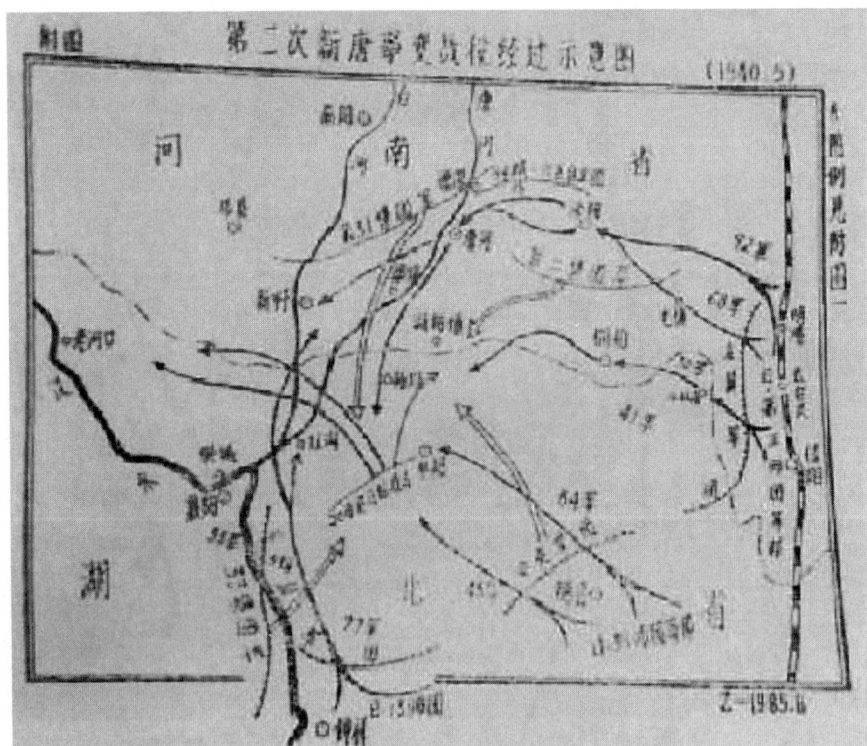

---

[1]　西峡县地方史志办公室编：《西峡五千年纪事》，2006年7月，第99—100页。

（三）豫南会战。1941 年 1 月 25 日,日军纠集三个师团(第 3、第 10、第 40)的兵力,分兵五路,向小林店、固城、查山、明湛、正阳攻击。得手后,又犯方城和南阳城。一路上屡遭地方民团之袭击。此次会战,前后共 17 天,敌伤亡数千。仅方城民团就毙敌 18 人,伤敌 23 人,生俘敌 5 人。

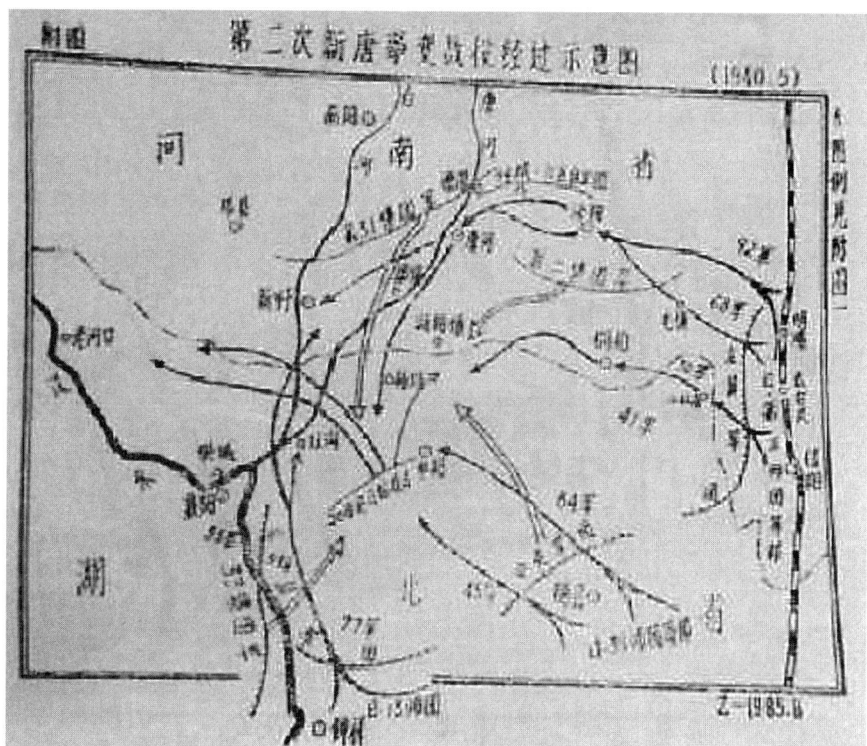

第三节　南召前哨阻击战

1945 年 3 月 21 日,驻鲁(山)的日本第 12 军 110 师团(师团长木村经广),奉日军第 12 军司令官、驻豫日军最高指挥官内山英太郎中将的命令,率兵南侵南阳。110 师团渡过潲河后,分兵两路,一路犯西南,经回龙沟奔袭李青店(今南召县城),于 23 日陷李青店。另一路南下奔袭南召县城(今云阳镇)。

当时驻守南召的是高树勋的新八军(即河北民军),该军本属第一战区,暂归第五战区指挥。该军在 1944 年鲁山沦陷后,在云阳东北三鸦路要冲铁牛庙设一个加强团,在交界系(南召、鲁山交界处之地名)设一个团,控制三鸦路通往南召县城要道。日军多次试图经该地南犯,均被击退。此后,日军改变战术,佯攻三鸦路要道,暗中以主力轻装迂回,强攻雁门山口(皇后乡北山口),与驻守雁门山口的新八军一个营发生遭遇战。激战数小时,中国军队人少势孤,被日军突破防线。该营官兵南撤至杨西庄学校。22 日晨,日军进攻杨西庄,新八军此营与日军展开血战,战死 13 人,负伤 3 人。在实力不抵的情况下,该营被迫撤入南召县城。日军向南召城西关逼近。驻守西关的保安团的 1 个中队一边开枪还击(击毙日军官 1 人),一边向城内鸣枪告警,掩护城内居民撤退。当时驻守南石庙的新八军和南召保安团,因日军前面有大批城内逃难群众,无法开枪还击,只得向西南方撤退,导致南召城陷落。另有一股日军经南召与鲁山交界的演艺山皇城墁进犯留山,与新八军军部激战后进入南召城。此战,中国军队击毙日军 8 人(其中包括在南召城内进行"扫荡"时战死的第 2 中队长小西中尉),我方被日军俘虏 20 多人。南召城陷落后,日寇纠集数名汉奸成立维持会,汉奸李焜五任维持会会长,李明申任维新镇镇长,王连桂任伪县长。

南召县城陷落后,驻防铁牛庙的新八军两个团绕过空隙地撤至白土岗,与新八军军部会合后撤至北山的南召县民团由袁宝岱率领,一举收复李青店。李青店之敌继续南犯,行至南河店,遭我军阻击,双方展开激烈战斗。敌继续南下,与南召县城南下的日军会合后又分为两路,一路攻南阳石桥镇;一路攻镇平县石佛寺。日军南下后,由于国民党军侦察失误,于 3 月 25 日派飞机轰炸南召县城,投下了数枚炸弹和硫黄燃烧弹,当天正刮四五级大风,燃烧弹引起民房着火,熊熊烈焰借风势把城内大批民房化为灰烬,成为一片焦土。

3 月 29 日,南召县保安团第二大队收复南召县城,活捉维持会会长李焜五和维新镇镇长李明申,由南召县政府宣判死刑,伪县长王连桂畏罪潜逃①。

第四节　三路日军包围南阳城

1945 年 3 月 25 日,三路日军对南阳城形成三面包围。第一路日军系 110 师团攻陷南召后南侵的一部分。

第二路日军系第 115 师团及其尾随其后的骑兵第四旅团,他们于 21 日从舞阳出发,兵分两路(左右攻击队),左攻击队于 22 日凌晨到达牛蹄,接着又于当日经春水(牛蹄西北偏西 11 公里)、羊册、郭集(羊册西 10 公里)向西南侵犯,右攻击队 24 日中午在桐河附近与约 200 名中国军队交战,中国军队战败,至少 81 人以身殉国。24 日晚右攻击队到达陈官营(南阳城南 8 公里)附近,师团主力方面的第一大队到达三十里屯(南阳城南 15 公里)东南偏东 10 公里的禹王店附近;左攻击队到达刘营(陈官营东南 15 公里);师团司令部半夜到达贾桥(禹王店东 28 公里)。

2 月 24 日 21 时 30 分,日军独立步兵第 27 大队率先进攻并击

---

① (台北)河南西峡口军民抗战实录编辑委员会:《河南西峡口军民抗战实录》第 2 章,《西峡口战役之序战》,2015 年 2 月,第 58 页。

败了守卫在白河岸边黄台岗的中国军队,在三十里屯北面涉渡白河;左攻击队的主力也随着第27大队渡过白河。中国军队在上元寺(三十里屯西6公里)附近试图反击未果。115师团右攻击队自25日8时至8时30分在下苑营(上元寺北2公里)附近将约250人的中国军队击败。在上元寺和下苑营战斗中,中国军队作战英勇,但由于众寡悬殊,装备落后,最终落败。据日方数据,92人为国捐躯,12人被俘。115师团司令部及师团本队3月24日凌晨从贾桥附近出发,25夜间渡过白河,到达三十里屯西方4公里塚头。尾随其后的骑兵第四旅团,已在3月22日超越了115师团,先一日抵达南阳城下。

第三路日军系山路中将所率领的战车第三师团,及其尾随其后的吉武支队。他们从登封出发,踏着泥泞(因连日降雨)且由中国军民"每隔一百米左右即有一处掘坏"的道路,艰难地前行。一路上,他们不仅要躲避中美战机编队的轰炸,还要遭到沿途村庄中国军队的阻击。他们且战且走,对此,日军的决策机关很是担忧,前往视察战车第三师团的华北方面军第一科科长寒川大佐有如下叙述:

> 战车师团为挺进南阳平川,白白浪费了两天时间,地点是方城南方数公里处。这一带比南阳平川高出20—30米,是一片台地。师团前卫的搜索队位于台地西方平地的一角,可遥望西方南阳平地……按军的计划,师团应该已经进入南阳以西。南面的骑兵第4旅团似乎正在顺利地前进着。这是骑兵和战车的一场比赛,但由于途中道路不良及美军飞机的原因,战车落后了。军以相当强硬的言词要求突进。师团长也终于坚定了白天突进的决心。担任先头的是轻战车队编成的搜索队……战车已蒙受很大损失,照旧前进已不可能,终于糊里糊

涂中止了这天的前进。战车师团今后如何前进？师团长面临的是必须以最大决心要求部下付出更大的牺牲。明天将是师团下最后决心突进的时刻了吧①。

在寒川大佐的督促下，战车第三师团于 24 日攻陷方城，由博望镇直扑南阳。

第五节　日军调整了计划

日军第 12 军司令部一度因第三战车师团挺进迟缓，且未能与第 115 师团取得联络而无比焦虑，期待着骑兵第 4 旅团能继续顺利突进。1945 年 3 月 25 日夜，军司令部收到第 110 师团的报告，了解了其挺进情况，尤其得知其一部已经进入南阳西北偏西 30 公里的镇平北方后，对其作战部署又恢复了自信心。

日军在进攻过程中，发现国民党军并没有做大的抵抗，几乎是一直在向南阳以南后退。

日军判断，除一部分兵力仍在固守南阳城外，在南阳城附近集结的兵力连同主动后撤的军队都在沿着西（峡）荆（紫关）、汉（水）白（河）两公路向西峡口、丹江、汉水一线退避。日军情报员还弄到了蒋介石对中国军队的指令，即："加强西坪镇、荆紫关（西坪南 20 公里）、魁门关（西峡口西 17.5 公里）一带的阵地；并在 3 月 23 日命令京汉线以东地区之守军（第 10 战区），牵制日军对南阳及老河口方面的进攻，指示把重点置于郾城、遂平方面，命令挺进部队准备攻击确山、明港方面。"

---

① 日本防卫厅防卫研究所战史研究室著，天津市政协编译委员会译：《昭和二十年（1945）的中国派遣军》第 1 卷第 2 分册，中华书局 1982 年版，第 68 页。

有鉴于此，日军第12军司令部认为，"现在最重要的是加紧控制河南、陕西省境方面的要点"，据此调整作战计划如下：

一、命令正在准备攻击南阳城的第110师团主力，首先向内乡县城（南阳城西76公里），而后以主力向西峡口，并以一部向淅川突进。

二、命令第115师团立即向老河口急进，并以其一部向李官桥（老河口正北偏西50公里）一带前进，以控制汉水河岸。

三、命令作为第二线兵团的吉武支队负责攻占南阳。调一部分战车给该支队，并令军直辖炮兵的一部分协助该支队攻击作战。

第六节　浴血南阳城

日军发动进攻之初，第五战区第二集团军总司令刘汝明在南阳城西郊刘相公庄召开师长以上军事会议，布置作战。该集团军根据蒋介石的电令，决定以第55军、第68军会同新编第8军，在南阳以北以东之南召、方城、唐河地区阻击日军。然后，相机向南阳西南方转进。按照第五战区司令长官刘峙的要求，刘汝明命令第68军第143师坚守南阳城。他对该师师长黄樵松[①]说："你师必须死守南阳城，以保障第五战区长官部老河口的

---

① 黄樵松（1901—1948），原名黄德全，号怡墅，字道立。河南尉氏县人。1922年考入冯玉祥的学兵团，先后担任冯卫队连连长、卫队营营长。1930年5月，参加了中原大战。1937年全面抗战开始，黄樵松任第26路军第27师第79旅旅长，率部先后参加了长城抗战、保定会战、娘子关战役、太原保卫战，屡立战功。1938年1月，晋升为第27师师长。之后，又先后参加了台儿庄会战、徐州守卫战、武汉会战，及豫南战役等。1945年3月，调任第60军第143师师长。抗战胜利后任30军副军长。1948年11月在太原酝酿起义，事泄被杀，就义前写下一首《绝命诗》。

安全!"

黄樵松深知刘峙这一命令的分量，也深知这是一个要命的差使。南阳为战略要冲，日军来势汹汹，志在必得。城东、北、南三个方向无险可守还在其次，国民党各军按计划向南向西撤退后，守军完全陷入孤立无援的绝境。大敌当前，黄樵松别无选择，便横下一条心，决与南阳城共存亡，誓把南阳变"斯大林格勒"。会后，黄樵松即与好友们一一握手

黄樵松
（图片来源 新影网）

告别，悲壮地说："来生再见!"闻者无不唏嘘动容。

回到南阳城后，黄樵松马上进行守城部署。他首先派师部政工人员会同南阳县政府人员，将城内居民全部转移到城外安全地带。又令工兵部队构筑工事，并在城关埋设大量地雷。战前，黄樵松把部队集合起来，进行战前动员。他说："这次我们的任务就是保卫南阳，与南阳共存亡，趁还没有开打，大家回去都相互烧个纸!"黄樵松的意思就是要大家明白任务的艰巨，每个人要抱定必死的决心，才能守住南阳①。为了鼓舞士气，他问士兵们："南阳的乌鸦多不多？老总多不多？"接着说："多! 可是那乌鸦拉的屎多不多？多! 试问，你们头上拉了多少乌鸦屎？"士兵们都答没有拉到。黄樵松接着说："那日机掷炸弹或日军炮弹打来那么多，那不是一样不会落到头上。即是会打中，也像赌牌时胡个清一色双龙

---

① 张文树:《跟随黄樵松坚守南阳》。张文树，男，1922 年生，原籍北京市房山区东关街，现居河南平顶山市区。1939 年至 1940 年在国民革命军第 30 军 27 师 80 团团部当通信兵，1940 年到 1949 年在 68 军 143 师 428 团历任少尉警卫、连长、营长。1955 年因历史问题被判刑十年，在新疆服刑，1966 年转入新疆建设兵团农 8 师工作至退休。

抱,那样少吗?"士兵们听了都大笑起来。他这通俗易懂的讲话对鼓舞士气起了很大作用[1]。

紧接着,他命师部副官处长张世派人赶做一口棺材,放在师部大门口。黄樵松挥笔写上"黄樵松之灵柩"6个大字,师部顿时弥漫出一种悲壮的气氛。官兵见此,莫不抱定血战到底的决心。

黄樵松综合当前情况,判断进攻南阳的敌人将采取分进合击的战法,其攻击重点可能由卧龙岗指向西门阵地薄弱部,于是下达命令如下:

一、师以固守南阳之目的,即占领南阳核心阵地,依工事与火力,歼灭敌人于城乡域区。

二、第428团为右守备队,占领自城内北大街、新华街、中山街以右地区,与左守备队密取联系。

三、第429团为左守备队,占领自城内北大街、新华街、中山街、南关大街以左地区,与右守备队密取联系。

四、两守备队须于溧河店、大盆窑、十五殿、黄土岗、建岗、十里铺之线派出警戒部队;其撤退时机,另有命令,并由右守备队派兵两连占领大盆窑、独山之线,左守备队派兵一连于建岗构成坚固据点,并须固守之。

五、两守备队战斗地境为万庄、北大街、新华街、中山街、南关大街迄白河北岸之延伸线,线上属右翼。

六、第427团第一营为师预备队,位置于王府山附近。

七、野炮排以一门在望仙台附近占领阵地,向十王殿、黄土岗、建岗方面射击,以一门在医圣祠附近占领阵地,向大盆窑、许家房、独山方面射击,观测所位于天主堂王府山顶。

---

① (台北)中央军校第七分校王曲师生联谊会王曲文献委员会编:《王曲文献·战史:抗日之部(下)》,1996年5月,第951页。

八、平射炮连在北关及魏公桥附近占领阵地,对宛洛(阳)、宛南(召)两公路之敌军战车射击。

九、高射机枪排在西城墙占领阵地,担任全城防空。

十、卫生连在复兴中学开设绷带所①。

1945 年 3 月 26 日,日军吉武支队接到军司令部命令:"当面之敌以一部固守南阳,主力似正沿宛西公路向西峡口、丹江、汉水线以西地区退避。军企图以第 110 师团向西峡口附近追击敌人,同时迅速攻占老河口;吉武支队则应迅速攻占南阳城。现决定将独立步兵第 388 大队(即现归战车第 3 师团机动步兵第 3 联队指挥的远间大队)改由你部指挥;同时令第 115 师团的 1 个大队和战车第 3 师团之一部(战车及炮兵)协助攻击。攻击南阳城的时间定为自 3 月 30 日拂晓开始"。

吉武支队进攻南阳的兵力,计有 6 个独立步兵大队,一个炮兵大队(105 毫米口径炮 8 门),一个战车中队。这些部队包括:

独立步兵第 204 大队　大队长　上户正树　大尉(117 师团 87 旅团的部队)。

独立步兵第 206 大队　大队长　日野原松市　少佐(117 师团 87 旅团的部队)。

独立步兵第 388 大队　大队长　远间公佐久　大尉(117 师团 88 旅团的部队)。

独立步兵第 391 大队　大队长　西元弥太郎　大尉(117 师团 88 旅团的部队)。

独立步兵第 386 大队　大队长　铃木孝三郎　少佐(115 师团 86 旅团的部队)。

---

① (台北)中央军校第七分校王曲师生联谊会王曲文献委员会编:《王曲文献·战史:抗日之部(下)》,1996 年 5 月版,第 948—949 页。

独立步兵第 617 大队　大队长　山内昌彦　少佐(独立混成第 92 旅团的部队)。

机动炮兵第 3 联队第 3 大队　大队长　神户英彦　中佐(战车第 3 师团的部队)。

第 17 战车联队 1 个中队,战车 6 辆。

27 日渡过白河后,吉武支队进到了南阳北约 8 公里的乔庄,为攻占南阳做了如下部署:

(一)支队自 1945 年 3 月 30 日拂晓起开始攻击,一举攻占南阳城,攻击重点区域为自卧龙岗至南阳城西南角;独立步兵 386 大队自南面攻击南关协助支队的攻击;战车中队的战车及炮兵一部,援助支队的攻击。

(二)独立步兵第 206 大队经南阳城西北向西南迂回转进,29 日首先攻占卧龙岗敌前沿阵地,并准备攻击南阳城西南角。

(三)独立步兵第 617 大队向南阳西北转进。29 日首先攻占王老虎庄(南阳城西 2 公里)中国军队前进阵地,并准备攻击南阳城西北角。

(四)独立步兵第 204 大队准备攻击南阳城东北角。

(五)独立步兵第 391 大队再渡白河向南阳东南方转进,准备从双桥镇(南阳东南偏东 6 公里)方向攻击南阳城东南角,要特别警戒守城之中国军队败走和脱逃。

(六)师团炮兵队在南阳以北枣营、夏店附近占领阵地,主要准备协助 204、617 两大队的战斗。

(七)独立步兵第 388 大队可首选位置于南阳西方 4 公里麒麟桥。

(八)支队司令部自 3 月 29 日起移驻于南阳西北 5 公里白龙庙。

1945 年 3 月 28 日,山内昌彦所率领的 617 大队到达南阳城西北方,立即准备攻击。29 日首先令第 4 中队夺取了王老虎庄的前沿阵地。日野原松市的 206 大队 28 日也以一部向卧龙岗中国军队阵地发动攻击。

负责防守卧龙岗的中国军队是黄樵松的第 143 师第 429 团第二营第二连第一排。排长赵新芳带领全排 30 多名战士进驻卧龙岗武侯祠后,立即和副排长一起察看地形,布防设哨,在当地群众的帮助下,日夜抢修工事。赵新芳将主力布置在武侯祠后面,指挥所设在宁远楼上,并架设电话一部,以便随时与团部联系,并在龙头(即读书台)和龙角塔两处加强日夜岗哨。

3 月 29 日拂晓,日军从西北方向向卧龙岗我守军阵地发动进攻。敌人首先进攻武侯祠西南角的后庄村,抓住农民吴学义,强迫他带路前往武侯祠。等日军进至距离我军阵地约 50 米时,赵新芳一声令下,机枪、步枪一齐向敌人射击,日军被迫从后庄退到陈铁岗、麒麟岗一带。

上午,33 名日军组成扇形队形,在大炮和机枪的掩护下,再次向我方阵地发动猛攻。当时,排长赵新芳在宁远楼上指挥,副排长在宁远楼后阵地前指挥。面对蜂拥而来的敌人,赵新芳十分镇定,他压低声音命令道:"不要慌张,等日本鬼子靠近了再开枪!"日军靠近之后,赵新芳一声号令,战士们一起向敌人射击。日军凭借火力优势,占据了后庄,以屋舍和墙壁为掩体,向我方军队射击。

战斗持续一个多小时,我守军为了避免大的伤亡撤进武侯祠院内。我方守军退到院内后,把后门和小门全部堵死,并迅速登上廊房和半月台,用装满小麦的布袋作掩体,继续与敌人激战。赵新芳命令电话兵和团部联系,请求炮火支援。瞬间,我方炮声响起,一发发炮弹打向敌人,给日军很大杀伤。同时,日军大炮也不断向我阵地轰击,战斗呈白热化状态。

激战正酣之际,在宁远楼上指挥作战的赵新芳排长眼部被敌人子弹打中。紧接着,敌人的一发炮弹把宁远楼南边的一根大梁打断,房顶轰然倒塌,赵新芳不幸壮烈牺牲。我方守军虽失去指挥,伤亡严重,但仍坚守阵地,无一退缩。下午3时,日军推倒了南边花园的土墙,突入武侯祠院内。道士张宗健上前阻拦,被日军用刺刀捅死。此时,我方守军只剩八九个人,其中4人与日军展开肉搏战,最后全部壮烈殉国。其余人在祠内道士的帮助下,化装成农民才幸免于难。

这次战斗,我方守军大部阵亡,仅有5人幸免。来犯日军也有一半被我军击毙在宁远楼和南墙之外。

此时,日军第204、第391、第386大队也分别按预定计划,做好了攻击南阳城的准备。

30日拂晓,日本飞机向南阳城投下炸弹。以第一颗炸弹为信号,日军各部对南阳城全面发起攻击,野战重炮、迫击炮、重火器也一齐开始射击。吉武支队把日野原大队的正面作为攻击重点,派战车协同作战,企图一举突进城内。中国军队奋起反击,双方展开激战。特别是朝山街外据点的守军,被5辆坦克围着扫射轰击。排长李德明带领两个班士兵死守阵地,该排大部分以身殉国。班长葛子明被俘,凶残的日军向他连戳数刀后,又将他押至朝山街踏雷,葛子明壮烈牺牲。黄樵松得知后,非常愤慨,亲往朝山街督战。团长刘云生率部英勇作战,一连打退敌人多次进攻。蒋介石电令嘉奖黄樵松。下午,黄樵松接到第二集团军总司令刘汝明转来蒋介石命令:第143师已完成牵制、阻击日军的任务,现敌人已分别西犯和南犯,南阳孤城已无死守必要,命令该师迅速撤出城垣。是日夜,黄带领第143师突围。时值初春,士兵身穿棉衣涉过白河,到达唐河县的桐河镇。在离开师部时,黄樵松心有不甘的在书有"黄樵松之灵柩"的棺木上题诗一首:"苦战十昼夜,南阳成废墟。始将好头颅,留待最后掷。"突围之后,黄樵松回首南阳城,依依不舍,又赋诗一首:"别矣南阳城,回头复又顾,红杏暗送香,白水牵衣诉。"

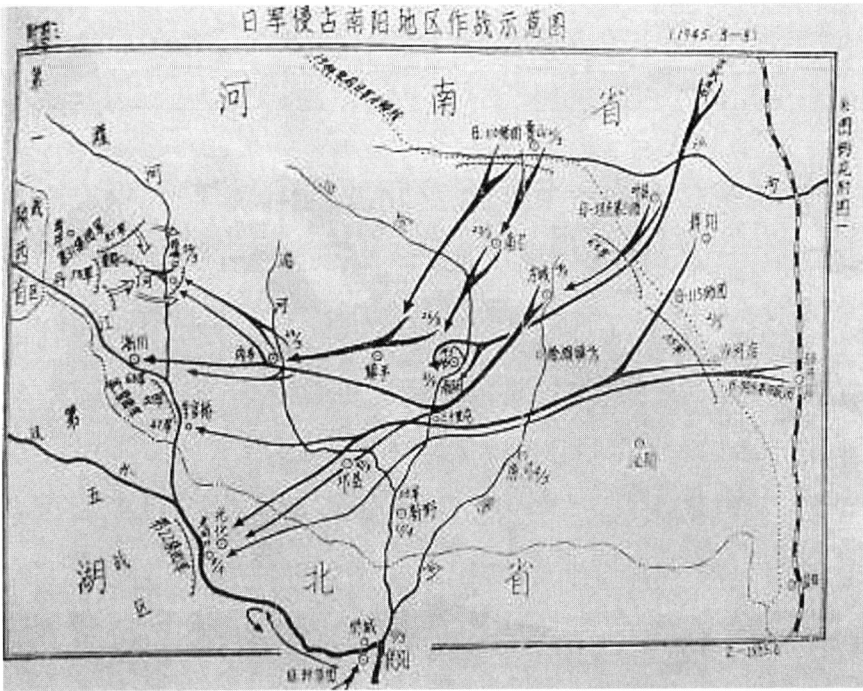

第四章　宛西前哨战

第一节　五龙庙坡阻击战

1945 年 3 月 24 日,我第一战区代司令长官胡宗南致电河南省政府主席刘茂恩,其要旨为:"请发动地方自卫队①,配合第 65 师,在内乡以东地区阻敌西进,以掩护第 31 集团军等部进出……"刘茂恩接电即命令保安团一、二两团协同 65 师李纪云部,在内乡以东湍河西岸占领阵地,保安团第三、四团进驻扼守镇平石佛寺。经刘茂恩发动,在很短时间内,仅内乡县就有一万民众参加要隘布防。

25 日,敌一部包围南阳城,其主力分由南阳向西北、西南继续进犯。同日,由李青店南犯之敌第 110 师团 2000 人与南召南犯之敌第 115 师团数千人会合西进,再度突破镇平新编第八军阵地,连同伪军四万余人薄暮时抵达湍河东岸,与我第 15 军、豫省警备队加强营和保安第一、二两团以及宛西民团隔河对峙。

刘茂恩见形势危急,亲临前线指挥,命令民团协同国民党军队

---

① 自卫队:即地方民团,不同时期有不同叫法,民团、自卫队、自卫军皆指民团。

布防。以 15 军一、二两个团及保安第三团为中路;刘汝明的 68 军防守在内乡城东南湍河两岸的大桥、郭岗、大周等村;民团三、六、八、九团,由宛西联防处参谋长聂相岑指挥布防,配置于右翼江园、岑子崖、大桥、大周营、大王营、灵山头、鄂沟、师岗、卧牛山、嵩溪、灵官殿、三官殿之线;民团四、五、七团,由吴定远团长指挥布防,配置于左翼草场、来雨庙、显神庙、王店、天明寺、马山口、小街一线,严阵以待来犯之敌。

　　26 日,日军骑兵 3000 余人,携大炮 20 多门,进至城东灌张铺、杨集一带,以密集炮火做掩护,徒步涉过默河。次日晨 5 时 30 分,日军对五龙庙坡展开攻击,被国民党军队和民团击退。日军增调援军,出动战车十几辆,对五龙庙坡发动更猛烈的攻击。入夜,战事吃紧,刘茂恩令 15 军第二团副团长贾汉鼎率两个营,第一团副团长李子锡率 4 个营驰往增援。28 日上午 10 时,日军因为久攻不下,增调大量后续部队,用优势火力猛烈攻击。中国军队拼命抗击,最终因敌人炮火猛烈,阵地被突破。12 时,内乡县城陷落。我右翼内乡民团的 3、6 两团退至城西望城岗、黄水河、老牛铺、杜曹、柏树山一带,扼要防御,8、9 两团及左翼的内乡民团第 4、5、7 各团仍在原阵地严守。下午,日军在城郊四处"扫荡",各民团与之混战,互有伤亡。是日下午,我奉命增援的第 2 团到达城北十里左右的刘竹园,与日军遭遇,激战 3 个小时,因敌强我弱,最终不敌,向阳城一带转移。

　　3 月 29 日[①]拂晓前,日军突至城北 40 里的符沟,制造了一场血案。

---

　　①　刘茂恩说是 28 日上午十时,杨青华等回忆是农历二十六日(公历 3 月 29 日)拂晓前,考虑到杨等为亲身经历,且根据其描述战斗应发生在夜里,故采用其说法。

第二节 符沟血案

先是,内乡吃紧,内乡民团第2团第2营奉命从回车出发,到丹水镇的符沟设防。3月28日下午,该营到达符沟,沿公路两侧布防,7连和8连驻于公路旁一家饭铺的3间草房内,6连驻扎符沟对面。8连的一个排在符沟以东的土地庙、黄楝树岗一带负责警戒。

天快黑时,民团2团副团长贾锡九从内乡城到了符沟,言说日军从镇平过来,估计已经到了晁陂、十二里河一带,内乡城及其以西均有国民党军队和民团防守。营长马占彪听后便放松了警戒,他认为日军虽然已经攻过来,但沿途有国民党军队和民团把守,一时还打不到这里,即使前边出现什么情况,也能很快得到消息。于是,他朝床上一躺,抽起大烟来。其他官兵有的赌博取乐;有的聚在一起说闲话;有的或倚或坐,昏昏欲睡。夜里,月亮刚刚露出来,就被乌云遮蔽,到处灰蒙蒙的一片。前哨探子到营部报告,八里岗一带发现一串灯光,不知是否有敌情,被副营长戴子久呵斥回去。后半夜,哨兵听到"隆隆"的响声,前去报告,说:"日军的铁甲车过来了。"戴子久听了听,没有动静,就训斥哨兵说:"薛司令①说,老日只过来些马队,没有铁甲车。铁甲车是啥号样,拿来我看看,你谎报军情!"拂晓前,日军十来辆战车突然出现在门前的公路上。哨兵吴歧瑞大声喝问:"哪一部分的?站住!"当他发现是日军的坦克车,跑进屋里报告时,坦克车上的机枪已开始向五连三排驻地门口扫射。一百多日军端着机枪扑向营部和三排,民团顿时乱作

---

① 薛司令:即薛炳灵,字仲村,时任内乡县警备副司令,兼内乡民团支队长(司令)。

一团,营长马占彪越墙而走,其余人有的翻墙,有的破屋,纷纷逃命。很多人来不及逃走,被日军包围。3排所属的24人全部被堵在一个屋里。八班长刘德胜说:"咱们打呀,冲出去,不打不行了!"话刚落音,日军蜂拥而入,除了团丁张新生之外,全都作了日军的俘虏,连同营部特务排的团丁一共35人①。这些人被日军一一推进公路边的水坑里,除了团丁李天长等8人侥幸逃命外,其余全部淹死。日军投降后不久,死难者的家属到符沟寻找他们亲人的骸骨,除王金章、张起运等少数几个能凭借徽章确定外,其余尸骨多数陷在淤泥里,少数散在公路边、沟旁,东一块,西一块,根本无法辨认。见此情景,人们无不失声痛哭。农历九月九日重阳节这一天,人们把这27具骨骸共殓一棺,连同装殓八营在西峡口阵亡将士骨骸的棺木共立一冢,合葬于西峡口城东莲花寺。

日军突破符沟阵地后,继续前行,进至垛孤山附近。此时,31集团军在西峡口、奎文关、丁河店一带的主阵地已完成布防,河南省保安团奉命炸断两孔湍河大桥(老桥)向西撤退。次日中午,转移至两侧山地掩护大军翼侧。防守右翼的两团,撤至西望城岗、黄水河、杜重、柏树庄、方山一带扼守,左翼守军及民团仍坚守原阵地,利用有利地形,节节抗击,以迟滞敌人的前进。日军兵分两路,北路沿南(阳)、坪(西坪)公路向西峡口推进,南路经灵山头向西过师岗到杏树崖,遭到我68军的突袭,日军伤亡惨重。

先是宛西民团联防主任兼警备司令刘顾三、内乡支队司令薛炳灵率队拱卫省政府②,淅川民团由宛西民团指挥官陈舜德率领,

---

① 南阳地区地方志编委办公室编:《南阳抗日战争资料汇编》,1985年8月版,第116页。

② 1938年6月6日,日军陷开封,国民党河南省政府南迁镇平,继迁内乡丹水镇、卢氏县朱阳关。在省政府迁往镇平的同时,河南大学等省内外50余所公立、私立学校也陆续迁到了宛西。宛西一度成为河南省的政治、文化中心。

在杏花山扼要布防。至28日晨,敌第七旅团(丰岛房太郎)一千余人,由内乡西大岭、杏花山,向淅川进犯,被我杏花山伏兵拦截,激战6小时,转移到两侧山上继续作战。敌当晚窜至下集及周冈村一带。

宛西民团虽装备陈旧,但很英勇顽强,与敌作殊死决战。当内乡有两个民团阵地被突破,县城及丹水镇面临失守之时,刘顾三请示刘茂恩:"拟将民团及民众撤往山里,实施坚壁清野,与敌战斗到底。"刘茂恩问道:"集中山区,吃什么?"刘顾三答云:"准备计口授粮。"刘茂恩说:"计口授粮,不是随便讲的,你怎么能办到呢?"刘顾三答:"我和几位团长都是大地主、大粮户,先从我们本身做起,将全部粮食拿出来运到战地,供作军粮民食,试问全县还有哪一个人不照办呢?"刘茂恩听了频频点头,当即命宛西民团转入山区,布防要隘,扼守山口,各县粮食分别集中,以备急需,并随时准备反击敌军,作长期战斗的谋划。

以南阳民团所组成之第6纵队,和淅川民团配置在西峡口西南20里之大泉、玉皇庙沟、五台岭、杜家河一带,缘以劣势装备,难敌日军机械化部队,所以放弃平原地带,避免正面作战,而将其主力诱至于我有利之山区,予以沉重打击,这在战略的运用上是极为正确的。

第三节　激战灌张铺

鉴于日军已入侵宛西,河南省政府必须转移。为了使省政府能安全转移,河南省保安团第1团团长吴树芳奉命率部从原防地屈原岗出发,向东挺进,狙击敌人。3月26日夜,吴树芳率保安团第1团悄悄推进到内乡城东的灌张铺,并在东岗上埋伏下来。这个岗的地势北高南低,公路从中间横穿而过。第1团官兵在路北四华里的岗脊上挖好掩体,筑妥工事,严阵以待。公路上由工兵设置了大量障碍物,横七竖八布满了树枝,树枝上挂了手榴弹,若触动树枝,手榴弹立即爆炸,公路上还布满了地雷,就是坦克车碰上也可能被炸毁。

3月27日黎明,日军开始向我军阵地运动。太阳刚露头时,阵地上方出现了一架飞机在低空盘旋侦察。士兵们误以为是我军的飞机,摘下帽子向飞机挥动呼喊:"我们的飞机! 我们的飞机!"等飞机掠过后,这才发现飞机机翼上有红色的膏药旗,大家马上匍匐在掩体里。飞机飞走后,日军当即向我阵地发起攻击,步枪、机枪、六〇炮一齐向我军阵地射来,敌机也来回俯冲扫射助战。

团指挥所等敌人进入有效射程内,立即命令对敌射击,步枪、机枪、六〇炮一齐向敌人开火。经过40多分钟的激烈战斗,击退日军的进攻。此后,日军改变进攻方式,采取分散隐蔽战术,先后两次攻击我方阵地,均被击退。由于省保安第1团的顽强阻击,为驻丹水的河南省政府和直属机关后撤赢得了时间,确保了其安全转移。

阻击的目的已经达到,为了迷惑敌人,第1团佯装攻击,开动所有火力,向日军猛烈射击。在敌人匍匐躲避时,第1团悄悄撤离了阵地。

第四节　申鱼池遭遇战

西峡口地处豫陕交界,是由豫西南通往陕西的咽喉,对于中、日双方军事意义巨大,我方军队若是占据此地,可以作为陕西屏障,保护后方安全;日方若是占据此地,进可直接威胁西安,退可阻止中国军队向东反击。因此,西峡口成为中日双方争夺的焦点。

早在 3 月 24 日,国民党已经意识到日军要西犯西峡口,于是,第一战区代司令长官胡宗南打电话给 31 集团军总司令王仲廉:"着令第 85 军驻守西峡口附近,并指派该军第 23 师集结西峡口以西地区,于 26 日前以一团兵力在屈原岗占领阵地,对东方严密警戒。"

王仲廉接到命令后即令第 85 军吴绍周军长遵令办理。3 月 25 日,吴绍周亲率军直属部队,由桑坪推进至前、后营附近。并于当日下午在西峡口召集各师、团长会议,决定:"派第 23 师副师长谷允怀率第 68 团推进至袁店,对镇平、内乡、马口山警戒,归河南省警备总司令刘茂恩指挥,配合地方团队阻滞日军行动;以黄子华的 23 师主力在西峡口西南高地构筑工事;电令驻伏牛山北麓卢氏县庙子的唐夔甫团占领老界岭,准备向南出击。"吴绍周还特别指示,不要进入内乡城,以免恋战。26 日上午,谷允怀率领 68 团出发,傍晚到达西峡口东南的老庙岗,并派一个营推进到屈原岗担任警戒。后因敌情有变,谷允怀奉王仲廉之命,开往内乡城。当其部行至城北申鱼池村时遭遇日军步兵 139 联队第 2 大队,当即占据屯头、张庄阻击日军。日军向西进攻时,必须通过一大片开阔地,所以只能以小股部队疏散进攻。1 个小时后,日军已在我方阵地前聚集百余人,并在几十米的距离内多次发起冲锋,但均被击退。当时日军已被中国军队的火力控制在湍河边的麦地里,正是歼敌的良机,可惜第 68 团弹药既少,刺刀也缺,无力对敌猛袭。不久,内乡县民团司令薛仲村转送来迫击炮弹三百多发,步、机枪子弹约两千发,中国官兵的士气为之一振。正在激烈战斗中,躲在薛仲村所据寨子里的谷允怀打电话要求部队撤到山里。由河边往山里撤,要通过一段四五里长的开阔地带,如果日军一旦尾追,我军必遭重大损失,营、连长们都要求坚持到黄昏后再转移。由于补充了弹药,我军火力大增,毙敌甚众。激战至 16 时,日军增援千余,由两翼包围申鱼池。17 时许,我 68 团向西突围,逐次撤向淅川之上集。由于日军伤亡严重,所以在第 68 团撤退时未敢追击,申鱼池遭遇战宣告结束。

第五章　血战西峡口

第一节　日军犯西峡口

一、西峡口地志

西峡口镇位于豫鄂陕之孔道,是豫西南通往陕西的门户,地理位置十分重要。境内群山绵亘,峰峻谷深,四面高山,中间低洼,西入川陕,北通洛阳、郑州,东下内乡、南阳、两湖两广,为豫鄂陕边区的交通要道。它之所以叫西峡口,因其处山口、水口、要道口,扼秦楚之咽喉,历来为兵家必争之地①。

这里物产富饶,人口稠密,因富人较多,城里一高一低的砖房比比皆是。抗战期间,这里成了豫西的军事、政治和经济中心。宛属十三县民团总部、宛西自治联防处、兵工厂、发电厂及军队的补给点(屯有大批粮食弹药)等,都设在此地。

二、日军直扑西峡口

日军139联队于3月28日攻占了内乡城,当夜接到110师团命

---

① (台北)河南西峡口军民抗战实录编辑委员会编:《河南西峡口军民抗战实录》,2015年2月版,第69页。

令,要其急速西进攻占西峡口,139联队遵命而行,以该联队的第二大队为尖兵,29日晨从内乡北端出发,顺着内乡——赵川——西峡口大道向西峡口进犯。主力在其后方1000米,跟随行进。

从内乡到赵川的道路是从棱线上进行的,路面是硬砂地,幅宽七八米,两侧是农田,有的地方有树。从赵川开始,道路是山间小路,村庄零零落落,只有通往西安的公路才是最好的道路。中国军队为防止日军战车西进,已在路上挖掘了无数战车壕。3月28日夜,战车第3师团长山路命令机动步兵第3联队(配有搜索队、速射炮队各1个中队)"为占领西峡口,自29日晨从内乡出发推进"的同时,因担心受到美机的攻击,决定亲自指导西峡口方面的战斗。

命令下达后,山路便率领副官林中尉及卫生队的一部,跟随通信战车,和机动步兵第3联队一道,向西峡口急进,途中超越第110师团的部队;第三战车师团先头部队到达西峡口南约1公里的张峦南北线以后,就一边搜索对面的情况一边准备随后的攻击。机动步兵第3联队的鹈川中队也命令1个步兵小队乘坐3辆战车,于28日24时从内乡出发,中途边攻击遇到的中国军队边向西峡口挺进。

第110师团右追击队(步兵第139联队)的尖兵先头部队,于18时到达西峡口南方台地,侦察到中国军队正在防御西峡口及马头山,立即令尖兵占领台端北线,对中国守军进行侦察。主力则向当山(西峡口东南约1.5公里)西侧地区集结,为攻击西峡口城做准备。

此时,日军表面上气势汹汹,对西峡口镇志在必得,但在下属官兵中,却弥漫着厌战情绪,想到即将开始的战斗,心中充满了不安。《昭和二十年(1945)的中国派遣军》一书中这样写道:"士兵们眼望天空,感到了结束行军的安适,同时又想到战斗将要开始而不安,在这种交错的情绪下闭眼入睡了。西峡口的总攻击,拉开了(日军)

步兵(110 师团)第 139 联队连续 3 个月恶战苦斗的序幕①。"

日军侵占西峡区域图

三、二郎坪、小水阻击战

为了确保 110 师团之 139 联队的尖兵队和战车第三师团顺利到达西峡口,日军又派出了两支部队,作为主力部队的侧翼,一同攻向西峡口。北侧翼为 163 联队的第 1 大队稻垣毅治少佐,南侧

---

① 日本防卫厅防卫研究所战史研究室著,天津市政协编译委员会译:《昭和二十年(1945)的中国派遣军》第 1 卷第 2 分册,中华书局 1982 年版,第 93 页。

翼为 163 联队(第 1 大队除外)。

稻垣毅治的进军路线是从内乡至西峡公路以北的赤眉、夏馆、二郎坪、小水、东台子迂回至西峡口以西的丁河店。稻垣毅治遵命而行,于翌日抵达赤眉。驻防赤眉的内乡民团第 7 团团长裴子新率部千余人,撤至赤眉北边丘陵地带,分成前、中、后三列进行狙击。前列阵地被日军突破后,民团奉命撤退,遁入东北川山里待命。日寇侵入赤眉,即到老高堰河边,鸣枪三响,至鱼贯口邻近大山,赤眉附近居民多逃难至此。日寇一到,大肆奸淫抢劫,将贵重轻便物品搜掠一空。当日军过夫子岈时,裴子新奉命组织民团予以阻击,并在山隘设防,居高临下,重创日军。日军进入夏馆后,各山头民团相继抵抗,均被日军突破。日军又进抵二郎坪石庙村,民团立即开火,日寇集中火力强攻。由于民团武器装备差,战斗力弱,难以支撑,闪莽岭阵地失守。

此时,国民党军 110 师 329 团奉命从北向南开进,走到蛇尾一带,得知敌人从夏馆往二郎坪进攻,当即返回。先头部队到达二郎坪时,日寇已过了闪莽岭。我军即在庙岈一带布防,阻击敌人,战斗持续了一天。当地群众送茶送饭,协助搬运子弹,积极支持中国部队作战。入夜,日军沿汉王城进攻,我 329 团先头部队在二郎坪接上头后岗与敌人拼杀,连长杜锡武等 4 名官兵阵亡,日军向西继续进攻。329 团主力在返回二郎坪途中,得知日军已突破二郎坪防线西窜,随即在人马岗①、小水布防。日军沿中坪、染房庄、南湾进抵到马岗时,329 团主力立即开火,双方激战半夜,我副团长(鲍允超)以下官兵阵亡 30 多名。日军继续西犯。行至桑坪东北之猴上天,与我豫省保安一团相遇,遂短兵相

---

　　① 　人马岗:位于二郎坪与蛇尾交界处。传说王莽撵刘秀时,刘秀跑到小水后,登山观阵,说王莽人马已到那山风上,故名人马岗。

接,搏斗激烈。旋经豫省保安第二团由小水予以侧击,历一昼夜之激战,日寇遭受重创,顾不得收拾尸体就跑了。因在这段通往朱阳关曲要道上,筑有工事,豫省保安团与地方民团打退了敌人几次冲锋,击毙、击伤日军数十人,致使日军不得不于4月1日午后改道向西峡口方面进犯①。

四、师岗阻击战

作为 139 联队的南侧翼队——日军 110 师团之 163 联队,由内(乡)西(峡口)公路以南的师岗、马蹬镇渡过淅水②,攻占淅川,尔后,从南边迂回西峡口,策应由内乡至西峡作正面进攻的 139 联队。163 联队进军途中,遭遇内乡民团伏击,激战四小时,内乡民团不支,其第八团(团长聂天义)率部向夫子岈、张集、水清山、瓦亭一带转移。守卧牛山、蒿溪、灵宫殿之第九团(团长曹仲山,亦叫曹伯勋),仍被敌人四面包围,我官兵苦战多日,曹伯勋以伤亡过大,酌留一部仍在原地采取游击战术,自率大部突围至丹江以西凉水河收容整顿,即归第五战区长官部就近指挥,协同其他部队与敌作殊死战斗。

第二节　攻城前之部署

一、日军的部署

3 月 29 日夜,步兵 110 师团之 139 联队的山本大佐,在并列

---

① (台北)河南西峡口军民抗战实录编辑委员会编:《河南西峡口军民抗战实录》,2015年 2 月版,第 67—68 页。

② 淅水,也叫鹳河或老鹳河,有人误写为灌河。发源于淅川县冷水乡南泥湖村,经西峡、淅川县境注入丹水,河长 150.3 公里,河床宽 250—800 米。

的两三家民房台地上展开地图,和数名将校在研究下一步的行动。

山本认为,从目前情况看,马头山、西峡口的中方阵地,不是为了收容顺着赵川——夏馆——丁河店退却的中国军队而设的最后的阵地,就是为了争取时间,向后方主阵地配置兵力而部署掩护部队的处所。如果是后者,守军只要完成任务就会避开决战而决然撤退。那么,自己的攻击部署,也应该采取与此相适应的拙速主义(只管快不管好的做法)。以马头山为中心的山系,从地形上看是一个像大碗的山,在战略上决定攻防双方的胜败。西峡口有发电所,有 10 米左右坚固的城墙包围着,东侧沿城墙有幅宽 5—6 米的护城河,水深约 1.5 米。然而马头山和西峡口的阵地,也有不少弱点。西峡口位于从东南方台地可以俯瞰市区的低地,同时马头山和西峡口之间相互不能目视,不能用火力相互支援,各自孤立。因此,不论从了解向淅水逃走的中国军队的情况而言,还是从在中国守军阵地尚未增强前即予攻击的意义上讲,都必须尽早占领马头山和西峡口。于是,他不顾部队的极度疲劳,毅然决定于 3 月 30 日拂晓发动对西峡口城的攻击,具体部署如下:

(一)第 2 大队(解除联队炮小队、工兵小队的配属,自接到命令时起,复归原所属)应于 30 日晨,在原地带展开,拂晓前渡过白河①,攻击马头山阵地。在夺取该阵地后,情况允许时,可向霸王寨挺进,专攻中国军队主力之侧背。在攻击马头山阵地期间,令山炮中队主力全力协助。

(二)第 3 大队应于 30 日 6 时前向西峡口东方及北方的台地

---

① 白河:系淅水之误。

一端展开,等待第 2 大队对马头山之攻击取得进展时,向西峡口北关攻击。攻占北关后,向有庙之高地一线挺进,防备敌人反击。与此同时,在攻击期间,要特别警戒中国军队从白河①河谷方面出击。从准备攻击位置出发的时机,另行命令。又,命令联队炮中队协助攻击,负责破坏城门和望楼及压制其中的中国军队自动火器等。

(三)第 1 大队(缺第 2、4 中队)30 日 6 时前向西峡口东南台地一端展开,等待第 2 大队对马头山之攻击取得进展时,沿西安公路地区,向南关攻击前进,时机另行命令。当大队攻击南关时,将令今津别动队及工兵队出动协助。此外,还将令山炮中队在一定时间内集中全部火力支援攻击。

(四)联队炮中队于 30 日前,在北坡西端占领阵地。在山炮中队射击开始的同时,主要协助第 3 大队的攻击,破坏北关城门、望楼及压制城墙上中国军队自动火器等。突入时将炮火集中于妨害突入之敌,密切支援突入部队。攻占西峡口后,要迅速追随第一线,掩护第一线大队向有庙之高地前进。根据情况还应做好能协助攻击南关的准备。

(五)山炮兵中队应于 30 日 6 时前在何口(西峡口东南 1.5公里)西北地区占领阵地,掩护第 2 大队渡过白河②,并紧密协助该大队拂晓开始的攻击,当第 1 大队攻击南关时,应在一定时间内用全力予以协助,要为此做好准备。协助第 1 大队的时机另行指示。

(六)工兵小队与第 1 大队同时行动,当第 1 大队攻击南关时,要负责打通突击道路,并与之密切协力。为此应充分准备好越

---

① 白河:系淅水之误。
② 白河:系淅水之误。

过护城河破坏城门及登越城墙等资材。

（七）通信中队仍然以与师团主力的无线联络以及与本部①联络为重点，要架通与第一线大队及山炮、联队炮中队之间的有线联络，还要构成与第3、第2大队之间的无线联络，全部完成时间定为6时。

（八）负责运送弹药粮秣的部队，在结束必要的补给以后，在原地待命，随着战斗进展，分别追随所属部队，但要避免进入西峡口市区。

（九）本部及其直辖队30日6时，位于第1大队的后方。

二、中国军队的部署②

中国参战的第31集团军第85军军长吴绍周是一个老军人，作战经验十分丰富，当日军攻占申鱼池，其部队连夜向西搜索前进之时，他已断定，日军必犯西峡。遂于3月28日早晨下达作战命令如下：

（一）23师（配属军野炮营第1连及师工兵连1排、战防枪排）以主力于西峡口西侧山地占领阵地，对东方及南方进行防御，其余部队应控制在灵官垭、红水沟附近，保持机动。

（二）暂编第55师即由西坪镇之前、后营附近地区，集结待命。

（三）工兵第九团派出工兵1排，并发动民众，即日开始对西峡口以东道路及桥梁彻底破坏。

（四）野炮连观测所应改设于灵官垭，阵地位置于白河③湾、红

---

① 本部：即139联队。
② 王仲廉口述，黄润生笔录：《豫西鄂北会战西峡口之役》，《河南文史资料》1998年第1辑。
③ 白河：系淅水之误。

水沟附近。

3月29日上午,吴绍周又命:着暂编第55师(欠第1团)第2团在西峡口西黄石店、北上沟、吴家营至赵心沟口间待命,并派队占领杨岗、武家营、白沙等高地,向东严密警戒,其余部队着控置于老婆脚寨至干沟之间,随时保持机动。

23师师长黄子华接到命令后,深知责任重大,28日上午作出部署:令第69团团长夏峰洲,以该团主力占领西峡口南之稻田沟、太阳沟亘庞家寨之线主阵地,构筑工事,对东方及南方防御,由该团第3营营长刘昶率步兵1连、重机枪1连、小炮1排固守西峡口北寨,并指挥内乡民团第1团第8营防守南寨。第67团派兵一连在西峡口西南仓房、岳家庄附近占领阵地,对东方及北方警戒。

3月29日中午,暂编第55师第2团推进到孔沟东北地区。该团第3营在右,占领盆架沟至西南高地一线;第2营在左,占领吕家营至113.0高地之线,并自左、右两营各派一部占领杨岗亘二百丈沟南北之线,为前进阵地,第1营为预备队,集结于石家庄高地之线,并构筑预备阵地。

当晚,日军600余、炮四门向我左地区暂编第55师杨岗、白沙各阵地攻击,激战彻夜,终未得逞,敌复增援。此时,我守军经两度冲锋,堪战者寥寥无几,经数度增援后,并以第3团预备队一部向封店、柳树营出击,但因我伤亡甚重,杨岗阵地遂被日军突破。此时,封店之敌200余、战车5辆,企图向我阵地右侧背包围,师部乃令第3团占领黄石店北、东、西之线,并着该团一部出仓房,攻击柳树营之敌,以策应第2团之作战。经激战后,战况始趋稳定。

当南门外柳树营的日军受到攻击时,其第1大队第3中队作为尖兵中队立即在其后方隐蔽在南关东南角的凹地及沟中,为包围西峡口南城而向东北方向移动展开。为了切断西峡口中国守军的退路,晚饭后,联队长山本命令木村丰中尉指挥的第2中队立刻向六州(西峡口东北2公里)一带挺进。22时,大队长小崎之第1、第3中队对西峡口南城东门进行夜袭,遭到中国军队手榴弹、掷弹筒的阻击,攻击受挫。山本知道这一情况后,命令第1大队中止夜袭,并把前述30日拂晓攻击的命令下达给各大队。第1大队从南城东门退了下来,做次日凌晨攻击的准备。小崎为了传达联队的这一命令,派出本部传令兵去六州,但未能联络上。第2中队在此后两天时间中离开大队长的掌握。准备次日凌晨攻击的小崎大尉和临时山炮兵中队长木村正中尉,在民房内暗淡的灯光下进行了研究。

第三节　血战西峡口

3月30日拂晓,日军对西峡口南城和北城同时发动攻击。北城方面,日军第3大队面对西峡口北关,以第11中队为左第一线,第10中队居中;以第12中队为右第一线,在西峡口北面及东面的台地展开;本部位于第10中队的后方,攻击重点指向北门。作业小队打头首先逼近北门,遭到中国守军坚决抵抗,无法攀登城墙。对东门虽有山炮射击,但也未炸出突破口。第3大队长冈本大尉下令暂时停止攻击,把攻击重点转向东门。对于西峡口来说,东门最不牢固,城墙行将坍塌。10时,日军集中炮火轰击东门,第11中队在炮火的掩护下向东门逼近。日军第1发炮弹就击中东门,将门毁坏。日军机枪队从城门缺口冲进城内,跑上城墙,对中国守军猛烈射击,并摇动着日本太阳旗表示已攻占城门。守在东门的内乡民团第一团第八营士兵见日军冲上来纷纷溃退。国民党85军第23师第69团第3营营长刘昶用手枪指着民团8营营副庞华斋(营长贾钦若因病在家)说:"妈的,谁退就枪毙谁,坚持一小时我们的飞机就会来到。"庞华斋怯于压力,让特务排上。但士兵无心恋战,只顾逃命,特务排上去了4个人,看到日寇成股像洪水一样朝城里涌来,放了几枪,就急忙退下来[1]。

紧接着,南城东门也被日军用山炮轰开,城埂被炸塌,日军用梯子渡过护城河,从突破口冲入城内,民团官兵见势不妙,纷纷向西门逃去。日军一部分追击民团,大部向我3营阵地逼近。此时,步兵连长、小炮排长也已脱逃,机枪连长孙钦鹤通知各处兵力向北城集中,继续抗击日军。当时只有80余人,轻机枪两挺,重机枪3挺,步枪、手榴弹若干,形势十分严峻。激战中,该连的两个排长和3个班长相继壮烈牺牲。孙钦鹤考虑到营长刘昶还在指挥所,打算与其会合,一起坚持战斗,等待援军和飞机。孙钦鹤带领部队且战且退,到指挥所时,里面已空无一人,营长刘昶的军服扔在地上,孙钦鹤气得大骂。此时,全连只剩下十余人,孙钦鹤臂上3处负伤,赤裸的上身血流不止。日军五六十人蜂拥而上,孙钦鹤率领士兵端着两挺轻机枪冲到屋门,向敌人扫射,日军被迫后撤。过了一会儿,日军又涌上来,想要活捉孙钦鹤。孙钦鹤抱起机枪又是一阵猛烈扫射。日军又让俘虏向孙钦鹤喊话,劝其投降。孙钦鹤看了看左右,身边只剩下三四人。一个负伤的班长望着孙钦鹤臂上、腿上流淌的鲜血说:"连长,看你身上多处受伤,这可咋办?"孙钦鹤

---

① 引自徐振立的回忆。徐振立,1918年3月生,内乡(今西峡)县丁河店人,战时为内乡县民团第1团第8营第1连第1排排长。

说:"打死一个够本,打死几个赚几个,咱这就豁出去了!"他又自言自语道:"救兵,飞机,你们在哪儿呢? 多好的兄弟都牺牲了,我身为连长有何面目再见家乡父老! 为了给死难的弟兄报仇,我们要流尽最后一滴血。"他不躲不避,一步步慢慢挪到指挥所外,蹲在一块石头上。日本兵举刀向他靠近,想要俘虏他。敌人到了一丈多远的时候,孙钦鹤猛然抬手用手枪射击,子弹打完了,他把枪一摔,又拿起一支枪对准自己的脑门开动了扳机,随着一声枪响,孙钦鹤倒了下去。

民团第八营溃退后,第 23 师曾派队衾夜前往援救,但在前进途中为敌所阻,孙钦鹤牺牲后,西峡口东门,遂为日军所据。

与此同时,日军第 10 中队从北门外 30 米的民房处攻击北门,在炮火的支援下占领了北门城墙。东门被日军突破后,中国守军打开西门,逃出了西峡口城,日军紧追不舍,于当日 15 时追到庞家营(西峡口西北 2 公里)时,遭到中国军队的顽强抵抗,不得不停了下来,双方在原地相对峙。

第四节 激战马头山

马头山,也叫马头寨,位于西峡口镇西北约 3 公里处,其高度不足 500 米,该山与淅水平行在西峡城以西呈南北走向,从山上可以俯瞰全镇,对拱卫西峡口镇起着举足轻重的作用。从地形上看得很清楚,是一个像大碗一样的山,在战略上它将决定攻防双方的胜败[1]。日军要占领和守住西峡口,必须占领马头山。

---

[1] 日本防卫厅防卫研究所战史研究室著,天津市政协编译委员会译:《昭和二十年(1945)的中国派遣军》第 1 卷第 2 分册,中华书局 1992 年版,第 94 页。

故而,山本决定于3月30日6时攻击西峡口的同时,也攻击马头山。

　　3月29日夜,日军139联队第2大队长伊藤接受了攻占马头山作战任务后,连夜召集各中队长开会。伊藤说,他已"把攻击马头山的任务包下来了。"众人默默相视,气氛十分紧张。距离攻击的时间已所剩无几,而在攻击之前必须完成对白河①渡河点的侦察。虽然可以看到河的宽度,但对岸的地形,中国军队的情况却一无所知。伊藤等人决定把南关往下的一个地点作为渡河点,这里水流较缓,据判断水深仅到腰部,可徒步涉水而过。伊藤等设想对岸的中国军队在河岸配置了大炮、机枪等武器,命令第7中队率先渡河。黎明时分,马头山清晰可见,白河②的水流也能看清楚了,日军第7中队士兵在齐胸深的河水中向对岸行进,涉过白河③后向马头山逼近。这时,驻守马头山的中国军队第23师开始猛烈射击,震耳欲聋的枪炮声打破了黎明的寂静。马头山从山脚到山顶,布满了一层层的战壕和交通壕,轻重火力配置严密,易守难攻。日军组织了多次集团冲锋,都被我大守军击退,太田少尉以下多人战死。在第2大队与中国守军激战之时,小崎大尉对旁边的曹长小声说"攻击马头山战斗够呛啊!"说罢一动不动地观望着。为了急速增援分开前进的第7中队,伊藤整顿队伍沿白河④北进。下午4时,大队主力进入杨岗南面第2中队位置,第1中队也随后到达。黄昏时,第2、第3中队攻击并占领了杨岗西南一带高地,当夜和前面的中国军队进

---

　①　白河:系淅水之误。
　②　白河:系淅水之误。
　③　白河:系淅水之误。
　④　白河:系淅水之误。

行了多次小规模战斗。傍晚,第7中队攻到半山腰,中国守军从掩体后向日军猛烈射击,一道道火舌刺人眼目。天黑后枪声由密转稀,伊藤大队长为了了解西峡口方面的情况与联队本部进行了联络,了解到已攻占西峡口,第1大队正向马头山北侧挺进。于是,命令村田彰少尉(原中队长已负伤,由大队副官村田彰代理)的第6中队从南面攻击马头山,松尾良一中尉之第7中队从东南面,涩谷正三中尉的第8中队从东面进攻该山。18时,东面的第8中队占领了山上的一角,接着第7、第6中队也攻了上去,19时完全占领了马头山①。

第五节　滞留在淅川的163联队

日军163联队(除第一大队)作为139联队的南翼军奉命从内乡出发,向淅川方向进击。宛西民团总指挥兼淅川民团司令陈舜德部预先布防于东川、西坪头及封子山一带,迎头予以痛击,血战五小时,双方均有伤亡。至夜,日军以优势炮火向陈部猛烈轰击,陈部败走,日军遂窜至黑山嘴、下集,盘踞张营一带。

陈舜德闻讯后,即率部在杏花山扼要布防。3月30日,千余名日军从内乡大岭向淅川进犯。是日上午9时左右,在杏花山被陈舜德部拦击,双方激战6小时,我军以众寡悬殊,且无后援,乃转移至两侧山上继续作战。此战,毙敌约30余人;我民团连长方凤岗阵亡,团丁26人负伤。日军当晚进占下集。31日上午9时许,

---

① 日本防卫厅防卫研究所战史研究室著,天津市政协编译委员会译:《昭和二十年(1945)的中国派遣军》第1卷第2分册,中华书局1992年版,第99页。

日军沿淅(川)荆(紫关)大道继续西进。我暂编第 62 师之第 3 团在大石桥村附近与来犯之敌激战数小时,最终不敌撤退。日军继续西进,14 时许推进至磨峪湾以南地区,企图越过愁斯岭,进而占领淅川县城。次日清晨,日军进攻愁斯岭,我第一营与日军激战一上午,连续击退日军五次冲锋。

在日军向愁斯岭发动进攻时,暂编第 62 师鲍汝澧①师长当即率部驰援。等他赶到愁斯岭时,已是第二天拂晓,喘息未定,情报员气喘吁吁地跑过来报告"敌人知道我主力撤出杨淇,即派轻骑经朱家湾、红沟山路奔袭荆紫关。"鲍汝澧急忙率军回救。行至磨峪湾时,已近傍晚,又探得敌人已占据清风岭制高点,想要截断鲍汝澧部归路。

鲍军此时进退两难,只好连夜召开军事会议,几经研究,最后决定:一、迅速找到渡河船只;二、派出一个连,趁天黑绕过清风岭,直插敌后,作正面佯攻,分散敌注意力,趁其不备,一举攻下山头;三、派辎重营一个连,带重机枪一挺、轻机枪三挺、八二炮一门,从丹江下游渡河,占据西边最高山头,隔江掩护正面攻击,减少伤亡。各部奉命,迅速行动。为了确保荆紫关,鲍汝澧电令第 3 团死守荆紫关以东的九道岭隘口;又电令第 2 团除留一部坚守原阵地外,余部连夜赶往清风岭增援,并令第 1 团团长洪卫率部在拂晓前拿下清风岭制高点。不料,辎重营只找到一只木船,且又小又破,一次最多只能渡 30 余人,又是逆水行舟,十分困难,一夜往返数次,仅渡过两个连。此时天将破晓,只

---

① 鲍汝澧(1908—1971),字岷东,安徽奉县人,先后任国民党军团长、纵队司令、旅长。参加过徐州会战。1944 年任 89 军暂编 62 师师长。1949 年 5 月在湖北金口起义,任解放军第 51 军 212 师师长、大冶军分区司令员、湖北省军区干部学校副校长、湖北省水产局副局长、湖北省人民政府参事。

得改变计划。

鲍汝澧命令第一团第2营正面佯攻,第1营负责主攻,第3营作为机动使用。战斗打响后,鲍汝澧又命辎重营所有山炮、八二炮一齐连续发射。西岸山头也开始用重火器向敌营猛烈轰击。一时间,炮声轰鸣,地动山摇,清风岭高地化作一片火海。但日军居高临下,枪炮齐发,而我军则处于不利位置,第1团官兵每前进一步,都要付出极大的代价。当第2营攻至半山腰时,敌人采取阵地手榴弹战,该营伤亡更重。战斗中第2营营长身负重伤,4连连长与6连连长也相继阵亡,全营战士剩下不到1个连。而插入敌后偷袭的两个连,正打算穿过密林抢占山头,不料遭遇到日军援军,双方又展开一场血战。幸好该连占据了有利位置,敌人数次发动攻击,都以失败告终。山头敌人也向我军扫射,我军腹背受敌,损失很重。

鲍汝澧从敌后激烈的枪声中判定奇袭部队目标暴露受阻,果断决定改佯攻为硬攻,命令第三营跑步向山上冲锋。冲至半山腰,被敌人用手榴弹加石块打压下来。鲍汝澧命令司号员紧吹攻击号,指挥各连猛冲。第3营官兵连续冲锋数次,皆不能取胜。鲍汝澧亲自率领辎重营一个连冲向敌阵。这时对面敌人只剩10余人,且弹药已尽,就以石块为武器,向我军投掷。正在这时,我第2团援军赶到,立即投入战斗。清风岭上,枪炮声、冲杀声、敌人惨叫声交织在一起,等辎重营官兵冲上山顶时,只有一个日军还活着。于是,大家一拥而上,想将日军活捉,不料日军猛然拉响了手榴弹,我4名战士与敌同归于尽。

残敌见中国军队已占据清风岭高地,知大势已去,无可挽回,遂向来时的朱家湾、红沟方向退却。

163联队奉命杀向淅川之后,日军第12军司令部,大概觉着淅川的国民党军队过于强大,怕163联队对付不了,又遣战车第三师团之一部(搜索队和徒步中队)向淅川挺进,一败中国军队于马武山,二败中国军队于华梅铺子。3月31日午,师团长山路秀男率师团主力赶到淅川骆家岗,追上了先期入淅的日军。山路命令由搜索队(缺第1中队)、第17战车队、速射炮队(缺第1中队)、机动炮兵第3联队(缺第1、3大队)组成突进队向淅川突进,突进队由机动炮兵第3联队长青木大佐(配属有师团参谋永山中佐)负责指挥。

突进队在前进途中遭遇到小股中国军队的阻击,一边作战一边前进。其先头部队到达下高庄(马蹬镇东15公里)东北方隘路时,侦悉中国军队据守在该处北方高地,立即决定以搜索队进行突破,但中国军队不仅防御阵地坚固,而且在战车部队唯一可前进的道路上,对日军战车进行猛烈的炮击,日军攻击没有达到预期效果。

薄暮时分,山路秀男命令搜索队的步兵下车,偷偷向北面迂回,夜袭中国守军的左翼。日军夜袭成功,中国军队向西方退走。4月1日清晨,日军突进队开始行动,继续往淅川方向进击,一路几乎未遭抵抗就到达了淅水岸边的施湾。日军一边对空严密警戒,一边侦察渡河点。这时中国飞机飞临日军上空,对日军猛烈扫射,致使日军不断出现伤亡。10时,日军搜索队渡河完毕,便向淅川急进。日军进至狮子岗附近时,遭到暂编第62师二团一营的阻击。中国军队用平射炮对日军战车进行急射,日军3辆战车负伤不能行动。日军搜索队加强攻击,把中国军队击退。这时,中国飞机向日军发起了猛烈攻击,日军不得不停止前进而进行疏散,随在搜索队后方行进。10时30分,随在搜索队后方行进的山路秀男到达狮子岗,与突进队会合。

　　小憩之后,山路亲自指挥速射炮队向淅川突进。我淅川守军未进行抵抗就仓皇撤走,大量车辆、牲畜被丢弃在路上,日军很容易就占领了淅川。

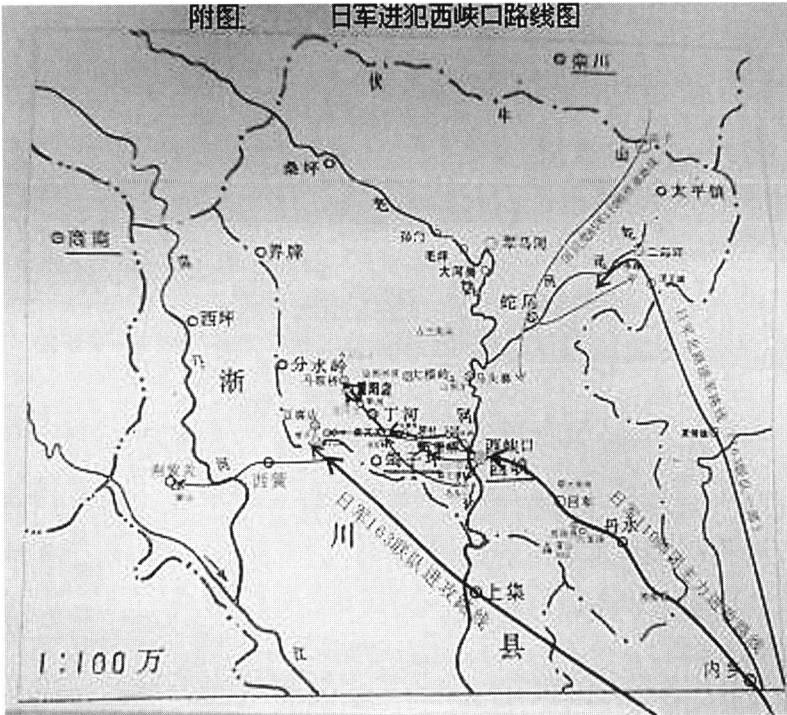

附图:　日军进犯西峡口路线图

第六章　歼敌重阳店

第一节　激战奎文关

日军步兵第 139 联队在攻占西峡口和马头山后，沿豫陕公路继续向西追击中国军队。3 月 31 日上午 8 时左右，约 400 余日本骑兵向我左地区北端九条岭西南突进，企图攻击我吕家营阵地左侧背。负责防守该地的我暂编第 55 师第 2 团派出一部反击，将该敌击退至老鹳河东岸。与此同时，日军以一部向我右地区杨家湾及第 23 师第 67 团进攻；另外一路由第 23 师所驻守的稻田沟南侧侵入，向夫子垛攻击；一路千余人沿公路及丁河店两岸猛攻。我55 师之第 67 团与日军发生激战，双方均伤亡严重。

4 月 1 日拂晓，在炮兵的支援下，日军逐渐突破了中国军队的阵地。右迂回队的第 3 大队突破梅花庄阵地后，进至吕家庄。右第一线的第 1 大队，突破符家营——岳家庄线阵地后，向简村方向挺进。左第一线的第 2 大队自马头山向霸王寨攻击，正午占领了该地，15 时奉命向简村转进。联队本部这天从西峡口向高庄前进，代理联队长山本认为有必要攻占豫陕公路北侧的中方阵地，于是，把左第一线的第 2 大队从霸王寨方面调到联队主力方面。

4月1日下午,西峡口西南面毛堂发现了日军步、骑300余人正向蒲塘前进。蒲塘为西南山中一个小镇,日军一旦占领该地,可向北威胁西峡口侧后方的丁河店。第85军军长吴绍周当即命军特务营营长王铁山,让其防守奎文关之第2连迅速驰往该处,协助淅川民团防堵日军向北窜犯。

此时,我方军队陷入很不利的境地。部队连日苦战,伤亡重大,而日军援军不断增加,此其一;西峡口阵地地形开阔,不利于持久防御,此其二;最后,位于蒲塘的日军一旦进入丁河店则将截断我军联络线。第31集团军总司令王仲廉经过审慎研判,决定将兵力转移到西峡口西面奎文关南北之线,凭借有利地形及既设的阵地工事,相机歼灭来犯之敌。于是,命令第85军军长吴绍周进行作战调整,要旨如下:

一、第78军新编第43师,以第128团,于奎文关南北高地之线占领阵地,对东行持久抵抗。

二、第23师,于本日黄昏后,尽先以第68团在霸王寨占领掩护阵地,左与夔门关友军密取联系,向东警戒,尔后转进豆腐店附近,其余逐次转进于丁河店、豆腐店附近,集结待命。

三、暂编第55师应于本日黄昏后向山井眼①、赵家营、头道河、王家营、下羊田附近集结,右与奎文关友军密取联系并占领附近要点,向东北警戒,掩护奎文关左翼。

四、工炮大队,其野炮第1连应于黄昏后,向敌猛烈射击,而后自行掩护,沿公路转进于奎文关以下、小老虎沟附近进入阵地。

五、以上各部队,归第85军军长吴绍周统一指挥。

黄昏后,各部队正向奎文关南北地区占领阵地之际,吴绍周军

---

① 山井眼是一个小村,位于马头寨南面,所以日军则称山井眼高地为马头寨。

长乃调整部署如下：

1. 第 23 师为右地区队，以一部于霸王寨、东干沟①以西高地之线占领阵地，对东方防御，务必掌握霸王寨据点，对我右侧背尤须确实掩护；主力集结于豆腐店附近地区。

2. 新编第 43 师（附工炮大队及炮 11 团 105 榴弹炮两门）为中央地区队，于奎文关亘下羊田（不含）之线占领阵地，对东防御，保持重点于奎文关附近。

3. 暂编第 55 师为左地区队，以一部于下羊田（含）亘山井眼之线各要地占领阵地，以东、北两方向防御，主力集结于头道河附近。

各师战斗地境如下：

（1）第 23 师与新编第 43 师间，为庞家寨迄后营之线，线上属左②。

（2）新编第 43 师与暂编第 55 师间，为庙疙瘩、下羊田亘岗底之线，线上属左。

第一战区司令长官部副参谋长李昆岗获悉 31 集团军转移阵地，就打电话给王仲廉说："贵部若由西峡口转进到奎文关一带重新布防，根据战术原则，脱离敌人之距离，必须在一日行程以上。盖距离太近，易被敌人跟踪追击，发生混战，后果不堪设想。请总司令慎重考虑。"半小时后，胡宗南又亲来电话询问此事。此时部队已调动，王仲廉就向胡宗南报告，部队开始行动，收回成命已来不及。胡宗南听后颇为不快，但仅说一句："一切你负责好了！"

---

① 该地名在一些资料中称为"东干济沟"，在 1992 年出版的西峡县地图上称"东干鸡沟"。

② 王仲廉口述，黄润生笔录：《豫西鄂北会战西峡口之役》，《河南文史资料》1998 年第 1 辑。

当时各部队均安全到达新阵地布防,前线异常平静。王仲廉判断,敌人这几天攻击我方西峡口及西南、西面各阵地,遭到强劲抵抗,伤亡甚重,谅敌人不敢黑夜冒进;何况,此次敌失去制空权,其强大炮兵及战车均无法发挥支援能力,对其士气不无影响。

4月2日晨,原在后方待命的第85军野炮营的2、3两连及105榴弹炮连,均奉命在奎文关西面一带占领阵地,以增强对步兵的火力支援。得到野炮、重炮连支援后,官兵士气大振。8时许,沿丁河西进之敌约1400余人,以战车6辆为前导,向奎文关附近高地攻击我第78军新编第43师阵地。另一股敌约600人,向我左地区山井眼阵地猛攻。我中央地区奎文关守军新编第43师第128团在师长黄国书①指挥下,奋力将敌击退。左地区暂编第55师以第3团占领下羊田、王家营、头道河之线,第1团之一部占领山井眼亘赵家营附近南北之线,第3团控制于大竹园附近。

4月2日下午3时许,敌步、骑、炮联合兵种200余人,向岗底前沿阵地进攻;其主力约千余人、炮5门,向山井眼、下羊田、头道河阵地进犯。激战至黄昏,北面马头寨失守,但战况尚稳定。至20时,敌攻击再兴,并以一部约300余人向我山井眼迂回。此时,我军向以东之敌右侧背猛攻,敌乃退回原阵地。此役,我击毁敌战车2辆。

---

① 黄国书(1907—1987),原名叶炎生,台湾新竹人。暨南大学毕业。后赴日本留学,毕业于日本陆军士官学校第19期炮科和日本炮兵学校。曾任教导师营长、炮兵学校战术主任及研究委员。后去欧、美考察军事,入德国炮兵学校、法国战术学院深造。抗日战争前夕回国。抗日战争期间,曾任炮兵第9团团长、第5军参谋长、混成旅旅长、新编第13师师长、第78军第43师师长。日本投降后,任第92军副军长。1946年2月去台湾,任台湾警备司令部中将参议兼高参室主任。1947年任立法委员。1950年12月任"立法院"第3届副院长。1951年10月16日至1952年3月11日任代院长。后任"立法院"第4届副院长,第5届院长。曾任中国国民党第8至第12届中央评议委员。著有《炮兵战术》《国父与台湾》《立法程序》等。

翌日中午 12 时,敌另以步骑兵千余、山炮 4 门,与窜抵中蒲塘之敌 300 余相会合,猛攻我 23 师所守霸王寨高地。经该师第 68 团之一营猛烈反击,敌未得逞。15 时,敌全力向我中地区全线攻击。激战至 20 时,奎文关之 1082 高地被敌攻占,霸王寨高地也没有守住。

第二节　制定袋形战术

奎文关左右两翼的几个高地几乎全被日军攻占,在战术上已失去防御价值。我第 31 集团军决定再向西后退,向重阳店以西、八庙以东一带移动。重阳店到八庙之间的公路两侧有若干横向山脊,1944 年第 78 军及工兵第 9 团曾在此构筑数道防御工事,此次正好派上用场。

这是第 31 集团军第 2 次摆脱日军后撤,为了防备日军乘机追击掩杀,王仲廉故布疑阵,电令在伏牛山区的第 110 师迅向丁河店、王家营一线挺进,并与第 15 军协调,令第 65 师向南移动,佯装准备侧击西进的日军。

85 军军长吴绍周为利用有利地形、节约兵力,命令各部队相互掩护,梯次撤退。具体部署是:首先令左地区队的暂编第 55 师先以第 1 团与军野炮营及工兵营等,当晚先行离开奎文关一带,沿公路撤到重阳店以西之八庙集结,占领阵地。再令奎文关正面之黄国书新编第 43 师第 128 团掩护暂编第 55 师安全通过后,第一步撤至丁河店,而后由第 23 师掩护继续后撤。饬右地区第 23 师师长黄子华,先以第 67 团在豆腐店掩护霸王寨附近之第 68 团撤至丁河店西南高地后,即至丁河店西北高地掩护新编第 43 师转进,而后各该团即行转进。唯第 69 团在王家营任掩护之一营,需在最后撤退。

当晚 24 时,第 31 集团军各部队已完全撤离战场。第 23 师到达后堂沟一带,暂编第 55 师在桐树营、庙沟附近集结,新编第 43 师于八庙、东王沟、马鞍桥一带占领阵地。第 85 军军部将前进指挥所设于下八庙。

4 月 3 日晨,日军百余人向最后撤离的掩护部队第 23 师第 69 团的一个营跟踪追击至王家营。当晚,位于蒲塘的日军曾有小股部队沿山沟绕至棉花沟口,因见中国军队大部队撤退,不知如何应对,未敢有所行动。

4 月 3 日,王仲廉命令参谋处下达正式作战命令,要旨如下:

一、集团军为击破当面之敌,决将优势兵力,集结重阳店西、南、北三面地区,诱敌至我既设阵地前,保持重点于公路南侧地区,相机转移攻势,压迫敌军于公路南侧山地包围歼灭之。

二、第 85 军(附新编第 43 师、战防炮连、榴弹炮连)主力转移于重阳店南、西、北地区,以有力之一部掩护军之侧背,以一部与敌保持接触,迟滞敌之前进。

第 23 师主力,掩护集团军之右翼,确保交通线之安全,努力驱逐豆腐店以南之敌。另以一部支援霸王寨之我军,待该军主力通过后,即向韭菜山以南附近地区集结,左与重阳店、马鞍桥,及第 4 集团军联系。

第 110 师(缺第 328 团)先向米坪前进,而后向丁河店、王家营之线挺进,遮断敌之联络线。

新编第 43 师以有力之一部,留置于奎文关阵地,与敌保持接触,竭力抑留当面之敌,而后主力占领重阳店、马鞍桥、八庙附近之既设阵地,并设置前进部队于王家营附近。

三、炮兵部队统归85军军长吴绍周指挥,于八庙附近占领阵地,以主火力支援第一线步兵战斗,一部火力指向重阳店附近地区及公路①。

总之,就是利用有利地形,寻机歼灭敌人。王仲廉的这个计划,早在3月初就已经有了。这个计划的首倡者是时任新编第43师师长黄国书,黄国书在王仲廉所主持召开的作战汇报会上,当面向王仲廉建议:"当年刘邦攻入关中,就是经此豫陕公路的大道,袭取武关而成功。日本高级将领每次作战前,必将该地区的战史加以研究并予以应用,所以判断敌军此次西犯,一定是取汉刘邦进关这条老路线。早在几个月前,我军就在这一带构筑了许多工事。我相信这些工事可以拒止敌军,因为豫西一带都是丘陵,敌军的机械化部队活动极为困难,绝对不会像中原会战时那样猖獗。"

经研究,大家认为,不妨利用地形来个口袋战术。至于什么时间用,要视情况而定②。

此时,中美空军兵力都集中在西安及汉中,有能力支援豫西作战,王仲廉就命令参谋长协调各部队,拟订每日所需空援飞机架次,迅速向第1战区长官提出,以获得战时必要支援。

第三节 血战马鞍桥

1945年4月3日,日军第139联队新任联队长寨大佐到达简村联队本部就职。第1大队这天经丁河店、半川向北管方向进攻,

---

① 王仲廉口述,黄润生笔录:《豫西鄂北会战西峡口之役》,《河南文史资料》1998年第1辑,第45—46页。

② 黄润生:《八年抗战最后一役——西峡口之战》,中国人民政治协商会议河南省西峡县委员会学习文史资料委员会编:《抗日战争在西峡——纪念中国人民抗日战争暨反法西斯战争胜利67周年》,2012年8月版,第321—322页。

追击当面之中国军队。第 3 大队由第 11 中队攻占与山井眼北侧棱线相连的钵卷山以后,主力准备西进。4 日早晨,日军 2000 余人,配备战车 6 辆、炮数门,实施中央突破战术,避开警戒严密的正面重阳店阵地,向北绕过河滩,向重阳店西至王沟、马鞍桥附近中国军队阵地进攻。负责防守该阵地的中国军队是黄国书所率领的新编 43 师。当天,吴绍周给黄国书下命令要死守,并派特务营长带 个手枪排跟着黄国书到师部。吴还交代特务营营长,如果黄国书敢从指挥所退后 50 米,你就马上枪毙他。黄国书命令师参谋长到阵地第一线,向两个团长传达他的命令:"你们给我死守,谁退我枪毙谁,我睡觉,我不管。"两个团长同样对所属营长下达了死命令①。双方激战至晚 8 时,日军损失甚大,毫无进展。

12 时,日军调集骑兵一部,以战车 9 辆开道②,沿公路西进,企图突破重阳店主阵地。在山边掩蔽的 78 军防御枪队③接步兵电话,日军战车进犯,并隐隐约约听到轰轰隆隆的战车声。战车防御枪队队长张访鹏马上率队进入阵地,做好了射击准备。在漆黑的夜色中,日军战车队最前面一辆战车开着的两盏灯显得格外耀眼。日军在战车掩护下绕过山脚,沿着公路冲了过来。狡猾的日军每走数公尺,就停车熄灯,先用机枪扫射,然后进行搜索,见到没有

---

① 黄润生:《西峡口战役炮弹充足,抗战八年从来没打这么爽》,中国人民政治协商会议河南省西峡县委员会学习文史资料委员会编:《抗日战争在西峡——纪念中国人民抗日战争暨反法西斯战争胜利 67 周年》,2012 年 8 月版,第 293 页。

② 据《三十四年第 31 集团军豫西会战战斗详报》、《第 78 军豫西战役详报》记载,日军此次出动战车为 9 辆。另据战车中队长张访鹏说有十余辆。

③ 1944 年,军训部在重庆举办新兵器培训班,第 31 集团军总司令王仲廉派遣中校参谋徐之润参加,学习美制战车防御枪和火箭筒的使用技术。同年 11 月,第 31 集团军成立战车防御枪大队,下设两个中队。徐之润任大队长,张访鹏任副大队长兼第 1 中队中队长。1945 年,第 1 中队编为 78 军防御枪队,张访鹏任队长,第 2 中队编为第 85 军防御枪队。美式战车防御枪,1937 年开始装备美国军队,该枪弹在 600 米内可以击穿 6 厘米厚的装甲车,钻入车内后可爆炸,可杀伤乘员,毁坏机件,对付装甲厚度 4 厘米的日军轻型战车绰绰有余。

异常,再发动战车继续前行。当时设在八庙的 78 军前线指挥所,从分水岭上看到似近实远的明亮德尔战车灯光,误以为日军战车已冲进我军阵地,打电话质问张访鹏,说:"敌人战车已冲过来了,战车防御枪为什么还不发射?""还远着呢,等它走近点再打。"战车防御车队回答。

张访鹏紧盯着日军战车队,等它走到 200 公尺左右时才一声令下:"放。"战车防御枪喷出红色的火焰,响声震耳。日军马上关闭车灯,用战车上的平射炮和机枪猛烈还击,炮弹从张访鹏等人头顶略过。张访鹏指挥枪队继续射击,数分钟后,日军战车炮火停息。张访鹏等知道敌战车已被击坏,就停止射击,用电话告知步兵团长,建议他派步兵出击,放火焚烧公路北边的草棚,消灭残余战车兵。并报告军部,请求派牵引车把敌车俘虏过来。但步兵团长说:"敌人还在进攻,坚守阵地要紧,无力出击。"大约 1 小时后,隐约听到敌人修理战车的撞击声,张访鹏立即下令用机枪扫射。午夜,日军以骑兵作掩护,用牵引车把被击毁的战车拉走。这次共击毁敌人 9 辆战车①,沉重打击了日军的嚣张气焰。

12 时,日军续增援战车 9 辆,由河滩向我重阳店村内阵地进攻,被我战防枪击毁 3 辆。当地守军为新编第 43 师第 127 团之一部,乃乘势出击,但因敌兵力强大,而我重阳店仅系警戒阵地,一番激战后,终为敌攻陷。

我南翼部队第 23 师撤至重阳店西南约 20 华里之韭菜山、后堂一带待命,并休息整顿。至于北面之暂编 55 师,仅以一部在重阳店北之方家店占领阵地,其余休息整顿。正面新编第 43 师则与敌苦战中。该师在 3 个师中装备最差,兵员亦不足,唯该师前身系

---

① 据《三十四年第 31 集团军豫西会战战斗详报》、《第 78 军豫西战役详报》记载:4 月 4 日,日军战车 9 辆向重阳店突进,中国军队以战防枪击毁 2 辆,以野炮击毁 1 辆。

桐柏山游击队所改编之独立第 15 旅,部队中战场经验丰富之老班长、老兵颇多,故在严格之战场纪律下,其战斗力却出乎意外之强。

4 月 3 日,我 47 师之 127 团①第 2 营进入到重阳店以西七、八里远的马鞍桥阵地。4 月 4 日夜,日军向马鞍桥发动攻击。中国军队用猛烈的炮火轰击日军,日军则采取波浪式战术,轮番进攻中国军队阵地。战斗持续数小时,双方均伤亡惨重。第 2 营第 9 连连长李长庚及 37 名战士阵亡,另有 70 多人受伤。

当天夜里,日军发动多次进攻。我第 2 营士兵浴血奋战,第 4、第 6 连官兵伤亡过半,但马鞍桥阵地牢牢掌握在中国军队手中。

4 月 5 日拂晓,我 23 师、55 师和 85 军一部,分别由西、北、南三个方向向日军背后的重阳店、丁河店进行攻击,日军仓皇后撤。

马鞍桥阻击战,战斗异常激烈。2 营共有官兵 700 人,有 526 人喋血沙场。②

第四节　歼敌重阳店

4 月 4 日晚 22 时许,王仲廉与吴绍周在电话中研判,目前重阳店日军不易获得增援,而我在伏牛山的第 110 师已兼程南下,准备截断敌人退路,决定对日军实施围歼。

当晚 23 时,吴绍周下达反攻命令,命令要旨如下:

一、军(附新编第 43 师、新编第 1 师第 1 团、新编第 42 师第

---

① 该团作战勇猛,有“猛虎团”之称。该团团长赵仁(1912—1949)。字逮明,陕西三原人。中央军校第 10 期步科毕业。抗战爆发后任暂编骑兵第 1 师参谋长,出青海参加抗战,1942 年任苏鲁豫皖边区骑兵纵队司令,1946 年任整编第 76 师 24 旅 71 团上校团长,1948 年 9 月任第 1 军 167 师副师长,1949 年 11 月任第 1 军 167 师少将师长。

② 选自华中强著:《侵华日军的滑铁卢》。

125 团)以一部占领重阳店西北及西南既设阵地,主力由公路南、北地区包围敌之两翼,压迫敌军于重阳店、丁河店中央地区歼灭之。

二、新编第 43 师(附军野炮营第 3 连野炮 3 门)应占领 1430 高地、红雁沟、西别盖、泗沟口、魁里、桐树营亘八庙之既设纵深阵地,务依火力及逆袭手段,摧毁犯敌,于新编第 55 师及第 23 师夹攻重阳店之敌时,该师第一线部队即行出击,歼灭阵地前之敌。

三、暂编第 55 师(附军战防枪排)应于 5 日 7 时,在范家沟一带展开完毕,10 时进入重阳店以北山地,歼灭重阳店之敌而占领之。

四、第 23 师(附新编第 1 师第 1 团)应于 5 日 6 时,由现地开始行动,10 时进出于周进沟、红雁沟一带山地,与暂编第 55 师会攻重阳店之敌,对台沟、1260 高地,应特别注意占领,并对蒲塘方面特别警戒。

五、第 110 师应于 5 日 5 时开始行动,10 时到达公路线截断叟沟口、王家营、李园沟、庄棵、鱼池沟口附近公路,歼灭由丁河店方面向西增援之敌。

六、炮 11 团第 5 连(105 榴炮 2 门)在下八庙东南侧公路进入阵地,对重阳店公路沿线准备充分火力。

七、新编第 42 师第 125 团位置于八庙以西地区,为军预备队①。

为策应重阳店方面的作战,王仲廉命令暂编第 62 师师长鲍汝澧,限 5 日 8 时向清风岭日军发动攻击,并协调第 6 纵队指挥官陈舜德,适时发动敌后袭击。

黄昏前,重阳店正面日军遣兵千余、战车 8 辆、炮 2 门,向我新编第 43 师阵地猛烈攻击,经该师还击后,敌乃退据重阳店。傍晚,日军不断派小股部队向红雁沟、西北盖、魁里、八庙一线中国军队阵地攻击,被负责防守该阵地的新编第 43 师奋力击退。日军不死心,又彻夜对新编第 43 师阵地发动袭击,均被击退。

当天,第 15 军的第 65 师在第 110 师东面向丁河店的日军发动进攻。5 日早晨,暂编第 55 师第 3 团在雨中向日军发动进攻,于上午 10 时占领方家店,午后 2 时又占领 122.73 高地及范家沟以南各要点,与 700 余日军(装备有炮 2 门)在莲叶沟附近相持。集结在韭菜山附近的第 23 师,则由方沟一带向东北出击,进攻重阳店东端的重阳寺日军的左侧背。

在伏牛山的第 110 师,奉命向豫陕公路侧击,以截断重阳店敌

---

① 王仲廉口述,黄润生笔录:《豫西鄂北会战西峡口之役》,《河南文史资料》1998 年第 1 辑。

人救援及撤退之道路。此时，日军发现形势不妙，正面的中国军队正在增强，兵力至少有 14 个师，伸向日军的北翼，在压缩包围圈的同时，又以精锐部队攻击西峡口附近，日军将陷入中国军队的包围之中。

日军第 110 师师团长木村经广遂决定以一部阻止当面中国军队，主力则占领奎文关、木寨附近。4 月 5 日傍晚，他把这一决定通知了 139 联队。联队长槙木接到命令后，便放弃了令追击队向西坪镇突进的意图，并分别令第 1、第 3 大队中止攻击重阳店和桐树营；命令第 1 大队，摆脱当面中国军队，占领半川附近的要点，尽量拖延时间，阻止和牵制当面的中国军队，保证联队主力在奎文关、木寨附近顺利构筑阵地，另外命令第 3 大队，摆脱当面中国军队，经半川向奎文关①前进，以主力占领木寨、山井眼一带高地，阻止中国军队从北面进攻。

廖运周

第 110 师方面，师长廖运周②对该师 3 个团作出如下作战部

---

① 奎文关距离丁河店约 4 公里，横跨南（阳）（西）坪公路，左边依山，右边傍河，地势险要，易守难攻。

② 廖运周（1903—1996），汉族，安徽凤台县人。早年在山东齐鲁大学医科求学，1924 年因参加革命活动被停学，后转入河南中州大学。1926 年入黄埔军校第 5 期。同年随军北伐。1927 年 3 月加入中国共产党，在国民革命叶挺部 75 团任参谋、连长，参加八一南昌起义。1928 年，在周恩来安排下秘密打入国民党 33 军，从事兵运。1929 年到北平，入方振武部任总部参谋。1933 年参加抗日同盟军，后编为独立 46 旅任团长。抗战开始后历任 110 师团长、旅长、师长，在师内建立中共秘密师党委，任地下党委书记。1948 年 11 月淮海战役中率部起义，编为第 2 野战军 4 兵团 14 军 42 师，任师长。参加渡江战役，并率部进军赣粤。新中国成立后，历任中国人民解放军师长、沈阳炮兵学校少将校长兼党委副书记、吉林省体委主任兼党组副书记，第 5、6、7 届全国政协委员，民革第 5、6 届中央常委，民革对台工作委员会副主任，民革祖国统一工作委员会副主任，民革中央监察委员会秘书长，黄埔同学会理事，第 7 届中央监察委员会副主席。

署:第 328 团向丁河店进攻,切断丁河店敌人与重阳店之间的公路;第 330 团进出大老虎沟,向丁河店及其以东河东村进攻,首先占领奎文关以西 116 小高地,掩护我军左侧背之安全;第 329 团作为预备队,控制在大竹园以南,并监视奎文关之敌。

廖运周为歼敌于不备,各团按照命令于 4 月 4 日夜间到达预定位置,次日早晨 4 时向日军发起猛攻。第 329 团在太平店东南小水附近的二郎坪与日军一个支队发生了遭遇战。双方激战了半夜,均伤亡惨重。

第 328 团按计划占领邪地村,并向丁河店东西两侧运动展开,占据有利地形和村落,集中炮火向丁河店轰击。日军在三面被围的情况下,仓皇应战,一片混乱,伤亡很重。午后,日军从西峡口派出 500 余人,在 4 辆战车掩护下,由奎文关沿公路西进,企图增援丁河店日军。位于大老虎沟的第 330 团一部,隔丁河店集中火力向日军射击,日军不敢贸然前进,又退回奎文关。

不久,日军向我 110 师第 330 团在丁河店北的 116 高地发动猛烈炮击。116 高地位于奎文关前约 1000 米处,地理位置十分重要。故而,日军急欲得到此高地,炮火一开始就如急雨一般倾泻而下,一个长仅百米的椭圆形山头阵地上,竟有 2000 余发炮弹落下。小山头上硝烟弥漫,土石飞扬。该高地 3 次被日军夺走,中国军队又拼死 3 次夺回。就在这块小小的阵地上,中国军队伤亡了 200 多名战士和 8 名军官。

是日夜,第 328 团、第 330 团对作战部署作了适当调整,各以一部构筑工事,防止日军反攻,主力截击由奎文关、丁河店向重阳店增援和由重阳店、丁河店向西峡口撤退之敌。

4 月 6 日凌晨 1 时,丁河店之日军分两路向重阳店运动,被第 328 团发现,迎头给以痛击,日军伤亡甚多,其步兵约 800 余人向半川逃窜。奎文关的日军看到丁河店炮火连天,不敢向前增援。天明时,公路上的人马尸体到处可见,还有两门残炮歪倒在路边的水沟里。

这时,廖运周接到85军军长吴绍周命令:重阳店战斗激烈,第23师已攻占重阳店南部,着第110师包围丁河店,控制公路,注意奎文关之敌。接到命令,第110师即包围丁河店,并将奎文关增援的日军300多人击退。而丁河店被包围之残敌不到百人,遂沿南面山沟逃走,110师遂占领了丁河店。

6日凌晨3时,败退到方家店附近的日军400余人向泗沟口阵地发动进攻,一度突破该阵地。防守该地的新编第43师在师长黄国书严厉督战下,向日军发起猛烈反击,日军不敌,溃退而去。

与此同时,敌以数百之众在其炮兵支援下,向暂编第55师第3团防守的122.73高地猛扑,敌我往复争夺。激战至午后14时,日军又增援反扑,第3团第3营倪海潮营长率该营由石板沟向疙瘩营以南敌人侧背攻击,以策应正面作战。战斗十分激烈,第3团团长袁崤山及倪海潮均负重伤。与此同时,第1团也派部队攻日军右侧背,日军遭到左右夹击,攻势受挫,暂编55师的东莲寺阵地才得以确保。清扫战场时发现日军松木大尉等400余具尸体,中国官兵伤亡300余人。此时,第23师也由方沟一带高地向北攻击重阳店西南重阳寺敌人的左侧背。空军更是整日出动,对重阳店内外日军轰炸扫射。

新编第43师在重阳店以西地区与日军激战之时,85军军长吴绍周命令23师袭击重阳店日军。23师师长黄子华命令李师林(当时名叫张振坤)率领的68团担任攻击任务。1944年中原会战中,第85军损失惨重。退至豫西伏牛山区后,还未得到及时补充。特别是第23师,兵源缺额较大,武器弹药、通讯器材极为缺乏,士气低落,军纪涣散,有人甚至加入了当地的帮会组织,想为自己留条后路。第68团虽遵命向重阳店前进,但行动迟缓。5日下午,第68团在行军途中与师部进行电话联络时,电话线意外接到了军部与师部的电话上,李师林听到了吴绍周与黄子华的通话。吴绍周在电话里严厉斥责23师攻击部队行动迟缓,让日军跑光了,并说自己正在重阳店。李师林听到之后,不敢再有延误,命令部队跑步向重阳店前进,并且告诉部队,军长已先到重阳店。部队到达重阳店时,天色漆黑,对面难以见人。先头部队因听说军长已先到达,就没作战斗准备。部队到达村边,日军战车十余辆和步兵数百忽然从村内冲出,将先头营包围。该营猝不及防,仓促应战,被日军战车碾死、碾伤或被日军刺刀刺死、刺伤的甚众。后到的第2营连忙抢占了镇南的几个小山头,向日军射击,掩护先头营撤退。团部虽率领第3营占领了和尚垴高地,但无法与第1、第2营联系。该团各部被日军分割包围,陷入苦战,其中以和尚垴高地的战斗最为激烈,第3营阵亡连长2人、士兵数十人。

4月7日凌晨2时,日军步兵700余人,附炮4门,向我暂编第55师第1团鲁沟阵地猛攻,激战至6时许,敌未得逞。该师又以第2团出击,采钳形攻势,包围重阳店东北角的河北营。我重阳店正面之新编第43师在空军支援下,由马鞍桥出击,对敌展开攻击。第23师占领重阳寺后,即向重阳店东南包围。下午13时许,我军攻入重阳店,残敌纷纷向东南方向逃窜。第85军军长吴绍周命令第23师编组追击队,沿公路及公路右侧追击败退之敌。据我追击部队称,他们在王扒沟发现敌焚烧尸体百余具,此亦足证敌军仓皇撤退之狼狈情形。

关于此役战况,《中央日报》重庆版4月7日刊文如下:

军事委员会发表第一次战讯：

我军于西峡口以西重阳店附近地区追击经西峡口来犯之敌，由4日晨至5日晨2时，经20小时之激战，窜至重阳店西侧敌人之先头部队千余及战车9辆，被我全部歼灭，我军亦乘胜反击，分3路攻击前进。至11时，中路兵团（按：即新43师）攻克重阳店；两翼兵团进展尤速，于同时攻达西峡口西侧地区，与预置敌后各部队会合，随将西峡口西侧至重阳店东侧之间区域各地之敌，个别包围，独力攻歼。至下午3时，仅桐树营（在重阳店北）一地，即歼敌第110师团第139联队约一个大队，虏获无数，现仍激战中。另4日晚，淅川西北大石桥（距城20里）之敌，曾一度向磨峪湾（淅川西北20里）反扑，被击退，毙敌300余人。

4月8日，《中央日报》刊登军委会于7日所发表的第2次战报：

西峡口以西至重阳店以东地区被围之敌，犹作困兽斗，6日晨曾数度反扑，但均被击退，我军继续攻歼。迄晚，被围之敌大都已被歼，现正扫荡歼敌中。

被我包围于大石桥之敌，我正缩小包围，加紧继续攻歼中。6日该敌企图突围，旋被我击退。

4月9日，军委会发表第3次战报：

我军对西峡口以西、重阳店以东约30里地区，进行扫荡，至7日午后1时，已全告肃清，仅极少数敌脱逃，向西峡口溃窜。我军于该地区所获战果，据初步统计，先后歼敌约5000名，击毁敌战车约15辆，虏获物品无数。

此战役之战果除击毙敌人外,经统计:击毁敌轻、中战车共 20 辆,山炮 12 门,虏获完整山炮 2 门、破损者 2 门,轻重机枪 34 挺,步枪 850 枝,战马 123 匹。其他战利品正在清查中。

关于此役战况,日本战后其官方的记载如下:

根据日本战史《日军在华作战纪要》中《昭和二十年(1945)的中国派遣军》的记载:"4 月 1 日开始进击的步兵第 139 联队,未到达预定目的地——西坪镇,并抑制住急躁的心情,在重阳店——桐树营之线停止了前进。假设遽而急进,追击至西坪镇的话,则非但步兵 139 联队要全军覆没,即整个 110 师团,亦恐难逃悉数被歼的命运。"

上述这段记载,是所有日军战史中从未说过的话,足见重阳店之役对敌创伤之重。

另一册日军战史内又如是说:"4 月 5 日,第 1 大队曾以第 1、第 3 两中队为一线向重阳店发动攻击,但中国军队据守既设阵地,在野战炮掩护下负隅顽抗,攻击行动时进时停,我方损伤甚大。另一方面,第 3 大队曾攻击在重阳店北方约 4 公里的桐树营,但亦遭优势中国军反击,无法进展。在此时期的中国军,拟正采取反击态势,尤其是由公路北侧的北谷高地射击的迫击炮,颇具威胁,不能等闲视之。中国军是以该高地作为旋回击点,正逐渐扩大对该制高点的占领。"

对于此次战斗,在中国所著《抗战简史》中有如下记载:"西峡口之敌(日军)曾倾全力将我军 85 军压迫至魁门关(按:即奎文关)附近。该军主力曾协助新编第 43 师,与日军在魁门关附近相互对峙达两日夜。3 日下午,日军约 5000 迂回至重阳店,我方 31 集团军主力即转移至当庆、重阳店附近予以抵抗,日军屡攻屡败。5 日拂晓,我军协同伏牛山的部队(按:即 85 军 110 师)开始对日军施行包围攻击,双方激战至 7 日夜。最后我军力保魁门关,前后曾歼灭日军 110 师团以下官兵 4000 余人。"①

在上述史料中,另有一段如是说:"回溯前面所述战况,曾击溃内乡及西峡口中国军的右追击队(步兵第 139 联队为主干),为追击中国军,于 4 月上旬虽深入至重阳店附近,但无法占据西侧的制高地带。反之,中国军却事先即占据更广大的一带高地,正在增加兵力,使该联队陷入如同'瓮中捉鳖'之态势。"②这一段更明显地说明中国军预置的口袋战术获致的战果。

第五节　乘势东进,夺回半川

我向西峡口挺进的部队,4 月 8 日 10 时已进抵丁河店之凤凰嘴、1162 高地和 1122 高地之线,与敌对峙。4 月 10 日,我第 110 师攻克公路北的凤凰嘴,第 23 师向丁河店推进,并以战车排排长李增明所率领之菲亚特轻战车 5 辆为前导,一度曾挺进至奎文关前,但因受其南侧庞家寨之敌阻挠,没能取得战果。此后数日,我第 110 师及新编第 42 师曾进攻该地,也没成功。

我第 31 集团军为加强第 1 线的战斗能力,以便能迅速向西峡口方面的敌人进攻,调整部署如下:

一、第 78 军(附第 110 师及第 65 师、工兵第 9 团第 2 营、第 85 军野炮营第 1 连野炮 2 门、炮 2 团第 4 连战防炮 4 门、装甲兵第 2

---

① (台北)河南西峡口军民抗战实录编辑委员会编:《河南西峡口军民抗战实录》,第 2015 年 2 月版,第 95 页。

② (台北)河南西峡口军民抗战实录编辑委员会编:《河南西峡口军民抗战实录》,第 2015 年 2 月版,第 95 页。

团特务连)推进至重阳店、丁河店附近,接替85军防务。

二、第85军(欠第110师)将防务交接后,即集结于南岗、庙沟、桐树营、马鞍桥、上下八庙、花园关间地区,为右地区控制部队。

三、第27军之第47师开寨根、接道沟中间地区待命,为左地区控制部队[①]。

4月11日,我第78军接替第85军任务后,军部移驻西湾,军长赖汝雄基于集团军10日给他的指示,将所指挥的5个师作如下部署:

一、新编第42师(师长谭煜麟)以一部挺进毛堂、霸王寨、豆腐店,主力集结于中蒲塘附近。

二、新编第44师在新42师之北,由豆腐店向122高地、大寨沟之敌攻击。

三、第110师主力,占领半川以北岗上之线(在公路北),一部挺进1621高地;第65师李纪云所部在吴家庄附近集结待命。

四、新编43师,以一部占领叟沟口以西、河北营北面高地,对东对北警戒,主力集结河北营为军预备队。

4月11日,我军对日军半川阵地发起猛烈攻击。为加强火力,王仲廉将从西安调来的第167师炮兵营2连及105重迫击炮排配属中央独立炮兵第1团第1营,并请求西安派飞机支援。每当我空军来助战时,78军军部派人到炮兵第1营观察所附近摆信号进行联络,由该营发射炮弹为飞机指示空袭目标。

同日上午,第23师一部向半川阵地发起冲锋,炮兵第1营根据事先双方的协定和部署开炮轰击。野战重炮、山炮、迫击炮一齐射击,并对据守在公路南北高地的日军第1、第3中队使用了手榴

---

① 王仲廉口述,黄润生笔录:《豫西鄂北会战西峡口之役》,《河南文史资料》1998年第1辑。

弹战,再加上空军的猛烈扫射,日军被成功压制,我军进展顺利,很快登上了高地,有些已经攻占了日军的前沿阵地。就在胜利在望之时,第23师的师、团指挥所被高地上的日军发现,遭到炮击,电话线被打断,指挥系统陷入混乱。日军乘势发动反攻,我军被迫撤出战场。为了解救半川之危,在奎文关附近构筑工事的日军第2大队大队长命令暂时中止工事修筑,率领第6、第8中队的现有兵力向南坪方向出击,向我攻击敌第1大队的左翼的部队发动攻击。在击退我军在左翼的攻击后,第2大队于4月11日回到原来阵地,继续构筑工事。

此后,直到14日,我军没有对半川之敌发动大的攻势。鉴于包围第1大队阵地的中国军队日益增多,日军第1大队逐渐陷入苦境,伤亡很大。另外,日军第2大队在奎文关附近构筑的阵地也基本完成,联队长下令第1大队在联队主力的掩护下,撤出半川阵地。4月15日,日军第1大队利用黑夜偷偷撤退,放弃了半川阵地。

第七章　粉碎万寿节攻势

第一节　霸王寨争夺战

霸王寨原为清末民初当地民众为抵御兵匪所建,后为豫西民团总部屯兵屯粮处。该寨筑于山顶上,能俯瞰群山,控制公路,屯有小麦数万斤,建有房屋10余间,有取之不尽的泉水,地势险要,易守难攻。

4月12日,我第78军军长赖汝雄下令进攻日军占据的霸王寨。随后,新编第42师谭煜麟师长指挥所部,一举攻克霸王寨。同时,前来增援之第27军第47师推进至两岔河,该军暂编第四师到达西坪镇。由于当面之敌虽经我军连日追击痛歼,伤亡惨重,但仍踞丁河店、奎文关、庞家寨等高地,积极构筑工事,企图顽抗。王仲廉乃重新作进攻部署如下:

一、第78军对丁家河、大寨沟、1231高地之敌攻击。新编第42师为挺进部队,由霸王寨分向马头山、老婆脚寨之线进击。

二、第27军(欠暂编第四师)附第110师、第65师,对1082高地、上羊田、奎文关之敌攻击。

三、第85军(欠第110师)附新编第1师、暂编第62师,担任荆紫关、淅川方面之作战,应占领磨峪湾、管田、卧龙岗、杨田湾附近地区,右与五战区之第2集团军,左与新编第42师联系,防敌西窜、北窜。

四、第6纵队司令陈舜德部,驻大泉寺,兼指挥民团。令副司令任泰升带两团布防石凤观至玉皇庙沟、蒿坪一带,令杨嘉会团长驻太岭、冢子坪、秧田一线,以防敌北窜西坪镇;又在大华山南麓令马文琳团驻崖屋、杜家河,金宣周、吴元利两部布防于纸坊沟、官田,以协助暂编62师,令冯德隆部驻丹江南岸之白浪、于村(在荆紫关附近)河南岸,曾汝敬团驻荆紫关,协助第23师及各民团部署,以防敌钻隙绕击①。

4月13日至15日,第85军暂编第62师,仍在淅川县北面磨峪湾、管田、卧龙岗、杨田湾之线与敌对峙中。

中国军队的进攻对日军造成很大的威胁,日军110师师团长决定把在淅川地区的163联队调到师团主力方面。4月16日,又命令139联队"以余力占领要点霸王寨"。第139联队长槙木大佐令半川撤退下来的第1大队4月17日从简村出发南下霸王寨;另外,令第3大队暂时放弃山井眼、钵卷山一带阵地,作为联队主力经庞家寨向霸王寨迂回,与第1大队相呼应夺取霸王寨。

4月17日拂晓从钵卷山、山井眼阵地撤退的日军139联队之第3大队,顺着庞家寨山谷道路迂回南下,黑夜在大雨中前进,进入1240高地北面2公里的一户人家附近。第1大队也于同日从简村出发,经乾清沟、东陈家沟南下。

是日夜,联队长把军旗中队交由第3大队长指挥,并准备攻占

---

① 王仲廉口述,黄润生笔录:《豫西鄂北会战西峡口之役》,《河南文史资料》1998年第1辑。

霸王寨及 1240 高地。4 月 18 日 16 时,策应第 3 大队攻击的第 4 中队,从中国守军的侧背攻占了 1240 高地。

4 月 18 日至 19 日,新编第 42 师在霸王寨、齐沟、白庙一带与敌鏖战。新编 44 师利用雨天,编组突击队,袭击庞家寨以东之敌,第 110 师在原线无进展。第 65 师于 19 日攻占木寨。[①] 19 日夜,王仲廉接到胡宗南命令:"霸王寨需绝对确保,着饬第 27、第 85 两军即行赴援。"至 20 日 8 时,日军向霸王寨发起猛攻。防守霸王寨的新编第 42 帅及新编第 44 帅,都是 1943 年冬由两个补训处的几个补充团所临时编组而成,装备很差。1944 年中原会战时,新编第 42 师奉命守新郑,与敌之第 37 师团激战 2 日,颇有伤亡。战后,与暂编第 15 军之暂编第 27 师并编,人员虽有补充,但武器装备颇差,每步兵连仅有国造轻机枪四五挺,且缺少八二迫击炮,故防御火力薄弱。而霸王寨仅有寨墙而无掩盖之工事,日军使用掷弹筒及迫击炮与山炮的空炸信管猛轰该寨,我守军伤亡惨重,无力拒强敌,该寨遂陷入敌手。

敌人攻占霸王寨后,王仲廉命令第 85 军派兵支援第 78 军,设法攻克该高地。吴绍周军长乃派第 23 师第 68 团,由淅川北面的毛堂进入红花坪、陈家坑一线,协助新编第 42 师攻击霸王寨,但没有成功。

第二节 日军万寿节进攻计划

鉴于西峡口方面的战况,4 月 19 日,日军第 12 军给第 110 师

---

① 据《三十四年第 31 集团军豫西会战战斗详报》:1945 年 4 月 17 日,第 65 师攻占马头寨北寨和上、下木寨。

团增援了两个步兵大队和一个炮兵大队,并命令在南阳的步兵第615大队,在邓县的第617大队,在老河口地区的野战重炮兵第6联队一个大队,立即到西峡口入列第110师团长的指挥。得到增援的110师团在兵力运用上得到某种程度的灵活性,认为大可进行一次孤注一掷的突破作战,遂决定以4月29日万寿节为期,发动进攻,在粉碎中国军队的"企图"的同时,更在重阳店附近捕捉和消灭中国军队。

其计划如下:

一、方针

以消灭当面之敌为目的,师团决定以一部确保现在守备军阵地的重要部分,防备中国军出击,而将主力分为两个突击队,向中国阵地间隙突进,并在重阳店附近消灭中国军,然后向西坪镇南北线前进。

二、部署概要

右突击队:步兵第139联队(缺第2大队)、山炮兵1个中队、工兵1个小队,于4月28日夜在西峡口西北地区集结,29日晨开始行动,顺着大概连接符家营——红花坪——小黑沟——西蕉园——桃源沟地区前进,攻击中国军左侧背;另以一部向重阳店西北地区挺进,以利于师团指导作战。

左突击队:步兵第163联队(缺第3大队及第6中队)山炮兵1个小队、工兵1个小队注意隐蔽企图,陆续向板山寨西侧地区集结,自4月30日夜发起行动,攻击中国军之右侧背,然后向重阳店挺进。

另以一部向百石桥附近窄路口挺进,以利于师团指导作战。

阵地守备队：

左地区队：步兵第139联队的第2大队，在这次作战中受师团直辖，随着两突进队的战斗进展，攻击重阳店东面的中国阵地，把中国军队牵制在正面，以利于突进队顺利挺进。

右地区队：独立步兵第615大队

大队要在4月27日与步兵第139联队的第1、3大队接交守备。在这次作战期间受师团直辖。任务是确保木寨高地，并应与突进队的突破相呼应攻占山井眼阵地，以利于师团的作战。

炮兵队：野战重炮兵第6联队第2大队、独立山炮兵第1大队，要在丁河店以北地区占领阵地，协助阵地守备队的战斗。①

日军110师团师团长自4月20日起，即按上述方针和计划陆续指导各部队，同时派出参谋长山本大佐去南阳城战斗司令所，向新任之第12军司令官鹰森孝②中将报告师团的现状和计划。军同意师团的这一作战计划，同时认为，推行这一作战还需要增强师团战斗力量，于是增派了5个步兵大队。另外军还掌握1个步兵大队作为预备兵力。上述增援的5个大队是：第115师团抽出的独立步兵第26、386大队主力，第117师团的第203、205、389大队。

独立步兵第26大队（大队长高岛大尉）和独立步兵第386大队（大队长铃木少佐），4月20日后从老河口附近出发向内乡前进。

---

① 日本防卫厅防卫研究所战史研究室著，天津市政协编译委员会译：《昭和二十年（1945）的中国派遣军》，第2卷第1分册，中华书局1984年版，第137—138页。

② 日军第12军军司令官原为内山中将，奉命转任第15方面军司令官兼中部军区司令官，后继者是满州第11师团师团长鹰森孝中将。有史料说鹰森孝上任之时，军司令部已经移到内乡，待查。——引者注

第三节　中国军队的部署

第31集团总司令王仲廉判断敌有向集团军左翼迂回之企图,决心予以粉碎,乃指示各部行动要旨如下:

一、第78军于23日7时开始攻击,务期先行占领庞家寨、108高地及霸王寨,而后一举击破当面之敌。

二、第27军于23日7时开始以主力驱逐当面之敌,一部占领82高地及奎文关各要点,尔后全力压迫敌军于巴斗庄以西地区击破之,对马头寨、王家营需确保固守。

三、第85军仍依原计划执行任务,但需以23师协助新编42师霸王寨附近之战斗。①

新编第42师接到任务后,立即对庞家寨之敌发动攻击,空军第11大队共出动P—40战斗机3批12架次,积极配合。由于敌阵新筑有掩盖工事,而我军缺乏近战攻坚重武器,故步兵进至敌火网前,伤亡累累,攻击难以奏效。而攻击霸王寨之我军,虽有85军第23师第68团的积极配合,但由于霸王寨地形险峻,我军又系仰攻,所以终未能克复。

第31集团军因缺乏机动运用之总预备队,乃令第27军之暂编第4师接替第85军之第110师之防务;第110师则开赴马鞍桥附近既设阵地,归集团军直接指挥,作为总预备队。第27军之第47师及第15军之第65师,在赵家营、鱼池沟之线,与敌对峙。

---

① 王仲廉口述,黄润生笔录:《豫西鄂北会战西峡口之役》,《河南文史资料》1998年第1辑。

4月26日,西安第一战区长官部根据敌后情报:"日军为解除西峡口及奎文关之威胁,于本(26)日由老河口及南阳方面分别抽调第115、第117两师团之各一部,共约步骑4000、炮10门,分由淅川、上集、下集经毛堂加强其对我右翼之反包围。"即训令第31集团军及河南警备司令部:一、王仲廉集团军即以第85军全力猛击,进攻石槽坊、胡家寨、姬家营各附近之敌,彻底歼灭之。二、刘茂恩(河南警备司令部)及高树勋部(冀察战区总司令)与地方团队,均以内乡及西峡口为目标,袭击断敌后援,策应王仲廉集团军之作战。①

上项训令发出后,战区同时通知刘汝明集团军北渡丹江,猛攻淅川之敌,以收南北夹击之效。

第四节　瓦解日军北线进攻

一、激战三尖山,歼敌西蕉园——王大洼

4月26日夜零时,日军第615大队在月色中到达战场,和木寨高地的第139联队第3大队交接了第一线而进入阵地。第3大队在当天夜里到纸房营集结。自4月18日被留置在霸王寨的第12中队也在把该高地的守备移交给机动步兵第3联队的一部后,到达纸房营,入列冈本大队长掌握下。在六周井附近的第139联队本部,4月28日傍晚按照命令会同在山井眼东南地区与中国军队对峙着的第1大队向纸房营转移。与此同时,从第115师团增援来的独立步兵第26大队和第386大队也到达了该地,入列第

---

① 王仲廉口述,黄润生笔录:《豫西鄂北会战西峡口之役》,《河南文史资料》1998年第1辑,第65页。

139 联队长指挥。联队长槙木大佐就右突进队的突进行动作了如下部署：

挺进队（师团直辖）：第 139 联队第 3 大队 4 月 29 日黄昏，从纸房营出发，经石门——红花坪——沙草沟——大河间——毛坪岗——孙家门，尔后从孙家门附近进山，进攻和突入铁池漫、三角池、西蕉园、桃园沟附近中国军队的左侧，向重阳店方向挺进。

右突进队

先遣队：第 139 联队本部及直辖部队。4 月 29 日傍晚从纸房营出发，经石门——红花坪——柳树沟大道进山，向熊沟——十罗沟——柳树沟——王大洼一带搜索并击败中国军队，从其中突进向重阳店挺进。

本队

步兵第 139 联队本部及直辖部队。

4 月 29 日夜从纸房营出发，经石门——红花坪——柳树沟进山，搜索、攻击、击败熊沟——碾子洀——上店——老君台附近之中国军队，以利于右突进队的战斗。

联队预料需要数日的突进行动，因而各部队携带了一周用的粮秣、弹药。[①]

步兵第 139 联队第 3 大队于 4 月 28 日夜先行出发。29 日黄昏，联队主力及左攻击队，也从纸房营出发，开始北上。这时给第 110 师团增援的大队也赶到了。日军偷偷渡过淅水，29 日进入到石门，遭遇负责守卫的民团武装。第 3 大队长冈本告诉民团，日军的敌人是正规军不是民团，试图不战而屈人之兵，结果敌人的阴谋得逞了，日军轻而易举地通过了民团的防区。4 月 30 日晨 5 时第

---

① 日本防卫厅防卫研究所战史研究室著，天津市政协编译委员会译：《昭和二十年（1945）的中国派遣军》第 2 卷第 1 分册，中华书局 1984 年版，第 138 页。

3 大队从柳树沟附近和主力分开,继续沿河北上;联队主力从柳树沟进山,以第 1 大队为先遣部队。第 1 大队长小崎大尉又以第 2 中队为尖兵队。另外,左攻击队从柳树沟开始分头前进,顺着本队的山峰下来向熊沟前进。6 时左右,一支中国军队与小崎大队接触,经过小的战斗,被日军击败,部分被俘。小崎大队虽然取得胜利,但再往里去,山谷越来越深,小路和地图不一致,部队迟迟不能前进。傍晚,不得不向西折回到达小罗沟东方高地,在那里与小部中国军队交战,通宵对峙。

日军独立步兵第 26 大队从熊沟出发,直奔上店,开始从北面攻击熊沟西面高地的中国军队。

5 月 1 日,日军突进队本队在小罗沟西北棱线发现中国军队,开始前进。其尖兵中队的第 1 中队与中国军队遭遇,开始交战。第 2 中队攻击靠近三尖山右侧的两个高地。此时,日军第 2 中队正面的我方军队不断增强。日军攻击没有进展,这种状态延续了整夜,其突进队主力不得不在山谷休息。担任左攻击队的日军独立步兵第 26 大队,从 4 月 30 日晚起连续攻击熊沟西面高地。向北迂回前进的日军挺进队,5 月 1 日经毛坪岗到了孙家门,从该地向左进入山地,傍晚进入孙家门南约 2 公里封锁曲线高地及铁池漫。

同日,挺进到西峡口西北约 15 公里小罗沟附近的日军右突击队,仍继续对中国军队进行攻击。5 月 2 日零时前,联队主力决定从三尖山东面山路南下,并命令第 2 中队为尖兵队顺河谷南下,突进队本队跟在其后前进。拂晓时,日军突然遭到了中国军队从四面八方的猛烈射击,双方展开了激战。此时中国军队已占领四周的高地,尤其是牢固地占领着三尖山,火力也特别猛烈。日军突击队长小崎大尉把攻击重点指向第 1 中队所攻击的三尖山,虽经过力攻,但遭到中国军队的有力阻击,不断出现伤亡,未能得逞。联队长槙木大佐决定把作为军旗中队的第4中队投入战斗,列入第1大队,军旗则由联队本部的文书们护卫,并指示出现不得已的情况时立即把军旗烧毁。

18时,增加了第4中队的第1大队,利用中、美飞机飞去的黄昏,在山炮的支援下,冲上了三尖山。中国军队顽强抵抗,与敌人短兵相接,白刃搏斗,最终不敌,三尖山失守。入夜,中国军队展开反攻,用掷弹筒攻击敌人,日军则在我军侧山坡掘壕防守。我军多次攻上敌军阵地,但都被敌人击退,伤亡惨重。战斗中,我军击毙日军第1大队津岛少尉等8名日军。

作为挺进队的日军第3大队,曾准备在这天从铁池漫南下,但和第1大队一样,遭到已占领高地的中国军队的顽强阻击。另外,攻击熊沟西面高地的左攻击队、独立步兵第26大队(大队长高岛大尉)在西面攻击连接的高地,陷入苦战。第2中队虽然攻占了一个高地,并前进到了距熊沟3公里处,但由于四周高地全被我军占领,陷入我军的包围。这种情况使日军110师团终于认识到第3大队的挺进实在困难,5月3日遂下令第3大队回归联队指挥,并命令联队要继续经西蕉园附近,从桃园沟方面向重阳店方面突进。同日,右突击队着手攻占三尖山西北的一个不知名的小山。第3大队从铁池漫附近的中国军队包围中突围出来,经三角地和联队主力汇合了。独立步兵第26大队则攻占一个个高地后于当日进入上店北面。

自5月4日早晨起,日军第1大队就对文字山进行攻击,由于中国军队顽强抗击,再加上地形险峻未能得逞。大队长小崎大尉令第4中队进行夜攻,第4中队半夜从我军阵地的间隙楔入。我军进行英勇的抵抗和反击,击毙日军小队长盐谷中尉以下10名官兵。但由于敌众我寡,5月5日晨该地失守。在日军第4中队攻击文字山的同时,其第3大队也开始攻击那个不知名的小山的西南高地。日军独立第26大队在5月4日晨进到上店以北地区,与本队呼应,开始攻占西蕉园南2公里红石埃东面高地。该大队倾全力进行攻击,每个中队攻击一个高地,并运用重火器,反复进行机动攻击,终于在5月4日攻占了上店西北高地。我军不断增强兵力,将敌人围困与西蕉园、王大洼一带,给其以重创。《昭和二十年(1945)的中国派遣军》一书中说:"这几天,在山井眼以北西蕉园、王大洼地区,右突进队战斗的惨烈也已达到极点,前途如何很难预测"[①]。直到5月20日,110师团命令139联队残部放弃迂回攻击重阳店计划,西蕉园、王大洼一带的日军才突围脱困,经由上店、山荆岈撤至简村北侧。

二、大横岭之战

在豆腐店日军被围之际,日军加强了对27军阵地的攻击,情形十分危急。第一战区代司令长官胡宗南命令第90军向南推进到迷心寨附近,以策应第27军。27军担心豆腐店的日军向北突围,威胁自己的后方,请求第28师派部队支援。其时,28师正驻陕西合阳整训。4月25日,接到西安第一战区长官部命令:"日寇向我豫西西峡口第31集团军进犯,正在激战中,该师即日前往前线,归第31集团军王仲廉指挥,反击

孔令晟

　　①　日本防卫厅防卫研究所战史研究室著,天津市政协编译委员会译:《昭和二十年(1945)的中国派遣军》第2卷第1分册,中华书局1984年版,第148页。

来犯之敌。①"此时正值服装换季之际,因任务紧急,28 师来不及换装,身着破烂棉衣,在誓师大会后即沿着商洛公路,星夜出发,赶往战场。为解 27 军之危,王应尊命令第 83 团第 3 营副营长孔令晟②率一支特遣队先行前往 27 军军部报到。

孔令晟到达第 27 军军部时,只见军长(谢辅三)、副军长、参谋长均着华达呢军服,佩戴勋章,正襟危坐,神态凝重。他们已做好准备,万一阵地不保,将自尽殉国。孔令晟奉命接替第 27 军军部直属部队在丁河店西北邪地窖高地的防务,但到下午又奉命归还建制,将该地防务交还第 27 军。

次日晨,第 83 团命令第 2 营营长熊璋③率领该营反攻大横岭,夺回暂编第 4 师所失去的大横岭的第 3 高地,并命第 1 营第 3 连由右翼迂回攻击第 2 高地的侧背,以策应第 2 营的反攻作战。

考虑到此次作战是第 83 团首次参加战斗,团长敖明权特派副团长前往协助熊璋指挥。孔令晟向团长敖明权请求上前线实地参观,以增加作战经验,得到允准。

攻击开始后,第 1 营第 2 连连长奉团长命令率领该连由大横岭南侧山沟前进,以策应第 2 营的攻击行动。不料,那位连长沉不住气,提前开枪射击,暴露了第 2 营的作战意图。

日军十分狡猾,一面在正面阻挡第 2 营的攻击,一面偷偷地将几门山炮推进至大横岭西北山沟,瞄准第 2 营所占据的高地猛烈轰击。第 2 营的官兵分散在该高地上,毫无防备,突然遭此打击,

---

① 王应尊:《豫西抗战的最后一仗——西峡口战役忆略》,《文史杂志》1988 年第 4 期。

② 孔令晟:(1918—2014),江苏常熟人,孔子 76 代孙,曾任"总统府侍卫长"、台湾海军陆战队司令。台湾中央军校第 7 分校王曲联谊会会长。

③ 熊璋,湖南湘乡人,黄埔军校 13 期步兵科毕业。

顿时陷入混乱。在日军猛烈的炮火轰击下,营长熊璋及其以下官兵数十人阵亡,余下官兵潮水般后退,日军乘胜追击,情况十分危急。

此时,孙副团长果断地对孔令晟说:"孔副营长,你现在代理第2营营长,马上集合退下来的官兵,占领阵地,继续抵抗!"说完,他把一支驳壳枪交结了孔令晟。接过枪后,孔令晟就喝令退下来的官兵:"迅速就现地形占领射击位置,迎击敌人!谁再敢后退就枪毙谁!"因为孔令晟曾担任团部军士队长,不少班长都认识他,所以他们都遵命占领阵地,进行抵抗。很快,在第四小高地上聚集了约百余人,对敌猛烈射击,追来之敌才在高地前停了下来,双方形成对峙状态。

这时,作为预备队的3营9连的一个排奉命前来增援。孔令晟见到该排到来,即向该排排长李龙春介绍敌情及敌我态势,命该排的机枪组(3挺轻机枪)布置在营指挥所右侧的横梁上,以监视敌人左翼山坡;命令李龙春率领余下的步枪组20余名士兵,并携带全排所有手榴弹到前面七、八十米高坡的陡坡顶,即敌人所占领的反斜面上布置前哨阵地。傍晚,孔令晟率领李龙春等人悄悄爬到敌占高峰的我侧棱线下,指定阵地和任务后才离去。该阵地是大横岭5个小高地的最后(西)1个,位置在背敌斜面上①。孔令晟猛然想起在西安军校训练时,工兵科长王化兴所讲授的反斜面阵地②:将阵地后高地配置若干挺轻重机枪,对前斜面构成浓密火网。但当时前斜面高地虽在我军固守中,但高地前已麇集了不少日军,准备向我军阵地发动攻击。孔令晟和李龙春研究如何消灭

---

① 所谓斜面,就是从山顶到山脚的倾斜部分,朝向对方的斜面叫正斜面,背向对方的斜面为反斜面。

② 此种反斜面阵地,为德国军最佳防御配备方式,日军亦常采用此战术。

高地下的敌人。李龙春提出用手榴弹集中投掷的方式来消灭敌人，因为敌人躲藏在我自动火器的死角下，只有采用此手段。孔令晟同意了他的意见。李龙春先布置哨兵监视敌人的动静，再命其余人员沿着棱线的下方一字形散开，在反斜面高地顶端后三四米处挖了很多散兵坑，并准备了很多手榴弹。

待一切准备就绪，还未来得及休息，天已破晓。忽然一声枪响，李龙春身边的哨兵应声倒地。原来该哨兵在监视敌情时眼睛略高于棱线，被日军发现，一枪打中。李龙春只得另派哨兵，嘱咐他不要用眼睛观察，用耳朵贴在陡坡上静听阵地上的动静。少顷，哨兵悄悄告诉李龙春，阵地前有动静。为了准确了解敌情，李龙春猛然挺身向上看了一下：阵地前方是一条缓下坡的山梁，稍远处是座比我方阵地略高的阵地。在我阵地前约十余米远处，日军一个指挥官用跪姿向后面的部下指示着什么。李龙春向敌指挥官投去一颗手榴弹，并迅速蹲下。士兵们也跟着纷纷投出手榴弹。一阵爆炸之后，再一探头，敌人已不见踪影。根据这次作战经验，李龙春决定采取这种作战方法：哨兵报告阵前有动静的时候，就先向日军阵地投一颗手榴弹，趁敌人匍匐躲避之机猛一探身，观察敌群所在的位置，再投第二颗手榴弹并作为指示，士兵们顺着方向一同把手榴弹投过去。就这样，在一天内打退了敌人三次进攻，我方军队则伤亡很少。趁日军退却，孔令晟急忙将八九挺轻、重机枪配置在反斜面的左、右两侧，以侧斜火力封锁高地顶端。不一会儿，大批日军又蜂拥冲向高地顶端。我军的轻、重机枪向敌群猛烈射击，手榴弹接二连三地在敌群中爆炸。敌人横七竖八地倒下了一大片，其余的慌忙退下山去。此后，敌军又改由山两侧进攻，被我军的侧防机枪火力封锁，未能得逞。晚上，孔令晟令士兵埋伏在高地两旁的山沟里，准备等日军通过后迂回攻击其背后。日军知道其中厉害,未敢再进行偷袭。

这天夜里,日军机枪每隔一段时间就紧贴着棱线扫射一次,这样做的目的,一是怕中国军队偷袭;二是干扰中国军队,使得中国军队神经整夜绷得紧紧的,不敢有所松懈;三是使中国军队无法侦察日军情况。李龙春率领部下在紧张的气氛中,利用作战间隙,一边修补工事,一边补充水、粮食和弹药——主要是手榴弹。等到一切就绪,刚想合一下眼,主阵地的侧防机枪吼叫起来,这是通知李龙春排:有日军从阵地右侧包抄过来了。接着,日军的大炮和机枪开始向李龙春部阵地射击,这是日军在右侧包抄偷袭不成,改成了正面攻击。枪炮声停顿下来后,哨兵即报告阵地前面有动静。为了了解敌情和节省弹药,以便给敌人以迎头痛击,李龙春再次冒着危险猛一挺身,观察敌情,发现敌人这次是从岭脊的两侧分散兵力向己方阵地接近。于是,李龙春一边把手榴弹投向最前面的敌人,一边下令分散投掷点。虽然敌变我也变,但阻击效果却比前一天逊色很多。第一天,第一波投弹一下就把敌人打退了。后来的第二、第三波投弹,敌人虽稍有还击之力——把马尾手榴弹掷过来,但并不猛烈。马尾手榴弹是圆形的,大多滚到半山坡爆炸,只有少数落在我军阵地上方的棱顶上爆炸,因此对我军的杀伤不是很大。就这样,李龙春排在中午之前共打退了日军5次进攻。此时,李龙春排不仅作战人员因伤亡不断减少,没有补充,弹药的补充也越来越困难——起先,每当战斗间隙,就有运输兵把整箱的手榴弹送上来,后来整箱变成了散装,再后来连手榴弹带都一起送来了,这说明这批手榴弹是二线士兵随身装备的。幸好,当日军发动第六、七次进攻时,我方空军战机飞临战场,助了我军一臂之力,将日军击退。傍晚时分,日军拼全力又发动一次攻击。此时,李龙春排手榴弹已经不多。一个回合的攻防战后,除了李龙春还有一颗手榴弹外,士兵们都已两手空空。紧急关头,七班长竟将十字镐当手榴弹投了出去,这等于告诉敌人我方已经没有手榴弹了。李龙春命令士兵端好已上好刺刀和子弹的步枪,准备作最后一搏。就在这时,棱线上出现了一个日兵,端着刺刀朝李龙春冲来。李龙春双手紧握步枪,突然来个刺杀动作,将枪口对准来敌胸膛,扣动扳机,日军士兵倒地。为防其他日兵再冲上来,李龙春将仅存的手榴弹投了出去。这下,还真起到了作用,再也没有日兵敢冲上来,但他们的马尾弹猛烈地投向我方阵地。就在李龙春拉扳机退壳换弹时,右臂一阵疼痛,随即血流入注,再也握不住枪。李龙春负伤后,孔令晟指挥轻重机枪和六○炮掩护该排撤离阵地,退回到主阵地上。此时,该排包括李龙春在内仅存 5 人。

双方僵持到 8 日下午,日军突然连续发动猛攻,达 7 次之多,都被我守军的侧防轻、重机枪和集中投掷的手榴弹击退,死伤甚重。

9 日晨,敌人似已大量增援,中午开始发动攻击,被我侧防火力击退。敌不甘示弱,配合炮兵支援,连续发动了 8 次攻击。我方在伤亡严重的情况下,才不得不放弃了阵地。但是,在孔令晟的坚持下,我军仍然以侧防火力严密地控制了高地棱线,使敌人不能也不敢越雷池一步。

午夜后,敌人在其占领山区内到处放火烧山,当时不明究竟,后来才知道敌人在夜间山林中,利用烧山火光进行撤退。

10 日拂晓,84 团占领了大横岭第 5 高地并吹号联络。孔令晟看情况有利,立刻下令出击,想不到很轻易地攻占了第二、第三高地。此时,第二高地前斜面下方有一地点名钓丝崖,崖上有一片小树木,敌人据此小树林顽抗,并在树上埋伏了很多的狙击手。我军首先集中机枪火力封锁其退路,同时,以迫击炮向小树林集中攻击,形成了对峙的局面。我增援部队不断增加,最后,钓丝崖小树林中的敌人全体脱光了衣服,拆卸了武器,零散丢弃各处,然后在树林里集体上吊自杀①。

1945 年 5 月 11 日,重庆《大公报》头版新闻登载:"五月十日豫西西峡口大捷,大横岭钓丝崖日军集体自杀。"由于这次战斗的胜利,迫使西峡口当面日军局部后撤,调整部署,全面改取守势,形成了敌我对峙的态势,一直维持到抗战胜利。

这次战斗给日军很大的打击,第 12 军司令官鹰森孝印象深刻。是年,中国第一战区受降仪式结束后,鹰森孝当着第一战区司令长官胡宗南及王仲廉的面盛赞大横岭我军反斜面防御战斗的卓越表现,并请求见一见孔令晟,因孔此时已经调入宁夏,未能如愿②。在战俘营中的鹰森孝对此事一直念念不忘,常向中国联络官徐家安表示其遗憾之情。

三、山井眼之战

马头寨位于丁河店东北角,为豫陕公路北木寨西北的一个制高点,可以俯瞰敌奎文关各要点,山势险峻,三面峭壁,易守难攻。高地南面有一小村,名叫山井眼,所以日军称马头寨高地为山井眼。

其地即 1945 年夏中、日两军反复争夺之山荆岈制高点。

在 4 月 17 日敌抽调大批兵力去攻击王寨时,山井眼为我军收复。占领该地后,敌一直悔恨,视之为眼中钉,企图拔除此一刺背

---

① (台湾)中央军校第七分校王曲师生联谊会王曲文献委员会编:《王曲文献·第 4 部·战史:抗日之部(下)》,1996 年 5 月版,第 1023 页。
② (台湾)中央军校第七分校王曲师生联谊会王曲文献委员会编:《王曲文献·第 4 部·战史:抗日之部(下)》,1996 年 5 月版,第 1025 页。

之芒针,自4月21日起已数度进攻,均被守军第47师击退。第47师在民国33年豫中会战时,曾死守临汝,部队官兵作战经验丰富者颇多:师长李奇亨,四川人,黄埔军校四期,个性耿直爽朗,视士兵若子弟,富智谋而沉着勇敢,为一难得之将领。

日军攻马头寨时,特由老河口调来15公分榴弹炮一大队,对该寨猛烈直击,山上千余树均被炸成数段,山也被炸成了无数坑洞和尘土。某日,胡宗南打长途电话给李奇亨,只讲了一句话:"你知不知道连坐法?"李奇亨猛然呆住了,但很快省悟其中之意,当即说:"报告长官,我不但知道,而且我已经准备以我的生命交给这马头寨高地!"胡宗南听了没说什么,就将电话挂断。当晚,李奇亨师长就向谢辅三军长请求支持两件事:(一)派军工兵营来全力支援构筑马头寨的防御工事;(二)紧急申请补给大批手榴弹及拉法地雷。

翌日,原木由西坪镇全部运到阵地,军工兵营也来到,李奇亨就令师工兵连归工兵营长指挥,合力构筑坑道阵地,用被炸断的树木做掩盖,但缺少被覆材料,就用全师官兵自愿捐出的旧军毯包着尘土盖在掩体上,积土高达2公尺。阵地的坚固程度使敌人意想不到,一周后终于完成。这时,李奇亨令各团轮流防守一周,自己就在山后掩体中住宿,坐镇指挥,以示与阵地共存亡。

日军每次攻击,即先以重炮直击近千发,然后再以步兵向山上攻击。我官兵在敌炮击时,则隐蔽于山后掩体内。待敌炮击停止,其步兵向山上爬时,即集中投掷手榴弹及拉法滚雷,歼灭半山腰之敌。如此相持两周,敌军伤亡枕藉。官兵将山上尘土倾倒在山坡上,敌兵爬上山时,两腿竟陷入此稀松尘土中动弹不得,被机枪当人靶击毙。

5月12日下午,日军第110师团令第615大队和第26两大队集中攻马头寨,但仍被我军击退,敌人伤亡惨重。

5月15日,我西安第1战区长官部据报谓:西峡口方面,敌欲挽回其颓势,5月10日以来,自晋南、豫北各地抽调步骑兵8000余,炮20余门,由陕州分经草庙、祖师庙南下,企图攻占管道口、岔道口,进攻卢氏,以策应西峡口方面作战。胡宗南根据以上情报,遂调整部署如下:

一、第31集团军,应即对敌之坚固据点停止攻击,重新控制于第27军左侧后,准备策应本集团军正面之作战,一部仍联系第65师扼守现阵地。第27军正面力求巩固现阵地,尤须确保马头寨,无令不得擅自放弃,并于上羊田、大竹园、上下韩庄以西各高地构筑预备阵地。

二、第4集团军,即派新编第14师副师长率第41团,星夜兼程向寺河街前进,迅速包围夹击敌之先头部队(400余人)歼灭之,以排除该集团军左侧背之威胁;千山方面,应派队搜索。

三、第40军,即推进一部占领上庄、寺河街,并联系该地民团适时阻击敌之窜扰,对右翼第4集团军应取得联系。

四、河南警备总司令所辖之第15军,应就伏牛山区内现有国军及地方民团,统筹部署……

军奉悉上项命令后当即部署如下:

一、第27军,以确保1162高地、马头寨、13021高地之线,相机转取攻势之目的,派暂编第4师有力之一部固守马头寨,接替第47师任务,主力仍留原阵地。

二、第28师,以一部确保水洞沟、上韩庄附近各高地,主力即向大竹园、朱家沟以东高地及捻子沟猛攻,在空军掩护下,一举而占领之。

三、第65师主力确保单土地岭、小罗沟以东高地,扼守雁门沟及宝玉河之东、西两沟口,一部向碾子沟、大土槽攻击。

四、第47师集结上羊田、七甲沟附近,赶筑第二线工事准备机动。

第27军暂编第4师遵照总部命令,于16日完成接替第47师马头寨防务,当日即遭敌猛烈攻击,连续数天,直战到18日止,敌始不支退去,我即乘胜追击,于20日攻克郭沟。同日,第28师攻克上店,第15军之第65师攻克大土槽。两师协力乘胜追击向黄龙庙溃败之敌,这是西峡口战役中的第4次歼灭战。

国民党军事委员会为此战特在重庆《大公报》上给予报道:"据军委会5月19日发表第2次战讯:我陆空军联合作战,由15日至18日之4天战斗中,于西峡口以西公路北侧地区,又获致击毙敌1500余人之战果。"

我军自西峡口以西地区对敌完成3次包围歼灭战后,已将敌第110师团主力予以消灭。

敌以控制于内乡至西峡口之西的部队增援,配合炮兵,于15日向公路北侧我军阵地猛扑,先后侵陷西山沟及1261高地,16日继续向马头寨围犯。敌发炮4000余发,并猛扑十余次。守备马头寨之部队顽坚强阻击,并在空军掩护下,屹立如山,未被撼动,每当敌扑至阵地前,均果敢出击,将其击退,并经空军炸射,敌伤亡惨重,顿呈动摇。地面部队乃趁势反攻,敌退据1261高地及西山沟高地,企图固守待援。我军乃于17日向敌猛攻,当晚克服西山沟西侧高地,18日复克服1261高地,残敌向大土槽溃退。经过跟踪追击,越过马湾,攻迫大土槽附近。是役,毙伤敌1500余人,清扫战场,已于1261高地及西山沟两侧高地发现敌遗尸123具、焚尸坑4处(据村民讲,每个焚尸坑最少焚尸200余具)。

第五节　击破南线进攻之敌

一、鹰爪山—丰字山—牛心垛之战

1945 年 4 月 26 日，日军第 163 联队主力从大石桥出发，顺着觉岭—井水沟—下集—上集大道，向 110 师团主力方面转移。途中不断遭到民团的阻击，第 163 联队一边作战，一边前进，进入到大竹园南面地区，在该地与向东前进中的中国军队的大部队遭遇。联队长上坂大佐当即命令以全力攻击中国军队，双方展开激战。日军"开始不免有些怯阵"①。战斗一直持续到夜里，中国军队陆续向西北方向后退，似要在鹰爪山——丰字山一线占领阵地。日军上坂大佐根据得到的情报判断：中国第 1 战区部队主力已开始转向攻势，而且意志高昂。第 163 联队遭遇的这支中方部队不仅直接威胁西峡口，而且还有切断日军后方联络线以及使中国军队向南阳平地挺进的严重危险。因此，上坂大佐急忙把这一情况以急电报师团。

4 月 27 日，日军第 163 联队正向大竹园集结做下一步战斗准备时，接到 110 师团的作战命令，大要如下：

一、师团决定以消灭当面之中国军队为目的，以一部确保现在守备阵地的要部，防备中国军队之出击，以主力分两个突进队，从中国军队之间隙突进，在重阳店附近包围消灭中国军队，然后向西坪镇南北线挺进。

二、步兵第 163 联队第 2 大队做为师团直辖挺进队，应扼守百

---

① 日本防卫厅防卫研究所战史研究室著，天津市政协编译委员会译：《昭和二十年 (1945)的中国派遣军》第 2 卷第 1 分册，中华书局 1984 年版，第 136 页。

石桥附近的窄路口,切断中国军队之退路。

三、步兵第163联队主力应在板山寨西侧地区集结,自4月30日发起行动,击败豆腐店南面的中国军队以后,向重阳店附近挺进,与师团主力的攻击相呼应,捕捉消灭中国军队[①]。

上坂大佐对照当前敌情,感到师团对情况的判断不完全正确,但军令难违,决定命令独立步兵第617大队马上出发,以全力击败当面的中国军队,经过鹰爪山、丰字山附近径直向百石桥、重阳店突进。命令第2大队作为师团直辖挺进队,首先击溃丰字山附近的中国军队,挺进下蒲塘,然后经石门沟、重阳店附近向百石桥挺进。另外,决定联队主力于4月29日拂晓从郭楼附近出发,经跨子凹东侧,击败鹰爪山附近的中国军队,并攻占该山,再经其北麓蜗子坪附近向上蒲塘前进,然后经石门沟向重阳店突进。第1大队于4月29日拂晓开始行动,向郭楼——白庙沟——跨子凹东侧——坑里——上蒲塘前进。其余各队随后出发,先向蜗子坪前进。各队白天做挺进准备,黄昏开始行动。

与此同时,第一战区也调整部署,命第23师守卫寺山庙、大华山阵地,牵制北犯日军的主力,一部由鹰爪山向刘家台子、毛堂附近之敌攻击,并将黄永瓒新编第1师之第2团(团长胡秉铣)配属第23师。29日中午,第23师击退了进攻大华山的日军,并乘胜追击到石槽坊、刘家台子一带。

傍晚,日军在毛堂附近兵分两路,向封字山、鹰爪山前进,有直越重阳店模样。黄子华急令李师林团抢占鹰爪山阵地。李团先头部队于天黑时先敌几分钟登上了制高点,即与从东面攀登的日军

---

① 日本防卫厅防卫研究所战史研究室著,天津市政协编译委员会译:《昭和二十年(1945)的中国派遣军》第2卷第1分册,中华书局1984年版,第140—141页。

展开了激烈的争夺战,西路日军到达后,即腰击李团抢山的后续部队,该团被迫两面应战,由于天黑路险,敌我难分,指挥联络困难,结果登上了山头的只有团部、两个营和一个连,其余部队被日军切断,退回师阵地,还有 20 余名徒手的弹药兵被日军刺死刺伤。30日,另一路日军猛攻封字山,与第 69 团展开激烈争夺,大华山方面敌之攻击仍未停止。这样,第 23 师各团均陷入鏖战之中,尤以鹰爪山之争夺更为激烈。下午,进攻封字山的日军与进攻鹰爪山的日军会合,将鹰爪山包围,使第 68 团陷入孤军作战状态。当晚,吴绍周令暂编第 55 师第 3 团前来解围,第 68 团乘机向日军逆袭。经过一夜的激战,我军毙敌甚众,并缴获步枪 6 支及许多文件。

5 月 1 日和 2 日,第 67 团、第 69 团,新编第 1 师胡团各一部及暂编第 55 师一部,连续向包围鹰爪山的日军侧背猛攻,毙伤大批日军。连日来,第 68 团坚守鹰爪山制高点,凭借有利地形,连续打退日军数十次冲锋,伤亡也很大。当天,第 1 战区长官部派飞机投下通信袋,内有胡宗南签署的信件,嘉奖第 68 团的功绩,并告知已调大军前来解围,务必固守待援。另一封信中说,已通知后勤部门空投粮弹补给。李师林当即将此情况通报各营、连,官兵情绪趋于稳定。5 月 2 日,我军一架运输机到阵地上空空投部分粮弹,被围官兵得到精神和物质的鼓励,士气更为高涨。日军则因连日来仰攻高地,伤亡惨重,攻势每况愈下,呈现疲惫状态。我军在高地上看到,日军每次组织冲锋,总有部分士兵畏缩不前,这样就减轻了我守军压力。日军每次冲锋,都是由分队长、小队长或中队长带头,在接近我军阵地时,首先遭到机枪扫射或手榴弹轰击,死伤甚多。经过数昼夜的阻击战斗,我军对当面之敌发起全线反攻,第 68 团配合援军夹击鹰爪山四周的日军,毙敌甚众。日军不支溃退,在战场上遗弃了许多钢盔、弹药、装具等,我军乘胜追击,山沟山腹日军遗尸甚多。公路两侧的第78军亦同时展开反攻,日军节节败退。

战后,第1战区长官部在西坪镇召开会议,第68团团长李师林报告了激战五昼夜、坚守鹰爪山的经过。胡宗南在会上对于23师官兵英勇抗战慰勉有加,对伤亡损耗准予提前补充。会上还确定第85军为甲种军。

二、蒲塘之战

4月30日晨,163联队联队长上坂大佐考虑到围攻重阳店的作战任务,认为需要尽快向重阳店突进转移。于是,命令跟在第1大队后面行进的独立步兵第617大队向上蒲塘挺进。夜里又令第1大队追赶617大队。接到命令后,独立步兵第617大队马上从蜗子坪出发,经鹰爪山东北侧泥沼地前进,穿过中国军队之间的间隙,迫近至上蒲塘。30日傍晚攻击了上蒲塘西南方高地,占领该地后就开始准备继续攻击上蒲塘。蒲塘有三个自然村落,分别称为上蒲塘、中蒲塘和下蒲塘。

独立步兵第617大队5月1日进入上蒲塘后,2日继续攻占中蒲塘;步兵第163联队第1大队则攻击上蒲塘北面高地。

5月1日,第31集团军总司令王仲廉综合判断当前情况,决定先击破公路南之敌,遂调整部署如下:

一、第110师(欠一团)自5月1日晚应进至下蒲塘附近,归还第85军建制,即向中蒲塘及以东之敌猛攻而歼灭之。

二、第167师以主力接替第110师八庙、泗沟口之防务,准备向陈阳坪推进,对东严密警戒。

三、第78军应派有力之一部,于5月2日晨开始与第110师联系,向中蒲塘以东滚子沟、殷家沟之敌,攻击并击破之。①

　　四、第27军应确保第一线各要点,并控制主力,准备机动(该军对奎文关、丁河店方面之敌,保持原态势;第47师以马头寨为支点,主力集中使用)。

　　5月2日早晨,第78军开始对中蒲塘攻击。为歼灭敌军,特向第1战区长官部申请空中支援。第一战区长官部前后派来了24架次P-40战斗机,在空军联络官指导下,对各处敌人予以猛烈炸射,中蒲塘的敌人伤亡尤其惨重,我军则士气大振。上午10时30分,第55师接到军部嵩命令,要旨如下:

　　1. 本军有会同78军围歼该敌之任务。

　　2. 暂55师着即进击鹰爪山、黑沟、下蒲塘一线,向中蒲塘之敌攻击。务须会同78军,将窜犯之敌彻底歼灭。

　　第55师当即令第3团继续肃清封子山以北及黑沟、鹰爪山沟间地区之残敌。第1团集结桃花沟机动使用,以第二团为主攻部队,协同友军围歼中下蒲塘及以南之敌。②

　　下午2时30分,第2团以第3营为主攻部队,进入下蒲塘后,向中蒲塘的敌人攻击前进。霎时,枪炮声陡起。

　　我第2团官兵在空军掩护下,节节推进,逐渐向敌人迫近。日军遭中国陆空军联合打击,死伤惨重,已如惊弓之鸟,在第3团的激烈攻击下,仓皇应战。日军又以主力沿鹰爪山以北高地,向我第2团第3营右侧背攻击,遭到我桃花沟第1团的猛击,其他则向北逃窜。

　　在第55师向敌人发动攻击的同时,第78军、第85军之110

---

　　① 王仲廉口述,黄润生笔录:《豫西鄂北会战西峡口之役》,《河南文史资料》1998年第1辑。

　　② 《蒲塘之战》,《淅川文史资料·纪念抗日战争胜利40周年专辑》,第46页。

师也分别从蒲塘西北山地、中蒲塘北 1310.7 高地向日军发动攻击。第 110 师第 330 团在占领大苇园阵地后,即向中苇塘冲进。中苇塘是一个无险可守的盆地山村,村中只有一条路,村外芦苇、蒲草丛生。第 110 师居高临下,炮火直接向敌人射击,弹无虚发,日军死伤甚众。日军数次突围,结果不过多增加了一些伤亡而已。110 师冲入中蒲塘后,只见街道上、池塘里、废墙下,到处是日军的尸体和抛弃的枪械,仅小小的乡公所里就有 30 多具烧焦的日军尸体。

经过一天多的激战,蒲塘一带的日军伤亡过半,残敌逐步向豆腐店附近退缩。

战后,暂编第 55 师曾在树林内找到一个全身赤裸的日俘,他怕被俘就装作赤裸的中国人,但还是逃不掉。该处一条溪流的水被染成赤色。

午后 7 时,我军将蒲塘之敌完全肃清。而蒲塘以南各高地,亦完全为我所占领。5 月 3 日 11 时许,奉军部命令如下:

> 暂 55 师着即经中蒲塘以南高地上蒲塘,向大林沟(牛心垛西侧)攻击前进。斯时,除由第 3 团仍固守黑沟桃花山原阵地外,以国(左)谭(右)两团为攻击部队,协力向大林沟以北高地攻击前进。

在国、谭两团主攻部队猛烈之进袭后,日军遗尸遍野,"武运久长"的旗帜弃满山谷。午后 9 时左右,第 2 团已占领大林沟以北各高地,第 1 团亦先后攻克枣树叶沟以东各要点,残敌 600 余人继续向豆腐店逃窜。

三、歼敌豆腐店

日军 110 师团见左突进队屡屡受挫,感到进入重阳店确有困难,遂下令"左挺进队应从现在起击败面前之敌,经豆腐店向红丸挺进"。163 联队长上坂大佐即命令 617 大队攻击中蒲塘北面的中国军队,占领该高地并掩护突进队向豆腐店挺进;又令第 1 大队经豆腐店向红丸挺进,其余部队跟随第 1 大队前进。5 月 3 日,617 大队攻击中蒲塘北面高地,并掩护突进队的转移。第 1 大队从我军中横断突破后,即不顾一切地疯狂前进,大队长稻垣少佐甚至连处理战死、负伤人员的时间都没有,不得已只将战死者的手指剁下就地掩埋,而把伤员委托给了联队的辎重队,自己则呵斥官兵,向豆腐店挺进。战斗结束后,中央独立炮兵第 1 团第 1 营营长冯尧和①下山察看战场,只见山沟里、山坡上到处都是被削去一只手的日军,其中有许多是稚气未退的孩子②。

半夜零时,疲惫不堪的日军 110 师团 163 联队第 1 大队陷豆腐店。

豆腐店是丁河店南面的一个大的村庄,分为上、下豆腐店两村,居民数百人,系由东北面及东南与西南各高地间之沟渠积成一狭长小盆地,中有一小溪流,所以,要守豆腐店必须要守住四周高地,尤其东北面一带高地。

日军进入豆腐店后,第 110 师、第 28 师、暂编第 55 师奉命合围该支日军。是日,第 110 师第 329 团占领乌鸦岭西南各高地,第 328 团与暂编第 55 师在豆腐店东南高地完成衔接,第 28 师占领

---

① 冯尧和(1916—),广东潮州市人。1938 年 7 月毕业于中央陆军军官学校广州分校第 13 期炮兵科,后被分发到中央独立炮兵第 1 团第 1 营,先后任排长、连长、副营长、营长。1945 年,奉第 1 战区司令长官命令,率部参加南阳会战。1948 年 12 月在淮海战役中起义,后任人民解放军东海舰队司令部参谋等职。1956 年转业,任基层商业单位领导,1976 年离休。

② 冯尧和:《重阳、丁河一带歼敌记》,(台北)河南西峡口军民抗战实录编辑委员会编:《庆祝抗战胜利七十周年纪念——河南西峡口军民抗战实录》,2015 年 2 月版,第 361 页。

了东北山顶上的寨子。5月4日，各部一齐向前推进，午后4时，完成了对豆腐店日军的包围。

5月5日上午，第31集团军参谋长朱镇淮亲临110师阵地观察。日军陷入的这块谷地三面都是陡坡，只有三个宽约两三丈的沟口通往外边，仅容单人行走的盘旋小道从中间穿过。察看过地形后，朱镇淮说："上坂联队是日军专门训练的山岳部队，善于山地作战。这次被包围于山谷盆地，粮尽弹缺，我军应全力将其歼灭。"午后，我军对日军进行了一次火力急袭，将山谷中的房屋尽行击塌。敌人很是狡猾，他们分散在山谷四周，在陡坡倾角下掏洞挖壕，我军火力虽猛，但对其杀伤不大。这天夜里，我军组织突击队，由沟上向下突击，冲入敌阵，与敌人展开肉搏战。经过8次反复争夺，我110师终于攻占了两个山沟的沟口。

5月6日，第329团集中炮火向对面陡坡角根猛烈射击，取得很好的效果。第328团突击队由沟口逐渐推进，不断压缩敌人的阵地。午后3时，为解豆腐店被困日军之围，700多日军从霸王寨出发，向母猪峡1240高地进攻，遭到第328团和暂编第55师的猛烈阻击，伤亡不小。黄昏前，又有二三百日军从庞家寨出发，进到第28师山坡阵地，企图救援被困日军，也被击退。双方成对峙状态。

5月7日晨，第31集团军总司令部向第1战区长官部申请空中支援，西安空军基地派来中、美混合联队的P-51战斗机，及空军第11大队的P-40战斗机若干批，每批四架，不断对豆腐店及附近的山沟、树木反复进行轰炸、扫射。尤以燃烧弹着火后，威力之猛令人咋舌。

5月7日午，我110师突击队将阵前之敌歼灭。该师之第328团由悬崖盘旋小道下至谷地，日军被迫由崖角向东南转移，并利用地形地物攀登霸王砦西端山脉(约在母猪峡附近)的陡崖,在隐蔽处构筑工事。这种持续的轰炸扫射,期间再配合迫击炮的集中轰击,困于豆腐店内之敌宛如处在人间地狱。当时第110师及新编第42师,在火力掩护之下攻进豆腐店,但大部分敌人已由北面1240高地逃往霸王寨,丢下大批尸体及武器。日军"到达后方时,皆有死后复生之感。"①

5月8日,军委会对豆腐店战斗专门发表战讯:

> 豫南方面:我空军协同作战,终于在西峡口以西地区,完成一大歼灭战,消灭敌人至少3000以上。为我军困于魁门关②西南母猪峡、豆腐店、黑龙沟地区(公路南面)之敌约4000,自5月4日以来,经我陆空军连日痛击,并轰炸扫射,敌死伤惨重,但敌仍拼死挣扎,6日、7日曾两次试图突围,并由奎文关及以南庞家寨数度增援,均被我击退。7日午后6时,我向敌围攻各部队复一齐协力猛攻,由各团突入敌阵,经过10小时之搏战后,至8日拂晓,将敌几乎全歼,残余之敌(约二三百人),不择手段地释放瓦斯。在瓦斯的掩护下,夺路向庞家寨逃窜,我在此一地区之歼灭战,遂告完成,歼敌至少达3000余,马600余匹。另,生俘两名,据供,被歼之敌为110师团第163联队残余部队,其联队长生死不明。当敌释放瓦斯时,我军曾有一部中毒。西峡口以西公路北侧我军,于7日午将由上下韩庄向西进扑之敌,包围于上下韩庄西侧之高地,及柱石沟之隘路内;我地面部队在我空军协力之下,向敌猛施攻击,至8日晨歼敌百余,柱石沟隘路内之敌,已被完全消灭,现

---

① (台湾)河南西峡口军民抗战实录编辑委员会编:《河南西峡口军民抗战实录》,2015年2月版,第108页。

② 魁门关:应为奎文关。

仅上下韩庄西侧高地尚有残敌一部，在我继续攻歼中①。鉴于中国军队在南阳作战中取得的辉煌战绩，蒋介石电令嘉奖胡宗南、王仲廉及其他参战将士。

① 《西峡口我军歼敌三千》，南阳地区地方志编纂办公室编：《抗日战争资料选编：纪念抗日战争胜利四十周年》，1985 年版，第 110 页。

第八章 乘胜反攻

第一节 反击作战

西峡口方面之敌连日遭我第 85、第 78、第 27 各军痛击,退守霸王寨、1240 高地迄黄龙庙一带,构筑工事,企图顽抗。第 1 战区司令长官胡宗南为彻底摧毁该敌,于 5 月 21 日命令第 31 集团军相机进攻。当日,第 31 集团军策定攻击部署如下:

一、第 85 军以一个师配合地方民团,向马头山、庞家营、白河①湾之线攻击前进。

二、第 27 军以一个师配合地方民团,向黄石店、杨岗、石龙堰之线攻击前进。

三、两军主力除以一部围攻各要点之敌外,其余准备机动。

四、第 78 军随两翼军攻击之进展,相机转移攻势。

五、攻击开始时间为 24 日拂晓。

六、第 85 军对淅川方面须作梯次配备。

七、第 27 军应于 24 日拂晓截断敌之退路,并以一部向西峡口

---

① 白河,系淅水之误。

之五里桥方面进击,以策应主力军之作战①。

第85军于5月24日以第110师攻击马头山、白河②湾之敌;以新编第1师之一部配合地方民团在下集、蒿坪一带对淅川方面警戒,主力控置寺山庙;以暂编第55师及暂编第62师仍围攻霸王寨、磨峪湾各据点之敌。

同日,第27军以第65师(附暂编第4师之第2团)向黄石店、杨岗、石龙堰之线攻击;以第28师主力集结陈阳坪,一部配置水洞沟、大横岭各要点,对东北方向之敌警戒;以第47师及暂编第4师担任阵地之守备。

同日10时,各军、师开始攻击。第85军第110师之第328、第329两团攻克太阳山、红花坪,续向马头山、淅水湾进攻。第78军与光化寨之敌开始战斗。

5月25日,第328团攻克马头山,继向大昌沟、查岗进攻;第329团由红花坪继向淅水湾进攻;第78军为策应第85、第27军两军之作战,以新编第43师之129团与新编第42师之125、126两团各一部,在炮兵火力支援下,分别由豆腐店向光化寨之敌围攻,并以新编第43师127团之一部向庞家寨之敌佯攻;第15军之第65师,在锦鸡岭以南攻击东南高地亘石窑沟之线,与当面之敌激战;第27军暂编第4师之第一团到达小罗沟附近,参加第65师作战。

5月26日,奎文关之敌抽集600余人,向查岗、白河③沟、王家营等处增加,并以便衣队由老河口向第85军之第110师右侧背稻田沟绕袭。第27军军长谢辅三为求迅速击破当面之敌,又以第

① 王仲廉口述,黄润生笔录:《豫西鄂北会战西峡口之役》,《河南文史资料》1998年第1辑,第82页。
② 白河,系淅水之误。
③ 白河,系淅水之误。

28 师增援暂编第 4 师之第 2 团作战。激战至 16 时，第 65 师之第 194 团攻击至老鹳河沿岸东台子附近，第 195 团攻克九条岭；暂编第 4 师之第 2 团攻克南沟；第 65 师一部及河南省保安第 2 团进至锦鸡岭附近；第 28 师之第 82、83 两团进至西寨子、黄龙庙沟，师部及第 84 团进至大土槽附近。

27 日 4 时，日军一部由两河口、稻田沟，主力由大昌沟，向马头山围攻，遭第 85 军之 110 师之第 328 团当头痛击。新编第 1 师之第 1 团、110 师之第 330 团，由右翼趁隙出击两河口，并以一部攻击稻田沟敌炮兵阵地。至 12 时，老鹳河西岸大昌沟以南之日军，尽被击溃。同日，第 78 军新编第 42 师之第 126 团、新编第 43 师之第 128 团续攻光化寨，入夜仍与敌激战中。同日，第 27 军及配属河南省警备总司令刘茂恩所部第 15 军之第 65 师与保安团，在老鹳河上游之东台子、九条岭一带与敌军战斗竟日。14 时，第 27 军暂编第 1 师之第 1 团与第 65 师之第 194、第 195 两团攻至雷震寺、夹板沟迄 1120 高地之线。第 28 师之第 83、第 82 两团，攻至巴斗庄、1207 高地之线。第 47 师由上羊田向王家营之敌攻击。是日，各军、师攻击进展甚为顺利，并均有斩获，尤以左地区第 27 军军长谢辅三所指挥之各部战果最大。

5 月 28 日，拉马寨之日军攻第 85 军暂编第 55 师第 3 团西干沟阵地。第 78 军仍于丁河店附近之线，向光化寨当面之敌不断攻击。

第二节　敌军增援

5 月 31 日，第 1 战区司令长官胡宗南电令第 31 集团军，谓："该集团军应即将第 110 师、第 28 师抽出控置于第一线后方，从新调整攻势。该两师所遗防务,由贵总司令统筹派队接替,就现态势巩固要点并确保之。"第31集团军奉令之后,即作如下部署:一、第85军所指挥之新1师,接替该军第110师防务后,第110师调至板山寨、金狮崖以西附近地区集结,准备尔后攻击;二、第27军以第47师接替第28师防务,第28师调至上店附近地区集结,准备尔后攻击;三、各部队应详细侦察当面敌之工事位置、强度及兵力;四、各部队防务交接,限6月1日拂晓前完毕。

6月1日至7日,第31集团军根据胡宗南指示,另行部署如下:一、第85军以新编第1师占领太阳山、马头山亘淅水湾以南高地之线,相机攻击西峡口、淅水湾之敌;暂编第55师监视并围攻霸王寨1240高地之敌;第110师控置于贾营附近;第23师控置于荆紫关,一部留于寺山庙附近。二、第78军以新编第44师主力守备壮子沟、豆腐店、黑龙庙沟、12211高地之线,一部攻击光化寨之敌;新编第43师(附新编第44师之第130团),主力守备1140高地及丁河店西南之无名高地亘丁河店以北之线,一部控置于半川;新编第44师(欠130团)控置于河北营附近。三、第27军之暂编第4师(欠第2团)守备大老虎沟、鱼池沟北端高地;第47师(附暂编第4师第2团)守备马头寨,并接替第28师郭沟、巴斗庄以北、夹板沟之线阵地,与敌保持接触;第28师控置于上店、大土槽附近地区。四、配属指挥第65师主力军守备雷震寺沟、1128高地,一部守备大鸡心沟、11802高地之线。

6月3日,第85军新编第1师及暂编第55师,即按照上面部署,与当面之敌展开战斗。

6月4日,第78军当面之敌,由奎文关以步骑兵300余、战车6辆在大炮掩护下,三次向新编第43师、新编第44师丁河店及1140高地西南阵地猛烈攻击。新编第44师之第130团第3营浴血奋战,该营营长壮烈殉职,至5日敌我双方仍在鏖战中。

6月7日拂晓,敌115师团步骑兵3000余、炮7门、战车10余辆,出现在蛮子营附近。第85军军长吴绍周当即命令第110师第328团由莲花寺向淅水东岸的下集进发,限于晨前到达蛇滨、皮岭、高沟之线。这时,蛮子营之敌已先我军一步抵达下集,以猛烈炮火阻止我军渡淅水,我军没有取得进展。18时,该敌以300余,由狐狸集沟袭击蒿坪;并另以400余人经由张湾岭东侧击蒿坪右侧背。守军之第328团与敌激战至21时,转移至纸坊沟。是日,因第78军配属第167师之第501团仰攻伤亡过重,王仲廉命令停止攻击。

6月8日,王仲廉命令暂编第62师除执行原任务——防敌西窜外,并以一部支援淅川县长杨嘉会的抗敌战斗。鲍汝澧遂令第一团于10日由方台向蒿坪前进,与淅川县民团副司令任泰升及郑白文、萧鸿运团配合,分路于10日14时进抵党岭。贺水庵上、徐家岭、五太岭附近有敌500余、山炮2门,其主力已进至下集、刘家营一带。第1团即在906.3高地、龚家池、大小圆山之线占领阵地。12日,我暂编第62师之第1团第3营,由小圆山向蒿坪之敌攻击,激战至13日,没有取得进展。敌突由庵上窜出200余、炮1门袭击我龚家池阵地,守军第1团予以猛烈反击,敌退回下集、刘营原阵地。

第三节　赶筑重阳店附近预备阵地

6月13日2时左右,日军将淅川县长杨嘉会及其所部包围于五台岭的羊爬山。淅川民团司令陈舜德见敌势浩大,除督饬所部固守大泉寺,与敌辗转拼杀,鏖战于锁河口、莲花寺等地外,急电第31集团军司令部,请求支援。王仲廉指派暂编62师第1团星夜驰援五台岭的羊爬山。第1团与敌人激战10小时,解了杨嘉会之围。此役,击毙敌军官冈井义一、津田川崎及伪兵20余名。战斗中,该团第1营营长邱经纬少校及第3连全体官兵壮烈殉国①。第85军军长吴绍周,悲愤填膺,决心将下集、刘营之敌尽予歼灭,当即采取攻势部署如下:一、第110师附山炮2门为左纵队,即于胡家泉、蛮子沟之线,向蒿坪、莲花寺、跑马寨、黄营之敌攻击,保持重点于右翼,先肃清淅水两岸之敌,续向下集东南地区推进;二、第23师(欠68团,附暂编第62师第1团)为右纵队,即由鹰十芽、大坪地区向姬家山根、余家店之敌攻击,尔后将敌压迫于水泉沟、板桥岭、玉斑岭以南地区攻击而歼灭之。

6月15日9时,第110师向莲花寺、跑马寨之敌发动猛烈进攻,战斗持续到16日,没有取得进展。

6月17日,我第31集团军总司令部鉴于第85军两日来攻击未能奏效,恐敌人有机可乘,于是命令第23师主力集结于荆紫关、武当山附近,一部推进于孙家台、江山观附近地区,并向孙家岭、十家坡派出警戒,限18日到达。第110师在玉皇岭、将军寨的任务及以后的行动,由第85军军长吴绍周相机处理。暂编第62师巩固现阵地,并派一部向石燕岭、孙老爷庙方向搜索。

吴绍周基于集团军司令部17日的指示,在18日调整部署如下:

一、第110师(附山炮2门)以第328团在胡家寨、纸坊沟一带与敌保持接触;第329团一部占领歪嘴、老君台、大华山、鹰爪山,

---

① 据《三十四年第三十一集团军豫西会战战斗详报》:营长邱经纬、连长范廷超于1945年6月15日下午4时30分牺牲。

主力集结于寺山庙附近;第330团集结毛堂、没崖一带地区。

二、第23师主力控置荆紫关,与淅川曹汝敬之民团配合,一部集结武当山、关帝庙街。

三、暂编第62师,以一营配合民团在大江沟游击,其余仍执行原任务。

四、新编第1师之第1团守备贾家营、刘家台子,第2团守备红花坪、金狮崖、板山寨、十八盘,第3团守备陈家坑、夫子垛、马头山①。

我军正在部署间,两河口、查岗、淅水湾之敌,于6月18日倾其全力,在炮火掩护下,向新编第1师板山寨、太阳山、马头山阵地猛攻。第2、第3两团与敌展开激烈战斗。入夜,敌陷马头山,并突破陈家坑、红花坪中间地区,续犯陈家沟。同时,霸王寨的200余敌人进犯十八盘。

6月19日,蒿坪之敌400余、炮2门,经土门猛攻邓家沟阵地。守军第110师之第328团转移至栈房附近。敌又攻陷新编第1师板山寨、十八盘阵地。是日,新编第1师黄永瓒师长为歼灭霸王寨之敌,将主力集结于垮子凹、陈家营准备机动,以一部留原地与敌接触,牵制敌人,使其不得调动。

6月20日8时,第110师当面之敌200余,攻第330团栈房阵地;一路(人数不详)攻第328团石槽坊阵地;另一路400余、炮2门,由毛堂经栈房北端,向新编第1师第1团五元沟阵地进攻。各守军沉着应战,激战至18时,犯栈房、石槽坊两处之敌被击退,五元沟守军新编第1师第1团第1连第1排之官兵全部以身殉国。与此同时,金狮崖敌军500、炮3门,向新编第1师第1团刘家台子

---

① 王仲廉口述,黄润生笔录:《豫西鄂北会战西峡口之役》,《河南文史资料》1998年第1辑。

阵地猛攻,但没有得逞①。

第31集团军总部根据战况,决定击破毛堂方面之敌,遂调整部署如下:

一、第85军之第110师、新编第1师,应以现态势相机反攻贾营、韩营附近之敌,并以一部固守秦家营、鹰爪山,以待暂编第55师之进击。

二、第85军之暂编第64师应抽一团,克日占领棋盘山、孙老爷庙附近,防敌西窜,并掩护第23师之行动。

三、第85军指挥之暂编第55师,将乌鸦岭防务交第78军后,除以一部续行监视围攻霸王寨1240高地外,主力限11日②晚集结蝎子坪、上蒲塘附近。

四、第85军之第23师,除留一团(加强团)与淅川曹汝敬民团协防于武当山、荆紫关,主力限21日晚集结大赤身、棋盘山附近地区,准备机动。

五、第27军之第28师仍留一团于店子街,主力于21日晚前集结下蒲塘、姚花地③,归第85军军长吴绍周指挥④。

6月21日4时,第85军第110师当面之敌500余,向栈房南、陈家庄阵地猛攻。第330团与敌激战至8时,阵地失陷。新编第1师当面之敌600余,向我秦家营、鹰爪山一带阵地猛攻未逞。

6月22日拂晓,石门观之敌500余,陈家庄北侧之敌700余、炮1门,先后分别攻第110师之第328、第330两团及新编第1师

---

① 据《昭和三十四年第31集团军豫西会战战斗详报》:1945年6月20日,日军分别攻击了我新编第1师第1团守卫的郭楼西沟阵地和第3团守卫的五元沟垴。

② "11日"为"21日"之误。

③ 据1992年出版的西峡县地图,下蒲塘以南为桃花山。

④ 王仲廉口述,黄润生笔录:《豫西鄂北会战西峡口之役》,《河南文史资料》1998年第1辑。

之第 2 团老君台、大华山、铁匠沟阵地，未能得逞。23 日，第 110 师第 328 团，由老君台经张营寨向榕枫树沟之敌攻击。激战至夜，敌损伤颇重，我返回原阵地。与此同时，第 23 师之第 69 团挺进至魏家庄，与 100 多敌人发生激战。是日，老鹳河北岸的千余日军攻破第 65 师大鸡心沟及东台子阵地，企图由 1128 高地方面进攻我军左翼。胡宗南命令第 31 集团军以第 27 军的第 28 师开北峪附近控置，并令第 4 集团军派遣第 90 军的第 61 师以一部挺进二郎坪附近，准备进击。

　　大鸡心沟、东台子之敌企图攻我左翼，遭到第 65 师猛烈反击。敌又窜向东北犯蛇尾沟，遭到第 65 师迎面痛击，不支溃退。24 日，第 85 军第 23 师的第 68、第 69 两团，及第 110 师的第 328 团，分别向榕枫树沟、魏家庄、张营寨的敌人展开攻击。激战至 25 日，第 68 团攻克榕枫树沟，第 69 团先后攻克魏家庄、石门观，第 328 团攻克张营寨。

第九章　互有攻守，双方僵持

第一节　中、日双方作战部署的调整

第85军当面之敌，经我军予以痛击后，已无力向我军再行进攻，至6月26日迄7月1日间，在毛堂、韩营、郭沟之线构筑工事固守。

7月2日晚，第31集团军接到胡宗南电令："对当面之敌暂行停止攻击，详侦敌之主力及其工事程度，另定方案调整部署，准备尔后攻势。"至4日，第31集团军第一线部队，在纸坊、沾山寨、皂角村、铁仙沟、老君台东端高地、五元沟西端高地、母猪峡至豆腐店、丁河店、大老虎沟西侧、马头寨、郭沟、黄龙庙沟、1224高地、东西台子之线，与敌对峙中。

11日，第1战区司令长官部根据战争状况，对淅川、西峡口方面之部署调整如下：

一、第85军指挥之暂编第62师、新编第一师，担任磨峪湾、石槽坊(不含)间之防务，由倪祖耀副军长统一指挥。

二、第90军(欠第53师)接替第85、第78两军石槽坊(含)、丁河店(含)间之防务，归王仲廉总司令指挥，并限于午(7月)删(15日)以前接替完毕。

三、第27军(附65师)仍担任丁河店(不含)东西台子间之防务。

四、第85军交防后，即开商南附近富水关整编；第78军交防后，即开龙驹寨附近整编①。

7月12日，第31集团军总部即遵照上项命令，对所属各军指示如下：

一、第85军之新编第1师配置老君台、皂角村、杨沟口之线，联系第62师监视围攻石门观当面之敌，主力控置于棋盘山、老君台附近；暂编第62师仍执行原任务。两师统归倪祖耀副军长指挥。

二、第90军(欠第53师)接替第85军、第78军两军之石槽坊亘丁河店之防务，军部位置于重阳店。

三、第一线各守备部队，应掌握要点，加强工事，并控置强大预备队。

四、作战地境：倪副军长所指挥之部队与第90军为八岭寨(含)、将军寨、老君台、石槽坊、虾蜡庙、观光垛(含)之线，线上属第90军；第90军与第27军为半川(含)、丁河店、奎文关、武家营、八蜡堂(含)之线，线上属第90军。

五、第27军仍担任原任务，第28师着归还建制。

六、第78军交防后，应逐次调往龙驹寨整编；第85军交防后调商南富水关、西坪间地区整编。

七、各部队统限于7月18日以前交接完毕。②

日军自4月底到5月中旬所实施的突进作战，不仅没有达到目

---

① 王仲廉口述，黄润生笔录：《豫西鄂北会战西峡口之役》，《河南文史资料》1998年第1辑。

② 王仲廉口述，黄润生笔录：《豫西鄂北会战西峡口之役》，《河南文史资料》1998年第1辑，第93—94页。

的,而且遭到惨败,不得不放弃进攻,重新进行作战部署。110师团决定以奎文关附近步兵第139联队第2大队的阵地为核心,占领连接霸王寨、豆腐店、1180高地、奎文关北侧高地、木寨高地、吕家庄、石门、纸房营一线,固守以西峡口为中心的地区。为此部署如下:

一、部署概要

以步兵第139联队为右地区队,坚决守住经豆腐店西侧高地(含)以北既设阵地,而连接木寨高地、吕家庄、石门、纸房营之线,特别要固守山井眼要冲。

步兵第163联队为左地区队,坚决守住金系崖附近的既设阵地,特别要固守霸王寨要冲。

师团右侧掩护队作为师团直辖队,占领纸房营、石门附近,防止中国军从淅水河谷侵入,掩护师团主力右侧背。

配属的炮兵大队,在丁河店附近占领阵地,主要协助右地区队的战斗;师团工兵队以全力协助两个地区队构筑工事,以后驻扎窑上(西峡口东南2公里)。

师团预备队以一独立步兵大队驻于河口附近,并派遣一部到西峡口负责该地的警备。

二、防御战斗指导方针

在构筑阵地方面,要极力减轻第一线兵力的负担,原则是依靠工事的筑设和加固以补不足。要尽多地掌握预备队,根据情况反复实施短近的出击,以确保现在的阵地,要彻底实行积极的防御战斗。①

---

① 日本防卫厅防卫研究所战史研究室著,天津市政协编译委员会译:《昭和二十年(1945)的中国派遣军》第2卷第1分册,中华书局1984年版,第151页。

到6月上旬，日军完成了预期的准备态势。

自7月18日起，敌虽几次进犯，均被我军击败，双方形成对峙态势。

第二节　中国军队的反击作战

日军上坂胜联队在豆腐店遭到惨败后，逃跑之敌在霸王寨之敌掩护下又回到毛堂。西峡口守敌约500人、霸王寨及附近山寨守敌约200人都在运输粮弹，有固守待援的态势。我110师师长廖运周和第28师师长王应尊商量，决定肃清残敌，相机对西峡口之敌形成包围，迅速恢复地方行政机构，动员群众团结抗敌。

经过两天的战斗，第23师对1240高地、母猪峡、河南湾、干鸡沟一带残敌进行清扫，第28师利用其炮兵优势攻占庞家寨及霸王寨附近各高地，进展顺利。进而，第23师与第28师配合，使西峡口、霸王寨的守敌陷于完全孤立。嗣后，我军328团派两个连，第330团派一个连佯攻霸王寨，敌人由西峡口派兵增援，在运动中遭到我炮火拦截和第330团的侧击，伤亡很大。夜间，第329团又派出几个突击队，摸进西峡口，一度破坏了敌人的通讯线路，一队炸了弹药库，一队袭击了汽车站。几声巨响，几处火光，把日军弄得不知所措。

6月15日，廖运周、王应尊接到吴绍周的命令，得悉近日日军又派遣一个旅团沿淅（川）荆（紫关）公路西犯，企图攻占荆紫关，截断我第一、第五两个战区的后方交通线。为消灭这股敌人，第110师、第28师、鲍汝澧师、黄永瓒师和陈舜德纵队，统归吴绍周指挥。同时，为随时呼唤空军作战，军部和第23师师部各配备了对空联络站一个。

6月22日，据空军侦察报告，在老君垭以南地区发现大量敌人向西运动。廖运周命令第330团立即经流水村、将军寨向大华山前进，并与黄永瓒师取得联系。师指挥所、对空联络站和第329团取捷径到李家湾，沿淅荆公路到北大华山地区集结待命。第328团随第329团路线跟进，到老庄集待命。

6月23日，第330团到达王滩、赵河附近，发现日军小分队正在淇河东岸侦察。第330团当即占领阵地，准备迎击渡河之敌，并派一个营迅速占领南大华山，以此为主阵地构筑工事；同时第329团在北大华山占领阵地，并控制崖屋、罗坡等高地，与330团密切配合。

6月24日，日军先头部队向我进攻，被击退。其主力对我翼侧迂回，我集中火力封锁河床和黄连树附近的公路。空军对敌后续部队进行扫射轰炸，使其白天不敢活动。入夜，敌攻占南大华山南侧高地之后，继续向大华山偷袭，适值倾盆大雨，我阵地的西南角被敌突破。拂晓，乘敌立足未稳，我军又将已失阵地夺回。双方冒雨肉搏，均死伤严重。次日夜间，敌主力攻占赵河、王滩，向潘家沟进犯，遭我空军轰炸扫射。

从此，围绕大华山开始了一场拉锯战。大华山并不很高，分成两层台子，日军一度占领了第一层台子的大部，我便抢先登占了第二层台子。第二层台子上有两个小山包，台子又陡峭，依据这优势，我军打退了敌人的多次进攻，使敌人始终未能占据大华山。

我军指挥所设在大华山西北的猴山。该山海拔900多米，站在山上，四下白云缭绕、树木翠绿，周围情况尽在眼底。我军和日军作战时，空军给了我们很大的支援，日军攻击力和防守力都受影响。空军轰炸时，我方所占山头都亮出联络布板，没有联络信号的山头就成了轰击目标,打得敌人不敢在山间露头。

第三节　大块地防守战

6月28日,日军110师团一部向内乡县民团司令部驻扎地大块地进攻。

内乡民团在对日作战中屡立战功。除前面已述的五龙坡阻击战、西峡口防守战外,内乡民团还多次参加对日战斗。

3月29日,日军以步骑兵2000余人、战车8辆向师岗、李官桥进犯。守卫鄂沟、灵山头、师岗的内乡民团第8团与敌人激战4个小时,因武器窳劣,火力不继,被迫向夫子岈、永清山、瓦亭一带转进。

防守卧牛山、蒿溪、灵官殿的第9团被日军四面包围,该团官兵浴血抗击,苦战竟日。团长曹伯勋因为伤亡过大,酌留一部在原地打游击,自带大部突围至丹江以西凉水河一带收容整编,即就近归第5战区司令长官刘峙指挥,协同国民党正规军作战。至6月底,该团计俘获敌军官4名,士兵3名,并获得不少战利品。

4月初,中国军队取得重阳店大捷。4日,第5战区司令长官刘峙命内乡民团于次日拂晓向西峡口、屈原岗、老庙岗之敌出击,并截断敌人后续部队及运输车辆,以策应国民党军队作战。内乡民团司令即命令第2团团长别贯经(别瑞久)、第4团团长吴定远、第5团团长曹功甫、第7团团长裴自新,各抽调精锐一营立刻出击,向公路附近截击。并令第1团第1、3两营由回车堂、八龙庙向沙岭、屈原岗之敌攻击,第5营由八选堂向老庙岗之敌攻击,第2营由程岗、走马岗向西峡口附近莲花寺岗之敌攻击。5日上午5

时,各部到达指定地点后,即分段围攻当面之敌。因敌人工事坚固,未能将其歼灭,双方成对峙状态。中午时分,日军步骑千余,附大小炮十余门,由西峡口向老庙岗增援,与内乡民团第1团之第2、5两营发生激战。我军因枪支损坏甚多,于下午5时向原阵地转移。日军乘势追击,我军节节抵抗,战斗依然激烈。下午6时,我第1团第1、3两营向敌人右翼侧击。敌人受到威胁,撤至老庙岗一带。6日拂晓,敌人复以步骑千余,附大炮4门,迫击炮20门,向八迭堂、回车堂、红道岭阵地进攻。上午9时,我第一线阵地被敌人突破。12时,日军又突破八迭堂阵地,继续向红道岭猛扑,第1团第2营在营长马桂岑的率领下,由程岗向敌人左侧背迂回,夹击敌人。日军不支,退走。

4月16日晨5时,日军以步骑800余,附大炮4门,迫击炮十余门,轻重机枪20余挺,由西峡口经莲花寺岗、宋沟向我走马岗阵地进犯。日军凭借火力优势,向我军发起猛烈攻击。下午1时,走马岗南端我军伤亡惨重,阵地被敌人冲破。第1团第2营营长马桂岑,乃率该营第7连与敌展开白刃战,将冲入阵地之敌全部消灭,敌人撤至宋沟一带待援。17日上午7时,日军援军赶到,向我阵地发起更猛烈攻击,并向我第2营左翼迂回,形势危急。我军连忙派第2团两个连赶去增援,归马桂岑指挥。又命令第1团第5营营长杜鹤亭率部侧击迂回之敌。敌人先后三次发动猛攻,均被我军击退。下午4时,敌人知目的难以达到,遂向莲花寺岗一带退却。

日军此次进攻大块地内乡民团总部,是为了迫使民团投降,在内乡县境内建立"维持会"。早在5月19日,日军即在丹水英湾设立弘部(即政治部),以让老百姓回家为名,拉拢地方人士,开始筹建日伪地方政权。日军并于5月31日攻占内乡民团第4、5、7团扼守的马山口，对地方民团施加军事压力。民团首领中的民族败类遂先后与敌人取得联系。最先与日军英湾弘部勾结的是民团司令部军需处主任王子久。日军送给王子久一批毒品和食盐，命其出面组织维持会。这件事被国民党第85军特工人员侦悉。6月2日，援华美国空军飞机6架次轰炸王子久的住地萧山沟，驻大块地的第85军副军长也向内乡民团司令部明确提出王子久有投敌嫌疑。在这种情况下，王子久不敢再与日军代表接触，并勒死自己派出与日军联络的袁光川。6月14日，恼羞成怒的日军炮击萧山，王子久携带家眷逃往北山。日军诱降王子久不成，遂决定进攻大块地。

　　6月28日黎明，日军发动进攻。日军以其主力进迫将军岭，另外以小股部队骚扰八迭堂、走马岗，以分散民团司令部的注意力。同时派遣一支部队进攻驻守阳城，与大块地互成犄角之势的民团第2团。民团司令部探知敌人动向，从扼守大块地西南侧的部队中抽调部分兵力，组成几个突击连，以加强大块地北面的防守。29日夜，日军突破将军岭民团防线，沿石槽运动至袁凹一带。30日凌晨，日军突然发起进攻，4时左右突破民团第5营扼守的石坡岈阵地，继续向大块地发起进攻。民团司令部乃率第1团退至二郎坪一带。随后，民团司令部迁至米坪镇之堂坪，另设前进指挥所于二郎坪，由副司令薛仲村指挥作战。进攻民团第2团的日军于30日先后攻占阳城的吊死鬼山和后寨，我2团退至板场一带。

　　日军攻占大块地后，民团司令部参谋长聂国政派其子聂天义赴丹水英湾，与日军弘部进行谈判，双方商定成立名为"广（燕）山司令指挥部"的皇协军组织，以聂天义为司令，符子英、王铭义（民团二团团副）为副司令。并在内乡县城、丹水、赤眉、西峡口建立"维持会"，以李蔓筠为"内乡县长"，西峡口"维持会"会长为薛振山(外号薛大牙)、副会长为王成志(外号王四木)。7月中旬,在这些汉奸的主持下,上述地方上演了"安民"闹剧。①

7月,日军第12军之110师团被调往洛阳地区,第115师团第85旅团司令部移驻西峡口。7月15日至18日,我军89军、27军接替丁河店、西台子一带防务,第85军、78军撤至富水、荆紫关一带整训。此后,敌我双方在主战场丁河及其南北一线形成对峙状态。

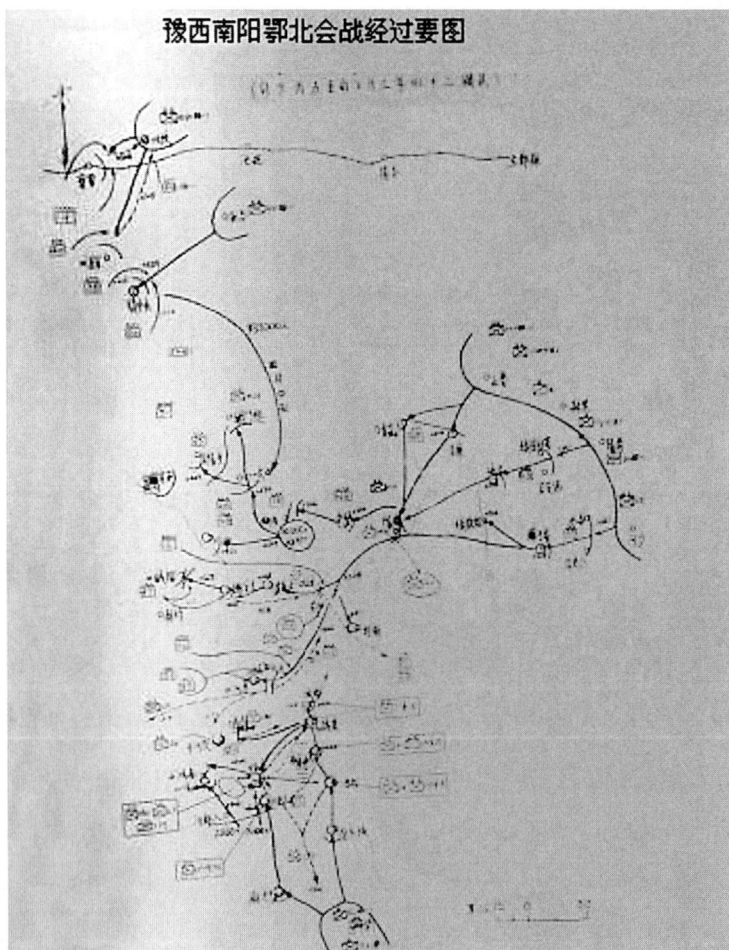

豫西南阳鄂北会战经过要图

---

① 西峡县军事志编纂委员会编:《西峡县军事志(公元前 21 世纪—公元 2005)》,2013年 3 月版,第 206—207 页。

第十章　中国共产党领导下的抗日活动

第一节　日军暴行

日军从入侵南阳到 1945 年 8 月投降,日军对南阳狂轰滥炸,四处扫荡,烧杀淫掠,无恶不作。除此之外,日军还组织伪政权,强化治安,迫害抗日志士,限制人民自由。美丽的南阳成了人间地狱,勤劳、善良、无辜的南阳人民家园被毁,同胞被戮,姐妹被辱,财产被掠,陷入水深火热之中。

一、狂轰滥炸

日军在进犯南阳的过程中,为了配合地面部队的军事进攻,曾多次派飞机对南阳各地的军事目标、城市集镇、交通要道,乃至穷乡僻壤进行狂轰滥炸。

1939 年 4 月 22 日,日军出动 18 架飞机,分两批对内乡县城进行轮番轰炸,共投下 120 余枚炸弹,炸死 37 人,炸伤百余人,炸毁房屋 400 余间。县城东大街杨凤祥饭馆内住客 9 人全部被炸死,韩井街一家 5 口人无一生还。死者血肉横飞,惨不忍睹。

1939 年 5 月 3 日中午,9 架日军飞机对镇平县高丘乡韩营村进行轰炸,投弹 90 余枚,全村顿成一片火海。这个只有 120 户人家的村庄,被炸死 34 人,炸毁房屋 200 余间,炸死牲口 16 头。村民韩乐寅一家 5 口人,被炸死 3 口。全村哭声恸天。

1940 年 4 月,15 架日军飞机袭击桐柏县城,炸死居民 150 多人,炸毁房屋 600 余间,其中县城女子学校 10 余名教师、40 余名学生,惨死在日军飞机的轰炸中。

1940 年 5 月 4 日,32 架日军飞机轰炸唐河县城,大量炸弹、燃烧弹倾泻在西关至西河岸、南阁外、竹林寺一带。霎时,烈焰飞腾,火光冲天,巨大的爆炸声几十里外都可以听到。轰炸之后,正当逃出的人们返回时,日机排成一字形又折转回来,朝无辜的人群又是一阵更加猛烈的轰炸和扫射。日军这次轰炸,虽然不到 20 分钟,却在西关 1 平方多公里的区域内投下了 100 多枚炸弹和近 20 枚燃烧弹,发射了数千发子弹,杀死无辜群众 200 多人,炸伤 100 多人,毁坏房屋 700 余间。

从 1939 年 3 月到 1940 年 4 月,日军飞机先后 6 次轰炸方城,共有 950 余人丧生,450 余人受伤,900 多间房屋被毁。1940 年农历 3 月 29 日这一天的轰炸,给方城造成的人员损失最严重。这一天是一年一度的方城县寺门庙会举办的第二天,周围 10 余县的数万名群众前来赶会,人山人海,热闹非凡。突然,一架日军飞机飞临庙会上空,向密集的人群投下 6 枚巨型炸弹。随着震耳欲聋的爆炸声,会场上硝烟弥漫,方圆几百米血肉遍地,人们惊恐地向四面八方逃命。日军飞机盘旋着,又向四散的人们进行猛烈扫射。此次大惨案死难者达 400 多人,伤 200 多人,方圆 20 华里内几乎每座村庄都有死伤者。一时间,村村闻哭声,处处见新坟。

1941 年 2 月 4 日,日军成群结队地扑向南阳城。城内居民和四乡群众为逃避灾难,纷纷扶老携幼,向城西北靳岗教堂涌去,但教堂内的意大利神甫却紧闭寨门，将群众拒之门外。日军飞机乘势向人群俯冲轰炸和扫射，炸死9人，毁坏房屋200余间。

二、烧杀抢掠

烧光、杀光、抢光是日军妄图摧毁中国人民心理防线的一项恐怖政策。日军每占领南阳一地，便丧心病狂地杀人放火，肆意抢劫，杀害无辜，令人发指。

1941年2月，千余名日本侵略军从信阳出发，向南阳窜犯。当日军行至方城黄庄时，见墙上写有"打倒日本帝国主义"、"打倒汉奸汪精卫"等标语，恼羞成怒，将黄庄团团包围，用扫帚蘸上香油，四处点燃，全庄顿时成了一片火海。共烧毁房屋300余间、粮食5万公斤、柴草14万公斤，还有两座油坊的香油1500多公斤，以及全部家具和其他物资。

1945年3月，一股日军窜到内乡县师岗乡郭家寨村，把手无寸铁的小学教师孙天顺等人捆绑起来，然后召集全村村民，当众剥去其衣服，割掉生殖器，挖出眼睛，活活残害致死。

1945年4月，日军闯进内乡县附近的清凉庙村，抓住8名群众，将他们绑在村边的竹园内，剖肚开肠，摧残致死。同月，驻扎在南阳县城冢头的日军因一名士兵被打死，到南阳县陆营乡满庄进行疯狂报复，见人就抓。袁文成、王廷举、王宗仁、王长兴等十几人被绑起来，拉至冢头，先脱光其衣服让狼狗撕咬，最后用刺刀刺死。该村73户的房屋仅剩下12间破草房，其余全被烧掉，衣服、粮食、家具悉被焚毁。

日军侦悉国民党南阳县民团一部分驻在博望镇吴庄寨，4月18日夜将该寨包围。县民团和寨内群众奋起抗击。日军用大炮炸毁南寨门，冲入寨内，将群众赶到寨前空场上，肆意枪杀。日军这次血洗吴庄寨,共枪杀 63 人。

1945 年 4 月 15 日,100 余名日军进犯邓县罗庄岑子崖村。村民闻讯,纷纷逃命。村民王运立跑到村外,遇到日军,被乱枪打死。村民王志富等 7 人未能逃脱,被押至内乡县赵营据点,除王志富侥幸逃跑外,其余 6 人均被活埋。

1945 年 4 月 19 日,日军一辆通讯车在镇平县晁陂西潦河被游击队袭击,遂迁怒于时庄群众。23 日,100 多名日军将时庄村包围,枪杀群众 4 人,并把 32 名没有来得及逃走的群众关进一间牛屋内活活烧死。村民郭秀成挣扎着从门下爬出来,被日军连扎数刀,又被扔进火海。之后,日军放火焚毁全村,这就是日军制造的骇人听闻的"时庄惨案"。

1945 年 4 月 20 日,一股日军在新野县拣地村抓住 10 名民夫,将他们带到村东头的张家大院。日军先让这些民夫在院墙边挖一个土沟,然后脱去他们的棉袄,背缚其双臂,蒙住其眼睛,强迫他们跪在沟沿上。接着,10 名日军一齐用刺刀捅向这些民夫的后背,10 名民夫当即栽倒在土沟里。凶残的日军又跳进沟里,踏在他们身上一阵乱捅。之后,日军又推倒院墙,把这 10 名民夫全部埋在下面。

1945 年 5 月 12 日,日军闯进西峡口孔沟岳家营,把 9 名群众推进一个红薯窖内,然后用一个大磨盘把窖口封死,9 名农民被活活闷死。之后不久,日军又在蛇尾十亩地村抓住 6 名农民,绑押到附近山顶,踢下悬崖,5 人死亡,仅 1 人幸存。

1945 年 5 月 13 日,日军中岛骑兵大队侵占唐河县城,除烧毁房屋 129 间外,还把无辜群众拴在马尾上,让马拖着狂奔,把这些群众给活活拖死。

1945 年 6 月,驻南阳县蔡营的日军因受到潦河陂抗日自卫队的伏击,迁怒于附近的群众,出动 100 多名骑兵,先后纵火焚烧了谢庄、张庄、董营、罗庄、后王营等5座村庄的房屋，十里上下，浓烟滚滚，一片火海，计烧毁房屋500余间，财产不计其数，受害群众达135户，数百人无家可归。死者枕藉，伤者呼号，凄惨之状，令人目不忍睹。

1945年7月2日，镇平县官寺村爱国志士李占彪、李修甫、高继昌将汉奸贾十娃击毙。第二天，日军和"维持会"队员1000多人，由汉奸带领，包围官寺村。群众知道日伪军必来报复，早已逃散。日军气急败坏，纵火焚烧达3个多小时，共烧毁房屋180余间、粮食7万多公斤。

在桐柏县程湾乡艾庄附近土地岭，日军将十几名中国士兵的衣服扒掉，倒吊在树上，然后用刀劈开胸膛，十分残忍。另外，在桐柏县吴城乡抓到农民武松明后，将其按倒在地，拉住四肢，让军马把他活活踩死。

灭绝人性的日军甚至杀人取乐。1945年农历二月十三日，一队日军从内乡县灌涨乡杨寨村南公路经过，杨世彦带着手枪埋伏在双庙桥边，准备伏击日军，不料被日军发现被抓。日军将杨世彦吊在一课大树上，用滚水从杨世彦的头顶往下浇，并强行让杨世彦坐在削尖的木桩上，然后用力往下按，尖桩从杨世彦的肛门一直插到胸膛。杨世彦顿时鲜血崩流，凄惨死去，毫无人性的日军则发出阵阵狂笑。4月21日，一群日军在新野县城为争辩一孕妇所怀胎儿是男是女，竟将这一孕妇的衣服扒光，按倒在地，一刀剖开她的腹部，挑出婴儿。可怜母子两人就这样双双惨死在日军的屠刀之下。一次，侵入西峡口的日军为了检验其枪弹的威力，将2名农民捆绑一起，开枪射击。2人被枪弹穿透，当即死亡，日军则在一旁哈哈大笑。之后，日军又抓住一名妇女，强行往其嘴里灌水，硬是把她活活灌死，日军则欢笑不已。侵入桐柏县的日军将小汪庄村民聂大嘴的头皮刺破,往头皮内灌水银,聂被活活剥皮而亡。侵入邓县的日军在城郊抓住一名老汉,按倒在地向其腹内打气,肚子被充得鼓起,日军把老汉的肚皮作鼓敲击,以此作乐,老汉被活活折磨而死。

三、奸淫妇女

日军在侵犯南阳期间,疯狂凌辱妇女,受害者上至年迈老妇,下至数岁幼女,强奸、轮奸而后屠杀者难以数计,甚至连产妇、病妇都不放过。

1945年4月,日军占领霸王寨后,逐村扫荡,不仅将粮食、猪、牛、羊洗劫一空,而且抢了十来个十几岁少女和五十来岁的妇女。日军把她们关进一个房子里,由两个日本兵把门。日军一个中队的百余名官兵,把兽欲全部发泄在这十来个可怜的女人身上。房子里没有床,日军就摊上麦草,铺上草席。这些日军不分白天黑夜,轮流对这些女人进行强奸。有的日军一边奸污一边狂笑,相互之间没有任何遮拦,毫无廉耻,形同禽兽。一个妇女一天被奸十多次,多的达二十多次。有的妇女月经来了,给日军下跪,指着下身说月经来了,请求放过,日军根本不理睬。有一个孕妇因为忍受不了,打了日本兵一个耳光,当场被日本兵用刺刀刺死,然后抬出去扔了。为了防止这些妇女逃跑,日军把她们的衣服全部脱光让她们整天光着身子。

这十来个妇女中有两个十七八岁的姑娘,长相较好,日本兵总是轮流强奸她们,一个高个子士兵竟然一天去了三次。这两个姑娘偷偷商量,这样下去早晚是死,不如想办法逃走,或许还能留条活命。一天夜里,天降大雨,她俩谎称到外边解大便,趁天黑逃了出来。

这两名妇女爬到我军阵地,高喊"大哥,救命!"哨兵叫她们过去,她俩说:"我们没有穿衣服,请给我们两身衣服。"哨兵找来两套军装扔给她们。她俩穿上军装,来到我军军营。因为她们逃出时赤身裸体,逃跑途中胳膊和腿被山上刺条划了很多血痕,战士们让她俩暂住阵地,好点儿再走。正好部队卫生队的医生胡永杰到阵地巡诊,他给两个姑娘做了外科处理,又给她们开了消炎药,才让她们离开。

1945年4月,日伪军把抓到的四五十个中国人集中在一处距离母猪峡约150米的高山平挡里,在挑选出一些妇女后把其余人全部枪杀。接着,将挑选出来的妇女的衣服全部扒光,进行轮奸。其中有个教师模样的青年女子坚决不从,拼命挣扎,日军就将她赤裸裸地捆绑在一棵树上,企图进行轮奸。这个女子对日军和汉奸破口大骂:"你们这群日本鬼子、汉奸、法西斯强盗,侵占我国领土,杀害我无辜同胞,强奸我姐妹,你们是一群杀人不眨眼的刽子手,你们是些不知羞耻的民族败类,认贼作父,替日本人卖命,你们不得好死,血债会用血来还,该千刀万剐!"一个"二鬼子"军官命人上去割掉她的舌头:"看你还骂不!"这女子一声惨叫,舌头被割去,她又奋力把鲜血吐到日本兵脸上。两个日本兵企图上去强奸,这位女子怒目直视,吓得日军不敢向前。那个"二鬼子"军官又命令手下:"上去把她的两只眼睛再给我挖下来。"这位坚贞的女子眼睛被挖下,血流满面。敌人仍不罢休,用刺刀对着该女子浑身上下一通乱刺,将其杀害。

1945年四五月份,十多个日本兵窜入五里桥葛营,老百姓吓得纷纷奔逃,来不及逃跑的就躲藏起来。日本兵费了好大劲才搜出一个女的,还是一个七十多岁的老太太,非常失望。后来,懊恼的敌人又搜出了一个年轻小伙子,就把他的衣裤扒光,令其奸污老太太。小伙子宁死不从,敌人就七手八脚强行把小伙按在老太太身上。小伙子愤然而起,恼怒的日本兵把小伙子绑在井边的椿树上,乱刀把其活活扎死。

在桐柏县,上至70高龄老妇,下至幼女,日军只要抓住,都不放过。一次日军入侵毛集玄坛庙,将一位双目失明的老妇轮奸至死。在毛集八里岗,将一个7岁幼女奸污至死。在桐柏县大河乡闵庄村,两名日军轮奸了一名妇女,后用刺刀割掉其乳房,把这名妇女活活疼死。

在淅川县清风岭,日军把抓到的妇女关进一所学校,每天集体轮奸。在该县大石桥和白亭村,日军把抓来的妇女脱去衣服,在乳房上挂上铜铃,逼迫她们来回奔跑,以此取乐。淅川县毛堂乡大竹园有个久病不起的姑娘,被十余名日军轮奸致死。1945年4月4日,20多名日军闯进西峡重阳镇半川村一农民家,不由分说,抓住其唯一的一个女儿进行轮奸,年仅16岁的小姑娘反抗无力,嚎哭声惨不忍闻,当即被摧残致死。

日军占领邓县期间,在城东河南街设一妓院,外挂一牌子美其名曰"慰问团",把抓来的中国妇女关进去,并在门前悬挂其照片,供日军选择淫欢。不仅如此,日军还任意闯入民宅奸污妇女,仅4个月时间日军就在城关奸污妇女五百多人。

四、施行强权统治

日军占领南阳城后,即设立伪政权,强化对南阳人民的管制。一是成立南阳复兴会,由李成德任会长,下设七科一局,即宣传科、教育科、民政科、秘书科、财务科、粮证科、建设科及警察局。复兴会成立后,强制推行保甲制度,实施反动统治。二是成立南阳维持会,由汉奸田瑞峰任会长。将城内划为第1区,下辖公安、中山两镇,向居民颁发"良民证",派日伪军到处设卡盘查,发现无"良民证"或可疑者,当即予以逮捕。

日军占领南阳城后,还设立了军事管制机构,其中就包括宪兵司令部,司令官由第12军司令官兼任。日军宪兵队昼夜巡逻,监视民众言论和行动,捕杀抗日人士。另外还组织了豫鄂边防司令部,汉奸马国恩任司令,下设三个招抚使署,即宛东招抚使署,设在社旗镇,招抚正使孙正训,副使焦文典;宛西招抚使署,设在镇平县,招抚正使李孚光;宛南招抚使署,设在瓦店镇,招抚正使董××。驻南阳城的伪军有三四百人,其中骑兵100人。1945年8月,伪军鄂豫边防司令部改为鄂豫边防先遣军总司令部,马国恩任总司令,伪军改编为5个师。这些汉奸出卖民族利益,为虎作伥,充当日军的走狗。

五、实行奴化教育

日军占领南阳城后,以复兴会的名义开办了《新宛报》,该报由日军宪兵司令部控制。日军利用该报宣传所谓的"中日亲善""同文同种",鼓吹建立"王道乐土"和"大东亚共荣圈"等,企图迷惑南阳人民,美化侵略暴行。

六、经济掠夺

日军占领南阳城后,在长春街(今解放路)设立了"裕丰贸易"公司,大肆掠夺粮食、棉花、酒精、牲畜等。据1945年河南省战时调查统计,南阳在日军占领的4个月内,共损失粮食8,326.9万斤,牲畜1万余头,衣服73万件,器皿11万余件。其中,仅南阳城北郊七里园乡就被烧毁房屋1525间,抢走粮食120万斤,宰杀牲畜895头,死伤村民303人。南阳出产全国闻名的独山玉,珠宝玉器业发达,日军占领南阳后,将珠宝玉器洗劫一空。据不完全统计,仅高档品就有 11 万多件,所有玉器作坊全部破产,玉器店被迫关闭,生产和经营人员流离失所。日军统治期间,还大肆发行伪钞"准备票",控制和垄断金融市场,掠夺南阳人民的财富。

七、人口及财产的损失

日军占领南阳,除了直接的经济掠夺之外,还给南阳人民带来了无穷的灾难,使南阳人民的生命和经济蒙受了巨大的损失。具体情况可从下列三个表①中看出:

(一)河南省第六行政区各县人口伤亡受灾损失统计表②
(共 13 县)

项目 县别	战前人数 100%	受伤人数 0.32%	死亡人数 0.91%	逃亡人数 0.84%	现有人数 88.68%	待救人数 22.25%	备考
合计	5126997	16425	49651	504491	4546583	1141000	待救人数占现有人数 25.1%
南 阳	733103	7650	29280	92049	615987	95783	
泌 阳	349941	1411	4235	33646	276912	88720	
镇 平	414069	1018	2252	28512	330121	56271	
叶 县	347455	135	830	30654	302600	89064	
唐 河	555343	143	481	49484	494154	83970	
邓 县	574453	189	332	55333	592987	83879	
舞 阳	458652	109	389	43540	37496	89734	
新 野	279145	71	278	24318	263276	74096	
淅 川	282158	2773	2633	47622	160354	184377	
南 召	195031	732	1781	17697	161054	82000	
方 城	376345	424	771	32771	632147	60899	
内 乡	451232	854	3640	41200	267696	97321	

① 选自中共南阳市委党史研究室编:《河山不容践踏——南阳抗战岁月实录》。
② 选自中共南阳市委党史研究室编:《河山不容践踏——南阳抗战岁月实录》。

续表

项　　目	战前人数 100%	受伤人数 0.32%	死亡人数 0.91%	逃亡人数 0.84%	现有人数 88.68%	待救人数 22.25%	备　　考
桐　　柏	110069	916	2749	7665	74339	60890	

资料来源:江苏南京中国第二历史档案馆,全宗21号,目录2号,卷宗287号。

(二)河南省第六行政区私有财产抗战损失统计表(1937—1945)年①

县　　别	房屋(间)	机具(件)	牲畜(头)	衣服(件)	备　考
合　　计	873679	4940542	1122520	13443628	
南　　阳	7421	18712	12494		
舞　　阳	7391	14713	3395		
叶　　县	4713	9872	6961		
方　　城	33084	129177	379125		
南　　召	4386	10102	6544		
镇　　平	90483	876391	51583		
内　　乡	122902	1152384	185165		
淅　　川	201600	1203450	175020		
邓　　县	6717	14852	23390		
新　　野	77500	31048	18580		
唐　　河	117145	8937	65252		
泌　　阳	80526	9762	5738		
桐　　柏	119811	1461132	189273		

附注:1.南阳、舞阳、叶县、南召、内乡、淅川、邓县等7县报表未附加统计数字,其各项损失数量系依选择统计法补加。

　　　2.泌阳、桐柏2县因奸匪盘踞,仅报有估计数字,其各项损失数量系估计填列。

资料来源:江苏南京中国第二历史档案馆,全宗21号,目录2号,卷宗287号。

(三)河南省第六行政区各县原有土地及荒废面积统计表②

(共13县)

项　　目	原有土地面积 100%	战前耕地面积 68.6%	现在荒废面积 12.0%	现在耕地面积 56.2%	备　　考

---

①　选自中共南阳市委党史研究室编:《河山不容践踏——南阳抗战岁月实录》。

②　选自中共南阳市委党史研究室编:《河山不容践踏——南阳抗战岁月实录》。

续表

项　目	原有土地面积 100%	战前耕地面积 68.6%	现在荒废面积 12.0%	现在耕地面积 56.2%	备　考
合计\县别	51784448	35293500	6198371	29095129	
南　阳	4569150	3574125	693531	2880594	现在荒废面积占现有耕地面积21.30%
泌　阳	4488000	3246000	611500	2634500	
镇　平	3210500	2190000	447500	1742500	
叶　县	2250122	1409250	152312	1256938	
唐　河	4795177	3840000	460000	3380000	
邓　县	4356000	3466750	566437	2899313	
舞　阳	2064074	1352250	238062	1114188	
新　野	2232500	1778625	344656	1433969	
淅　川	4629658	1953000	488250	1464750	
南　召	2980500	1646250	391562	1234688	
方　城	4033500	3378625	494656	2883969	
内　乡	8983267	5232125	753030	4499095	
桐　柏	8192000	2227500	556875	1670625	

资料来源:江苏南京中国第二历史档案馆,全宗 21 号,目录 2 号,卷宗 287 号。

　　由于战争的破坏,劳动力、牲畜、工具都有很大减少,土地大量荒芜。同时,战时构筑工事,开挖壕沟,很多良田被毁。耕作不良,造成农业产量锐减。战前平均每顷可收粮 1000 市斗,沦陷期间仅收粮 400 余市斗。南阳工业本就落后,仅有的几家工厂在日军飞机的轰炸下,厂房机器被毁,工人被炸死炸伤,不得不停产。南阳的家庭手工业、商业,因战争的影响,原料不足,商品缺乏,加之资金周转不灵,劳动力流失,迅速走向衰落。抗战期间,南阳经济出现了较大的倒退。抗战结束 15 年后,手工业、商业、邮政、金融这些行业才恢复到战前的水平。

第二节　抗日宣传与组织

南阳位于豫鄂陕三省要冲,地理位置十分重要。1937 年 7 月 7 日卢沟桥事变爆发后,为加强对南阳抗日斗争的领导,中共鄂豫边省委派郭以青①回南阳恢复建立党组织。10 月,中共南阳特别支部委员会建立,郭以青任书记,袁宝华、葛季武为委员。

北平、天津沦陷后,在北平、郑州、开封及太原等地求学的张剑工、张耀午、郭伯如、李新章、许宛洛、勇秀杰(女)、张焕彩、张松涛、蒋振东、李容甲、傅真如、许景栾、黄君硕、陈玉玺、周炳勋、王景陶、王理平(女)、韩国颖(女)、李毓英、曲振中、方慧敏等先后回到南阳。郭以青、袁宝华按照上级党组织"联合一切抗日力量,掀起抗日救亡高潮"的指示精神,联系这些爱国

袁宝华

---

①　郭以青(1915—2004),南阳县桥头乡郭楼村人。曾就读于河南省立第五中学(宛南中学)。1931 年 3 月,加入中国共产党。1932 年去开封读书,后转赴北京。1937 年 8 月受中共鄂豫边省委派遣回南阳负责地下党全面工作。新中国成立后,先后在绥远省政府和内蒙古自治区工作。

进步青年,于 10 月 4 日在国民党南阳县党部礼堂隆重举行大会,成立了宛属平津同学会,郭以青、袁宝华担任常务干事,并在瓦店、青台、新野、唐河等附近城镇设立分会。

南阳特别支部委员会依托平津同学会,广泛发动群众。在同学会的影响和支持下,南阳妇女抗敌后援会、方城县抗敌救亡宣传团、邓县旅外同学宣传工作团、南召县农村救国服务团、镇平青年救国团等群众性抗日救亡团体纷纷建立。仅内乡县建立的抗日救亡团体就达 14 个。①

在南阳特别支部委员会的组织和影响下,南阳抗日救亡宣传活动开展得如火如荼。

一、组建话剧团

1937 年 12 月,中国共产党西峡口分区委员会成立。该委员会成立不久,就组织了内乡第 5 战区抗日救亡话剧团。剧团成员包括进步教师杨鹏云、庞伍人、陈少淳,青年学生廖可祥、白宏、刘相波等 30 余人。为了使剧团能顺利开展活动,特意聘请国民党西峡口区区长于炳若担任名誉会长,民团第 1 团副团长张蕴略(秘密身份为中共西峡口分区区委书记)、西峡口区教育委员会委员贾敬典担任副团长。1938 年春节前后,话剧团先后在西峡口城、丁河店、蒲塘、重阳店、八选、回车等地演出一个多月,观众达两万多人。此后,话剧团利用节假日到各地演出,主要节目有《东北一家》《卢沟桥》《安阳失陷以后》《放下你的鞭子》《打鬼子去》等。由于演出内容具有很强的时代性,形式新颖,颇受群众欢迎。

---

① 资料来源:内乡县党史委的专题材料:《抗日战争时期内乡人民的抗日情况》。

在演出独幕剧《打鬼子去》时,剧中一个可爱的孩子被日本飞机炸死,他的母亲万分悲痛,哭得死去活来,最后精神失常。人物的悲惨命运深深打动了台下的观众,有的妇女不断用手擦拭脸上的泪水,有的甚至哭出声来,有的高呼"打倒日本帝国主义"。

在演出街头剧《放下你的鞭子》时,剧中以卖艺为生的女孩唱"九一八"小调时,唱到伤心之处,泣不成声。扮演老汉的演员举起鞭子,刚要抽打女孩,这时突然有一位青年工人跳上台去,高声喝道:"放下你的鞭子!"台下顿时响起雷鸣般的掌声。最后,台上台下一起高呼"打倒日本帝国主义"等口号。

二、创办"老百姓社"

1939 年,在中共党员刘金绪、牛东辰等的领导和组织下,国立第 1 中学第 1 分校(原为私立河北保定育德中学)创办了"老百姓社",各班的共产党员、党领导的秘密"读书会"会员都是"老百姓社"的骨干。

"老百姓社"的常规工作是编写并出版街头墙报,它的形式是用一块长约一丈的"龙头细布"①,四角及四边都缀上"鼻子",将一张张用 16 开纸写好的文章,分栏目贴在布上,每天早上挂在校门外左边的丁字路口墙上,傍晚收回。

墙报的内容主要是每周国内外的大事记和小评论。"老百姓社"的学生利用学校的收音机,将收听到的主要新闻记录下来,第二天早晨,以墙报形式张贴在学校教务处东边教室的墙上,挂在街头,供学生和民众阅读。国内外大事,都是用这种方式传播到学校

---

①　龙头细布:是日商裕丰株式会社上海裕丰纱厂于民国 21 年开发生产的纯棉平布织物。因其注册商标为"龙头",故称龙头细布。

来的。由于接收方法快捷,编辑及时,致使从西安,特别是重庆的报纸到达学校时,新闻已成为"旧闻"。街头的墙报上也经常摘录《新华日报》《大公报》等报纸上面的一些要闻和评论。在西峡口这个山间小城里,群众难得看到报纸、听到广播,所以每当《老百姓》出现在街头,马上就会有群众聚拢过来,仰头阅读。特别是逢场(赶集)的日子,往往从早到晚,读者络绎不绝,他们从这里得知世界大事,受到教育和鼓舞。

三、组建"读书会"

中共党组织在各校进步学生中建立"读书会"。读书会有秘密和公开两种形式,影响较大的国立第 1 中学第 1 分校的"读书会"就是秘密的。1939 年 5 月,根据抗日战争时期中共豫西学生工作委员会的指示,国立第 1 中学第 1 分校党支部秘密成立了外围组织"读书会",在该组织中培养和发展党员。"读书会"由党支部书记任负责人,下设小组,每个小组三至五人不等。小组过着严密的组织生活,学习马克思列宁主义著作,研究国内外形势和秘密工作等问题,开展批评与自我批评,研究发展新会员。吸收新会员是经过党员考查,支部审查同意后,个别秘密吸收入会。党支部从"读书会"会员中培养发展党员。

"读书会"的活动与工作是学习马列主义理论,武装会员思想,指导革命活动。学习的书籍主要是:《共产党宣言》《国家与革命》《联共(布)党史简明教程》《政治经济学》《新哲学大纲》《论持久战》《抗日民族统一战线》《新民主主义论》《大众哲学》《整风文献》等,以及三联书店出版的理论、历史、文学著作。另外还有《新华日报》《群众》《解放》《读书月报》《全民抗战》《理论与实践》等报刊。"读书会"强调学习时理论联系实际,开展批评与自我批评,要求会员学好功课,与师生打成一片,搞好团结,广交朋友。

"读书会"要求会员在公开的社团和班级中起骨干作用,团结领导群众。会员们按照要求全部加入了"老百姓社",并积极参加校话剧团和歌咏队,在这些社团中联系群众,组织活动,发展革命力量。

四、开办进步书店

1940年春,中共西峡口分区负责人白羽小学教务主任吴子兰,同进步教师庞鸿显在校门前的一座古庙里办起白羽书社。另外,共产党员孙永明也在西峡口开办了文化书社。他们以销售一般性书籍和文化用品为掩护,秘密经售进步书刊和杂志,如《列宁选集》《哲学选集》《新经济学大纲》《近代革命史》《战争与和平》《群众周刊》《读书月报》《妇女月报》《理论与实践》等。1940年秋,吴子兰转移到内乡县赤眉小学教书,书社由庞鸿显负责。1941年皖南事变后,形势恶化,白羽书社被迫关闭门市,读书社转移到校内。读书社化名"龙江先生",从重庆三联书店购买进步书籍和杂志,避免了检查。

五、组建歌咏团

歌咏团是由国立第1中学第1分校校长郝仲青的女婿杨绳武组织建立的。在歌咏团成立之前,国立第1中学第1分校就已开始歌唱抗日歌曲。学生起床集合后的第一件事就是列队演唱《义勇军进行曲》及其他抗战歌曲。不仅如此,在饭前饭后,随时都能听到《大刀向鬼子们的头上砍去》《枪口对外,齐步前进》等激昂豪迈的歌声。杨绳武到了学校后,把歌咏活动推向了一个新高潮。后来,作曲家姚翔寒也到了国立第1中学第1分校,投入到歌咏团的指导和排练。

歌咏团还创作了一些抗战民歌。这些民歌题材多样,有的号召全民抗战,如《全民奋起抗战》,歌词中写道:"天上飞机,地下汉奸,鬼子作恶,百姓受难,要想天下太平,全民奋起抗战。"有的歌颂抗日游击队,如《打鬼子》,歌词写道:"日本强盗,作恶行凶,杀人放火,耍尽威风,游击支队,个个骁勇,村外埋伏,引狼入笼。鬼子露头,百姓通风,暗号一打,四面包拢。'缴枪不杀!'乖乖听命;满载战果,凯歌回营。"有的歌颂八路军,如《有咱八路军抵挡》,歌词中写道:"天皇皇,地黄黄,莫惊小儿郎,鬼子来了莫慌,有咱八路军抵挡。"有的揭露了蒋介石集团消极抗日,如《卖国求荣的蒋光头》,歌词写道:"麻不过花椒,辣不过酒,毒不过花蛇的舌头,卖国求荣的蒋光头,他就是百姓的死对头。"有的号召支援抗战,如《不让"鲍师"①断半餐》,歌词写道:"桑木扁担弯又弯,肩挑粮食送南山,只要我有一口粮,不让'鲍师'断半餐。"

抗战歌咏团除了丰富学校的课余文化生活,陶冶抗战情操,活跃抗战气氛外,还到西峡口镇大街各路口和重阳店、丁河店、回车等地演唱。豪迈嘹亮的歌声吸引了四面八方的民众。围观人群中,提枪的团丁一上一下用枪托击地打拍子;挑箩筐的农民放下扁担,和着节拍用烟袋锅敲打扁担,孩子们小嘴张合,小手挥舞,模仿演唱和指挥。

歌咏团对南阳地区的抗日宣传和发动工作,起到了很大的作用。

六、组织青年到前线

1937年8月至1945年间,中共地下党组织先后介绍地下党员和进步青年王善甫、杜光甫、王锦春、刘鼎建(高扬)、袁肇修、牛东

① 鲍师:即鲍汝澧师。

辰、李博文、曹克强、张斌轲、王华普、封中斌等数以百计的人,奔赴山西太原、陕北延安和豫南参加抗日工作。

七、开展募捐活动

共产党组织领导的社团利用游行或演出进行募捐,群众都纷纷捐粮、捐款。镇平县农民把自己省吃俭用节省下来的粮食从几十华里外背到青年救国团团部,捐献给抗日前线的健儿们。许多姑娘、媳妇为抗日前线的战士们日夜赶做鞋袜。仅镇平县石佛寺乡贾林王村青年救国团小队一次就捐出白布 4 匹、鞋袜 60 双、粮食三百余市斤、大洋 10 元。甚至流落在南阳的 12 岁小乞丐张霞也为抗战捐出沿街乞讨得到的 10 元钱。

1938 年 10 月,《新华日报》上发表了八路军总司令朱德和副总司令彭德怀揭露日军惨无人道地施放毒菌弹、杀害抗日军民的报道,并通电全国。在党组织的领导下,南阳人民积极响应通电,在广大城乡再一次掀起募捐热潮。内乡县赤眉区党组织积极开展募捐活动,不到 20 天,各界人士共募捐四百多元,一些家境贫穷的农民把纺花卖来的钱和卖鸡蛋换食盐的钱也踊跃捐出,后由赤眉小学党组织把捐款汇往八路军办事处转送前线。《新华日报》还加印专页刊登募捐人姓名,予以表彰。

八、反击国民党顽固派的反共活动

从 1938 年春开始,抗日救亡团体还与国民党顽固派进行了坚决斗争。1938 年春,南阳专署内的顽固势力,采取拉拢和威胁的方法,企图瓦解与宛属平津同学会有密切联系的其他抗日团体,但没有得逞。国民党顽固派把同学会视为眼中钉,极力想把其搞垮。他们指责同学会里有共产党,不准其参与地方活动,不承认同学会的合法地位,并扬言要取缔和解散同学会。平津同学会进行了有理、有利、有节的斗争,并以高度的爱国热情和顽强的献身精神,坚持开展抗日救亡活动。

1938年4月,济南沦陷后,山东省村治学派代表梁仲华带领一班人来到镇平,到处散布"共产主义不适合中国国情"的论调。为反击梁仲华等,中共镇平县委以抗敌后援会和青年救国团的名义组织学校师生和机关工作人员召开座谈会,出壁报,贴标语,猛烈抨击梁仲华等人。在一篇题目为《欢迎梁仲华先生》的壁报中这样写道:"梁仲华先生走投无路,来到我们这里,我们欢迎!但不要把失败主义情绪带到镇平。"壁报最后说:"日军大举入侵,祖国岌岌可危,梁先生不在山东为国效力,抵御日军,却携带枪支人马来我镇平,其意何在?镇平人民坚决反对逃跑主义的梁仲华!反对不抵抗主义的梁仲华!"青年救国团还把宣传工作做到农村,当时流传着这样一首儿歌:"山东梁仲华,不如吃屎娃,山东逃河南,日本他不打。"梁仲华被弄得声名狼藉,农民们对其嗤之以鼻,甚至卖鸡蛋的老太太们也不再去梁仲华等所在的菩提寺。梁仲华等狼狈不堪,无法在镇平存身,只好另觅他处。

九、掌握武装力量

中共地下党组织利用各种社会关系,不失时机的掌握一些地方武装力量。1945年5月下旬,日寇三百多人占领内乡县赤眉镇,扬言要烧毁刘顾三在北马营新盖的住宅。为了应付敌人,刘顾三派手枪队队长朱有功回到赤眉镇,成立一支灰色杂牌地方团队,由朱任团长。地下党便派党员孙旭堂、杨亚民、杨伯祥打入朱有功的部队,孙旭堂任副团长,杨亚民任队长,杨伯祥担任文书监印并做联络工作。又让孙旭堂的叔父、内乡县民团第7团老营长孙斌文出面召集一些人(枪),壮大这支武装力量。到 8 月份,中共地下党组织控制和掌握的这支灰色武装已有 400 多人(枪)。日本投降后,内乡民团司令刘顾三为了洗刷自己,攫取胜利果实,把这支武装全部缴械,并以汉奸的名义枪杀了朱有功等 10 人。共产党员杨伯祥也同时惨遭杀害。险遭毒手的孙旭堂,化装外逃,后被抄家通缉。杨亚民转移到镇平。

第三节　南阳抗日自卫纵队的抗日活动

一、自卫纵队成立

1945 年日寇占领南阳后,新 4 军 5 师派王子英、孙荣橄、屠云献等人到南阳组织领导抗日工作。王子英等到南阳后,首先和地下党员邵士芳①取得联系。建立了一支以南阳酒精厂工人武装为骨干、以灰色面目出现的抗日武装——"南阳抗日自卫纵队"。纵队下辖邵庄等 9 个支队,在西始白河、东到唐河、南起桐河镇、北迄平高台方圆百里范围内,纵横驰骋,进行游击作战,有力地打击了敌人。

日寇占领南阳后,许昌至南阳公路成了日寇的重要运输线。总队为切断这条运输线,决定把从平高台至李庄 50 华里长的公路控制起来。红泥湾段由刘汉业支队把守;鬼湾段由宋万明、白清祥支队把守。

---

①　邵士芳(1911—1957),字兰轩,南阳县高庙乡邵庄村人。1934 年 5 月加入中国共产党,担任中共南阳县委组织委员。他利用其兄邵士林的关系,在刘寺建立汽车站,自任站长。期间,他还创办了"宛东私立小学",组织识字班,教育农民,培养骨干。抗日战争爆发后,他积极投入抗日救亡运动中。

二、大石桥伏击战

1945年3月的一天,去方城的侦察员送回来情报说:"敌人有3辆汽车往南阳送炮弹,护送的人不多,估计天黑时到吴湾一带。"接到这个情报,支队长宋万明等一下子犯了愁。如果打,游击队刚刚建立,且不说人少没战斗经验,武器也不行,只有一挺老掉牙的机枪,子弹也不多。如果不打,送到嘴边的肉不吃实在可惜。经过反复商量,最终决定打。于是,宋万明等一边派人和其他支队联系,一边沿着公路观察地形。

吴湾西南五六里处有一座大石桥,是来往汽车必经之地。桥两边是一人多深的河床,既能隐蔽,又便于撤退,是一个打伏击的好地方,支队决定在这里伏击敌人。

宋万明把全队集合起来,作了一番简单的动员。游击队员们一听说要炸敌人的汽车,个个精神振奋。天黑下来以后,队伍悄悄地向大石桥开进。3月的夜晚还有几分寒意,公路上只是偶尔有辆汽车通过,显得十分冷清。过了很长时间,敌人的汽车还没来,队员们渐渐焦躁起来。莫非情报不准,还是敌人临时改变了计划?宋万明等也有点沉不住气了。就在这时,汽车马达声从东北方向传过来,紧接着出现了汽车的灯光。当汽车驶进伏击圈时,游击队机枪、步枪、手榴弹齐发,日军立刻将车灯关闭,周围一片黑暗。这时,事先组织好的爆破组在火力的掩护下,不顾一切地冲上路面,把炸药包放在汽车上,拉着了导火索,随着三声巨响,日军的3辆汽车腾起了冲天火柱。宋万明立即通知爆破组,到原定地点集合。在夜幕的掩护下,游击队很快撤出了战斗。

大石桥一战,打得干脆利索,敌人损失了3辆汽车、3车炮弹,而游击队却无一伤亡。

三、刘寺突围战

农历五月，小麦成熟了，老百姓都忙着夏收秋种，日伪军乘机抢掠。支队长宋万明悄悄把队伍带回刘寺，准备寻机打击敌人。

一天下午，侦查员报告从南边过来三四十名日伪军，宋万明决定消灭他们，他一边派人通知群众疏散转移，一边把队伍带到村口，选好地点，设下埋伏。不久，敌人开了过来。等敌人进入伏击圈，宋万明一声命令："打！"机枪、步枪同时开火，敌人毫无防备，一下子就伤亡了十几人，其余的掉头就跑，队员们在后面紧追不舍。

突然，左边出现一群敌人，接着右面、正面也出现了敌人。原来，这天敌人从据点里出来抢粮，一群一群分散在附近各个村子里，听见枪声，都围拢过来。敌强我弱，宋万明指挥队员边打边撤。宋万明观察一下地形，发现周围地里的麦子都割了，无处隐蔽，难以摆脱敌人，就指挥队伍撤回刘寺学校，据屋坚守，打算等到天黑再转移。

学校的校院是由教室围起来的，教室的墙很厚，战士们以此做掩护，向敌人射击。敌人的子弹打不到里面，就隔着房顶往院里扔手榴弹。游击队员们用的手榴弹带麻辫，很难扔过房顶，就捡起敌人扔过来的手榴弹，再扔出去。手榴弹一到外面就爆炸，敌人被炸得头破血流，却不知道是自己的手榴弹炸了自己，一个个吓得躲得很远，再也不敢靠近学校院墙。

日军气急败坏，就点燃附近的民房。不一会儿，黑烟滚滚，烈焰飞腾，浓烟借着风势，夹着火星，向学校弥漫。刹那间，整个学校都被烟雾笼罩，战士们顶着呛人的浓烟坚持战斗。

战斗持续几小时。突然，从公路上传来一阵沉重的马达声。声音越来越近，越来越响。"坦克？""是坦克！"副队长白清祥判断出是敌人调来了坦克车。敌人坦克一到，院墙就会被推倒，情况万分危急，必须立即突围。可是从哪突出去呢？从大门杀开一条血路冲出去？不行，敌人差不多都集中在正面。挖个洞从后墙出去？也不行，时间来不及了。就在无计可施之际，白清祥突然想起学校有个后脚门。在学校初建时，为了便于中共地下党活动，在学校后边秘密留了个门，平时没有开过，宋万明马上命令打开后脚门，秘密突围。

后脚门外，暮色苍茫，烟雾弥漫，看不清哪儿是地，哪儿是沟，焦煳的气味儿直呛嗓子，战士们用手捂着嘴，拼命忍着不咳出声，摸索着跳进沟里，三拐两拐到了安全地带。

刘寺突围之后，支队认真总结了这次战斗，认为主要缺陷是没有执行游击战的作战原则。自此以后，支队打得赢就打，打不赢就走，机动灵活，在运动中歼灭敌人，使小股日军基本上不敢在刘寺一带活动。

第四节　宛南抗日游击队的抗日活动

1945 年春，日军占领南阳后，沿城东盆窑、程官营、三十里屯一线设置据点。据点内日军不时出动，对周围民众恣意践踏蹂躏，民众恨之入骨。许子和①联系李鸿合、陈金福、许文举等人，树起

---

① 　许子和(1909—1945)，南阳县溧河乡程胡庄人。早年在冯玉祥部当兵，曾任特务排排长。1937 年抗战爆发后，受中共组织派遣同张树廉一起回南阳，开展抗日救亡运动。二人在地方筹集粮食几十石，创办"抗日战地话剧团"。1945 年春，日军侵占南阳，许子和组织成立"宛南抗日游击队"，被选为大队长，4 月 14 日，在对日军作战中壮烈殉国。

抗日大旗,民众纷纷响应,不到半个月就召集了一百多名抗日志士,组成"宛南抗日游击队"。许子和任大队长,大队部驻扎在城南夏营村。

农历3月3日上午9时,据瞭望哨报告,有三十几个日本兵,护送两辆牛车朝三十里屯方向奔去。大约两小时之后,玉皇庙街的几位老百姓也跑来报告说:"有31名携带机枪、步枪及两牛车辎重弹药的日本兵现正在玉皇庙街捉鸡、杀猪、要鸡蛋,像是准备做饭吃,希望游击队揍他们一家伙。"

游击队的几个骨干马上开会商量,认为这是消灭敌人的好机会,但又感到自己力量不够,怕没有取胜的把握。于是一面集合游击队员,一面派徐仲武、许星桥、李英甫前往竹园庄村与驻在该地的国民党部队某连联系。该连连长表示同意与之配合。

许子和把队伍分编成3个队,自己带一支尖刀排攻打正面;陈全福带一支队伍从街西绕过去,袭敌后背;李鸿合、许文举领一支队伍从街南向街北进攻。

正在吃饭的日本兵,听到密集的枪声,迅速抢占了玉皇庙街北头上庙阵地,利用庙宇居高临下向游击队开火。这时,支援的国民党军那个连及时赶到,用掷弹筒、迫击炮向敌人发动攻击。在炮火和硝烟的掩护下,许子和率领尖刀排攻到敌人的前沿阵地,其他两支队伍也从两面迂回过来,对敌形成了包围态势。约两袋烟的工夫,敌人就被打死打伤四五个。为了尽快结束战斗,许子和对游击队作了调整,命一部佯攻,一部负责掩护,他自己则率领尖刀排再次对敌人发动强攻。激战中,许子和左手腕中弹,鲜血顺手流淌,他撕下衣襟,用牙咬着包紧伤口后,又往前冲去,直逼敌人前沿阵地。这时敌人架在侧面一个厕所内的一挺机枪对他射击,他从胸膛到腿部连中三弹,血流如注。他忍着剧痛,对身边的王肃祥说:"我不行了,这一仗非打好不行,叫日本人知道我们中国人的厉害!"说完就牺牲了。游击队员阎文庆参加过国民党正规军,在战斗中以土坟为掩体,向敌人射击,一连击毙4个日本兵。敌人疯狂地向他射击,一颗子弹打穿了他的阴囊,一个睾丸当即流了出来,他扯下帽子堵住伤口继续向敌人射击,但很快昏了过去。战友们把他抬到附近他的舅父家进行照料,他的几个舅父看到他伤势很重,都难过得哭了起来。阎文庆醒过来后说:"你们不要伤心,就是我死了还赚他3个,是咱们沾了光!"

许子和率领游击队在玉皇庙抗日的消息很快传遍周围村镇,一些地方武装闻讯,纷纷赶来参战。许子和阵亡后,大家无比悲愤,决心为这位抗日勇士报仇,积极投入战斗。下午5时,战斗胜利结束,包括指挥官川口左志在内的31名日本官兵全部被击毙,缴获机枪4挺,"三八式"、"五四式"步枪23支,指挥刀一把,弹药辎重两牛车。

玉皇庙战斗的胜利,在社会上引起了很大反响。当时西安有报纸报道说:"豫宛玉皇庙之役获大捷,游击队长许子和率众浴血奋战,歼敌寇30余人。"重庆有报登载:"民族英雄许子和英勇奋战,歼敌三十余人,壮烈殉国。"

玉皇庙战斗后,宛南抗日游击队推举李鸿合为大队长,陈全福为副大队长。

农历3月23日上午10时,李鸿合和陈全福带领40名游击队员走到草场村边时,突然发现一队日军骑兵从远处驰来。李鸿合和陈全福赶忙命令队员装成做农活的老百姓,见机行事。不一会儿,4个日本兵先到,对着游击队员们打手势,嘴里叽里呱啦地说些什么。李鸿合和陈全福看出日本兵的意思是叫给他们遛马，便递了个眼色，令几名队员上前牵马。与此同时，其余队员拔出手枪一齐开火，这4个日本兵猝不及防，被打死3个，另一个抱头逃跑。待后边日本兵赶来时，游击队已带着缴获的2匹马、4支步枪安全撤离草场村。

农历四月初二日，李鸿合与金华村抗日武装首领王清汉带领100多人到了竹园庄，寻机打击敌人。不久，负责瞭望的队员报告说有10多名日本兵从村东北角过来了。李鸿合和王清汉听了报告，随即拔出手枪，指挥队伍埋伏在村头。当日本兵走到离村约100公尺时，游击队员一齐开火。一霎时，枪声大作，打得日本兵晕头转向，丢下1具死尸和2支步枪仓皇逃跑。

1945年8月抗日战争胜利后，游击队员才各自回家务农。为纪念许子和，当年10月在南阳县政府的赞助下，在许子和阵亡处立了"南阳许烈士子和抗日殉国纪念碑"，以旌其功。

第五节　镇平、方城的抗日游击活动

镇平、方城沦陷后，地下党组织利用各种社会关系，组织起了十几支抗日武装。1945年4月2日，一支一百多人的日军部队进驻南（阳）坪（西坪）公路旁的曲屯街。地下党组织侦察到这股日军进驻曲屯的目的是维护曲屯至镇平县城的一段通信线路，决定设法打击该股敌人。地下工作组负责人王永行召集毗邻曲屯的晁陂抗日联防队商议，根据敌我力量的实际情况，制定了引蛇出洞、中途伏击的战斗方案。

4月18日晚，晁陂联防队武装中队长吴承寿带着游击队员，趁着夜幕割断了南坪公路上梁堂至楼子王村的一段电话线。次日早晨,日军一辆通讯车载着 6 名日本兵和一些汉奸离开曲屯向东驶去。吴承寿率领 18 名游击队员,抬着两箩筐地雷,迅速埋在南坪公路上,然后埋伏在公路两侧,准备在敌人返回时歼灭他们。

这队日本兵在接完电话线后并没有直接返回曲屯,而是在晃陂停顿下来,大肆抢掠一番后,大吃大喝起来。直到天黑,敌人才动身,向曲屯方向行进。突然,一声轰响,第一颗地雷爆炸了。紧接着,又响起了一连串的爆炸声。日军汽车的车轮被炸坏,日军一下子陷入混乱,一个日本兵慌忙端起一挺机枪向公路两侧盲目扫射。吴承寿一声令下,队员们纷纷向敌人开火。班长王长明端起步枪,瞄准敌人的机枪手就是一枪,敌人的机枪立即变成了哑巴。"冲啊!"吴承寿大喊一声,带领队员们冲向敌人。敌人见势不妙,纷纷跳下汽车,趁着夜色,狼狈逃窜。

镇平游击队还在郭岗三次袭击日军。郭岗村位于镇平西部的芦医庙附近,这里丘陵起伏,杂树丛生,是一个开展游击战的理想地方。

6 月 24 日下午,配备一辆装甲车的一队日军扑向郭岗。此时,郭岗村抗日小分队在队长共产党员郭中奇的率领下已占据有利地形,在村西长着茂密柏树和茂密荆棘的西坟园内埋伏起来。日军到达阻击地后,游击队向敌人发动攻击。游击队员利用地形,打一枪换一个地方,打得敌人摸不着头脑,不敢贸然前进。过了一两个小时,日军的装甲车才到了距离西坟园 300 米的地方。一个日本兵小心翼翼地从装甲车中探出脑袋向外张望,被游击队一枪击毙。其他日本兵连子弹从哪里打过来的都搞不清楚,茫然不知所措。此时,又逢大雨将至,天上雷声隆隆,电光闪耀,日军胡乱开了几炮就退走了。

初战告捷，更加坚定了抗日小分队和群众的抗日信心。经过做工作，郭岗村的开明人士郭雪芳等人把自己看家护院的枪支献了出来，交给抗日小分队使用。这样，郭岗抗日武装就发展到三十多条枪支。为了防备敌人再次来攻，全村齐心协力，在村子四周开挖了壕沟，以阻挡敌人装甲车行进。小分队保持高度警惕，人不离枪，枪不离手，下地干活时队员们也携带着枪支，随时准备抗击来犯之敌。

7月28日上午10时许，进攻宝林镇失败的日军，在途经郭岗村东南的任沟时，因曾在郭岗吃过亏，顿生报复念头，就掉头扑向郭岗。正在地里干活的群众看到日军，立即呼喊报警。小分队队员闻讯，迅速跳进战壕，准备迎击敌人。队长郭中奇告诉队员要沉住气，等敌人走近了再打。队员们按照命令，待敌人进入有效射程后一起开火。战斗持续数小时，打死打伤日军数人。日军连村口也没有攻到，抬着几具尸体和伤兵走了。

30日下午，日军再次进犯郭岗，在村外放哨的队员发现了敌人，马上鸣枪报警。听到枪声，抗日小分队便立即行动起来。队长郭中奇总结前两次和敌人作战的经验，估计到日军这次来势更猛，于是采取化整为零的策略，将小分队分为10余个战斗小组，各自选择有利地形，相机打击敌人。日军在伪军的带领下，端着枪，弓着腰，缓慢向村子移动。当到达村南的一片开阔地时，突然几声枪响，敌人慌忙卧倒在地。过了片刻，见没有动静，在指挥官的喝令下，日军从地上爬了起来，继续向前。可是刚走两步，又是一阵枪声，两个日本兵被击毙。日军见不到游击队员的身影，于是架起迫击炮和机枪，向树丛和村子盲目射击。战斗持续了约2个小时，日军垂头丧气地抬着8具尸体走了。

1945年,方城沦陷后,在共产党人黄子昌[1]等人的组织下,成立了一支抗日武装,在独树附近的许(昌)南(阳)公路上,打击日军,铲除汉奸。

独树镇位于方城县城东北部,东临许南公路,北依伏牛山,南接桐柏山,是进出南阳盆地的咽喉要道。日军控制许南公路后,将方城县分割成两片。为了控制许南公路以南的大片地区,国民党政府设立了"方城县东南行署",将独树、杨楼、冶平等地划为一个指导区,由黄子昌担任区长。

方城沦陷后,中共地下党为了在方城、舞阳、叶县三县交界处建立抗日根据地,在毗邻冶平的梁城建立了中共梁城支部,并通过社会关系,使共产党员翟化民成为梁城联防队大队长。

由于梁城和冶平地近人熟,县联防处开会时,翟化民和黄子昌接触较多。翟化民借机不断向黄子昌介绍共产党的抗日主张和作战成果,使其逐渐佩服并接近共产党。不久,梁城、冶平一带成了新四军的友军区。

黄子昌出任区长后,为保家卫国,打算建立一支抗日武装。黄子昌请翟化民予以合作,翟化民欣然接受,并将中共地下党员刘毅然推荐给了黄子昌。黄子昌见到刘毅然后,十分欣赏他的精明强干,于是委托翟化民、刘毅然负责组建指导区的抗日武装。很快,组织起了一支以共产党员为骨干的抗日队伍,翟化民、刘毅然分别负责军事、政治工作。

许南公路是日军重要交通运输线,游击队决定在这条公路上做文章,打击日军。游击队首先炸毁了蔡庄河、脱脚河上的两座桥梁,使日军的运输一度中断。接着,游击队又着手破坏公路

---

[1] 黄子昌原系国民党军队的一个团长,退伍后回到方城县冶平老家。1938年,任冶平联防队大队长。

两旁的敌通讯线路。国民党曾对这条线路苦心经营多年,日军进攻时,国民党军队慌忙撤退,没来得及将其毁去,留给了敌人。日军占领方城后,立即启用了这条线路。游击队白天侦察,夜晚行动,每次选择 1 公里左右的路线,两头有人负责警戒,中间两三个人负责一根电杆,一起用力,推倒杆子,割断电线,然后将电线转移到其他地方或埋藏起来。游击队采用灵活机动的战术,今晚在这里搞一次,明晚在那里搞一次。有时三五天割一次,有时连续割几天,使敌人防不胜防。在日军占领期间,这条线路几乎陷入瘫痪。

除此之外,方城游击队还伏击日军,铲除汉奸,给敌人很大打击。

第六节　民团与南阳会战

一、宛西自治运动的兴起

20 世纪三四十年代,在南阳西部的镇平、内乡、淅川、邓县,由彭禹廷、别廷芳、宁洗古、陈舜德等发起了一场乡村自治运动,目的是建立一个“夜不闭户、道不拾遗,村村无讼、家家有余”的理想社会。这场自治运动的兴起,具有深刻的历史原因。

(一)土匪横行。清朝末年,豫西伏牛山区伏蟒甚多,素为刀客土匪出没之地。进入民国,吏治腐败,再加上兵燹不断,灾害频仍,民无生路,纷纷挺而走险,聚众为匪。比较有名的土匪,内乡有吴凤山、艾松年、张凤台、陈占青、武和尚等股;淅川有全兆祥、梁十三、轩海青、冯振德、孙天堂等股;镇平县股匪与邓县土匪合流,声势最大,有大小股匪七十余股,其中多者有匪众 1000

余人。这些土匪烧杀抢掠,无恶不作。1930年8月,邓县刘百田等匪窜至镇平,"啸聚地方匪众6000余人",攻入镇平县城后,"焚毁房屋9000余间,掳掠男女肉票一万二千余人"[①]。由于匪势猖獗,一些地方土豪劣绅与之狼狈为奸,甚至自造枪炮,提供给土匪,并凭借其实力控制地方政权,"县长、区长也必须听他们的话,否则便不安于位"[②]。

(二)军阀割据,政治黑暗。宛西远离省会开封和京汉、陇海两大铁路,社会落后,地方势力较为强大,省政府鞭长莫及,国家政令几乎不出县城,"县城以外是三里一豪,五里一霸,残酷地宰制人民"[③]宛西境内的军阀,只顾争夺地盘,而无意剿匪,甚至将招匪纳寇作为扩充实力的手段。匪徒时而叛乱,时而归降,纷扰不已。

(三)负担畸重。由于吏治腐败,政治黑暗,贪官污吏、土豪劣绅狼狈为奸,巧立名目,横征暴敛。再加军阀盘踞地方,滥行派差,肆意苛扰,为害之烈,甚于土匪,民间流传"宁愿土匪架三架,不愿第3师过一下"。以1930年年底的蒋唐战争为例,内乡县被派款8.6万元,派粮折款27.65万元,此外还要支付军装费5.33万元,开拔费3.8万元。

(四)生产遭到严重破坏,民不聊生。邓县向来以富庶著称,乾隆年间已有人口80多万,民国以后,连年匪乱,至1933年时,耕地荒废竟达到11000余公顷,几乎占全县农地的一半,人口锐减到40余万。

---

① 高应笃:《内政春秋》,华欣出版社1984年版,第104页。
② 行政院农村复兴委员会编:《河南农村调查》,上海商务印书馆1934年版,第109页。
③ 中国人民政治协商会议全国委员会文史资料研究委员会编:《文史资料选辑》总第38辑,文史资料出版社1980年版,第176页。

别廷芳

彭禹廷

1927年9月，别廷芳就任内乡民团总指挥。1929年，他诱杀了县长袁升庵，独揽了全县的军政大权。其后，在幕僚符春轩的提议下，开展植树造林、植桑养蚕、发展教育、建立保甲制等活动。与此同时，宁洗古在邓县，陈重华在淅川也开始进行地方自治活动。

1930年，原河南村治学院院长彭禹廷返回镇平原籍，目睹镇平状况，彭禹廷认识到只有改良政治，发展生产，才能改变贪官污吏、土豪劣绅横行苛酷，百姓穷困的局面。为了实现"我要做好人，并要人人做好人；我不做坏人，并要人人都不做坏事"①的人生理想，参照孙中山"民族、民权、民生"的三民主义，提出了"自卫、自治、自富"的"三自主义"，并将"夜不闭户、道不拾遗、村村无讼、家家有余"作为乡村建设的政治目标。在彭禹廷的"三自主义"中，"自卫"是"自治"、"自富"的前提。其实现自卫的主要措施是创办民团，依靠民团武装来保护民众，使之不受土匪的侵扰以及贪官污吏的压迫。为此，他仿照瑞士义务兵役制办法，对全县壮丁进行登记，编入民团训练班进行训练，使"全县壮丁皆成民团，全县民团皆成学校"。团丁半日读书，半日从事农业生产，夜间进行军事训练，以此达到"寓兵于民"的目的。1931年，

---

① 高应笃：《内政春秋》，华欣出版社1984年版，第105页。

镇平民团在内乡民团的协助下，先后击溃股匪崔二旦、王太、魏国柱、李长有等部，将镇平匪患基本肃清。彭禹廷还怒杀了破坏自治、民愤极大的县长阚保贞和大土豪王宝树，驱逐国民党县党部书记长赵海楼，成立镇平县自治委员会和十区自治办公处，行使全县行政权力，领导全县自治运动。彭禹廷主张的"自治"，主要是通过民众选举村、镇、区长，以"自治"取代"官治"、"绅治"；在全县范围内清查户口，丈量土地，根据土地的数量和肥瘠征收田赋；创办民众学校进行社会教育。"自富"的主要措施为兴办工业、发展家庭副业、提倡国货、禁止重利重课、修筑道路、植树造林、整顿金融等。彭禹廷所领导的镇平自治运动取得了不错的效果，得到了广大民众的拥护和支持，镇平成为自治的典范。

为将镇平的自治经验推广至宛西各县，1930年9月，彭禹廷、别廷芳、陈舜德、宁洗古等宛西实力派人物举行四县联防会议，商讨推行地方自治事宜，决定成立宛西自治委员会和四县联防办事处，公推彭禹廷为自治委员会主任，以其自卫、自治和自富（自养）的"三自主义"和"夜不闭户、道不拾遗、村村无讼、家家有余"，作为宛西自治的纲领和追求目标。四县相约通力合作，有利共举，有害共除。同时推举别廷芳为联防办事处主任，在各县民团的基础上，组建宛西民团，以武力保卫自治。宛西民团下辖4个支队：内乡民团为第1支队，别廷芳兼支队长；邓县民团为第2支队，宁洗古任支队长；淅川民团为第3支队，陈舜德任支队长；镇平民团为第4支队，彭禹廷任支队长。彭禹廷等人还商定由四县共同筹资在内乡马山口镇天宁寺创办宛西乡村示范学校，培养推行地方自治骨干人才。会后，各县拟定了"自治大纲""实施办法""计划概要"等，宛西自治运动自此全面兴起。

1933年7月，彭禹廷被暗杀后，地方自治的工作由别廷芳负责。1940 年,别廷芳死后,宛西地方自治工作由陈舜德和刘顾三负责。

二、宛西民团与南阳会战

1942 年冬,陈舜德召集镇平的王金声、赵平甫、赵秩岑、王扶山、李洪五,内乡刘顾三、符春轩、薛炳灵、刘香波、余锐锋、王德岑,邓县的丁叔恒、王海涛、王文九,淅川的任泰升、王士范等在内乡县开会。陈舜德开宗明义说:"今天邀请各位前来,旨在商讨宛西民团是否应加入国军行列,共同抗战。昔年,宛西困于匪乱,我们起而办理自卫、自治、自养,使地方安定,民生乐利。当时基于保乡卫乡的原则,规定人不离枪,枪不离乡,以免地方上的野心分子将人枪带出外县做官。立意在以自卫保障自治,以自治促进自养。目前匪乱已平,唯日寇侵犯日急。国家兴亡,匹夫有责,民团理应加入国军抗战。唯如此似又有违当年保乡的协议,究应如何,请大家共同讨论"①。

与会者纷纷发言,都认为当年宛西举办自卫,旨在防止野心人士利用地方人枪从事政治活动,如今大敌当前,民团如离乡加入抗战,与出外作官完全不同。国家兴亡,匹夫有责,自然应该参加抗战,以尽国民天职……一致赞成民团离乡参加抗战,并公推陈舜德负总责。决议自民团中抽编人枪,并向第 1 战区副司令长官汤恩伯请缨。经汤恩伯转报蒋介石,把宛西部分民团(含南阳县一个团)编入"鲁苏皖豫边区挺进舰队",为第 4、6、7 三个纵队。编制如下:

第 4 纵队王金生为司令,由镇平民团编成。

---

① (台湾)河南西峡口军民抗战实录编辑委员会编:《庆祝抗战胜利七十周年纪念——河南西峡口军民抗战实录》,2015 年 2 月版,第 225 页。

第6纵队陈舜德任司令,辖内乡刘宗阁、淅川萧鸿运、邓县王乾一等团。

第7纵队别光汉为司令,辖内乡两团,南阳县一团。

司令官阶均为少将,由国防部长何应钦颁发任命状。

编成后立即加强训练,并开赴漯河,第4、6两纵队进驻周家口以东,担任河防区守备任务。中原会战时,日军独立第7旅团,配合炮、骑兵及战车部队约3000余人,于1944年3月先后攻陷我谭庄、焦兰埠口阵地,于夜间攻陷周家口、李埠口。第4、6纵队完成迟滞任务后,沿沙河至南顿一线设置迟滞阵地。此次作战虽敌强我弱,但将士用命,圆满完成作战任务,并给敌人以重创。我军也伤亡很大,魏永春、靳和昌、胡子华等3名营长阵亡。

1944年春,第4纵队奉令改编为暂编第27师,归第9军指挥,集中在项城附近整备。

第6纵队奉令调驻内乡县西峡口整顿。第7纵队调驻赊旗镇以东地区,阻止敌人西犯。不久奉令改编为暂编第64师,归第27军指挥。

南阳会战中,除了已被编入国民党正式军队的民团抗击日军外,其他民团也在作战中发挥了重要作用。

在日军没有到达之前,淅川对民团进行了重新编组,将其分为三类:一是守备队,由各乡镇后备队组成,每队60人,负责守备各游击根据地及重要据点,保护粮食、伤兵、医院和交通要道;二是机动游击队,由各乡、镇常备队组成,每队分若干组,每组15—30人,负责袭击破坏敌人的仓库、通信、辎重及指挥所,还负责绕袭敌人侧背,以牵制敌人;三是志愿突击队,由常备、后备队中的志愿者参加编组,每组30人,队员便衣轻装,携带手枪和手榴弹。突击队的主要任务是击杀敌伪指挥官,破坏其补给机关及交通、通信等。同时,还把全县划为 6 个游击区,规定各队的活动范围和昼夜联络记号。民团还逐日记载阵中日记、战斗要报,并制定奖惩条例。奖励方面:一、生俘敌军官一员者,奖大洋 10 万元;二、击毙日军官一员证实者,奖大洋 5 万元;三、生俘敌兵一名者,奖大洋 5 万元;四、缴获敌完整重机枪一挺或炮一门者,奖大洋 2 万元……

惩戒方面:一、遗失军旗、印信者,处死刑;二、贻误军机及泄露军事机密者,处死刑;三、违抗命令或放弃阵地者,处死刑;四、奸淫妇女、抢掠民间财物者,处死刑……

1945 年 3 月 28 日,日军攻陷内乡县城后继续西犯,有进攻淅川的企图。淅川民团司令陈舜德及副司令任泰升闻讯后,即派陈舜哲率部在杏花山扼要布防。翌日,丰岛房太郎率 1000 多名日军由内乡西大岭、杏花山向淅川进犯。是日上午 9 点左右,来犯日军在杏花山为陈舜哲部所拦击,双方激战 6 小时,民团因为众寡悬殊,而且没有后援,转移至两侧山上继续作战,薄暮时分撤退。此战,民团阵亡连长 1 人,负伤团丁 25 人,歼敌约三十余人。

当天上午,第 2 集团军总司令刘汝明率部到达淅川狮子岗,准备渡过丹江,撤退到湖北郧阳一带。陈舜德命令地方军民全力协助国民党军队星夜渡过丹江,转进至淅川边界的梅家铺及湖北郧县一带,就各要点扼守布防。

杏花山之役起到了迟滞敌人的作用。否则,如果日军早一天长驱直入,进占淅川城,刘汝明部将无法安全渡河转进。

4 月 14 日,日军企图占据毛堂与店子街,以便控制南北锁,打通淅川到西坪的路线。日军在进行作战准备时被民团侦知。陈舜德当即用电话向第 85 军军长吴绍周报告,并分报王仲廉、刘茂恩等,遵照指示预为部署。

国民党军队除择要布防外,并将炮兵布置于玉皇庙沟马山寨上,居高临下,监视敌人进沟的行动,民团副司令任泰升派第1营营长李东华率部在蒿坪一带设伏,并在愁斯岭半山坡至后河之间埋设地雷。4月19日晚6时许,敌人经过雷区时触发地雷,被炸伤数人,遂窜至蒿坪,又被我伏兵迎头痛击。激战一个多小时,迟滞任务完成后,李东华即率部退至山中,该股敌人乘夜进至玉皇沟、小泉沟。黎明时分,敌分3路前进,接近山谷时,埋伏在山谷两面树林中的国民党军队且战且退,将日军引至深谷中,然后枪炮齐发,从四面痛击敌人。此时,敌人进不能进,退不能退,狼狈不堪。双方激战一日,待天黑时,敌人才开始撤退,大败而还。这次战斗,民团击毙日军一百多人,缴获步枪21支,另有掷弹筒及弹药甚多。民团也阵亡3人,受伤6人。

5月19日,日军将驻守南阳城的部队调往淅川,欲打通豫陕通道。日军分作两路,一路由愁斯岭经许家湾拂晓进攻大泉寺。而大泉寺为南北锁之咽喉,乃上集经锁河口入毛堂之通道,西南扼雷风垭经蒿坪通大泉沟之要冲,为驻守南北锁的国民党军队的屏障。日军四次进犯毛堂,欲打通豫陕通道,而最终未能得逞,都是因为民团在后面牵制的结果。

另一路日军由雷风垭进攻大泉沟、南北锁、大华山、鹰爪山、老田、罗阳等地。这些地方山岭崎岖,地势险峻,山谷前深后低,形如口袋。国民党第85军、第73军早已布防其间,接战后,日军被诱入谷中,为我军所伏击,伤亡惨重。

据《淅川县的对日抗战》一书记载:从3月底至日本投降,4个多月的时间里,淅川县民团共参加较大战斗9次,与敌人小的接触97次,共击毙日司令官山崖、上尉小西英吉、中尉山本真喜夫、赤藤,少尉京板垒三、河内春芳、冈井义一、津田川崎,中队长矢野清真,伪军上尉参谋孟繁生,翻译梁忠德等 11 名,击毙敌伪约 2250 人,击伤日伪官员五十多人、日伪士兵 5300 人。生俘日军炮手力奎僧、士兵大川吉信、田井古岛和特务队长安里夫(白俄人)等 4 人。击毁敌装甲车、汽车 12 辆,缴获日伪军用地图 428 张、迫击炮 4 座、炮兵测量镜 1 架、燃烧弹 50 箱、手榴弹 70 枚、枪弹 167 箱、军马驮骡 11 头,以及其他军用品多件[①]。

在战斗中全县民团阵亡官员 21 名、士兵 467 名,受伤官员 48 名、士兵 1573 名。

在内乡方面,除了前面述及的五龙庙坡阻击战、西峡口防守战、西峡口反击战、大块地防守战外,民团还多次对敌作战。

1945 年 7 月 5 日,日军由邓县、李官桥等处抽调步骑 2000 余,附大炮 8 门,向内乡民团根据地黄龙寨一带进犯。上午 7 时,我第 3 团靳绍华部在纱帽山附近与来犯之敌展开激战。因武器窳劣,且众寡悬殊,在给日军一定打击后,转移至拨马山、尖垛山附近。

1945 年 7 月 23 日凌晨 3 时,盘踞在赤眉一带的日军,以步骑千余,附大炮 3 门,分 3 路向鱼贯口、夫子岈阵地进犯。敌人先后发动 3 次猛攻,激战至上午 9 时,该阵地被日军突破。日军继续进犯西阳山、三道岗的第 2 道防线,我守军拼死抵抗,双方呈对峙状态。下午 4 时,别动军指挥官刘幕派两个大队由镇平赶来驰援。守军与援军联合反攻,与日军短兵相接,重创日军,战局趋于好转。晚 9 时,日军从赤眉增调援军,附炮 4 门,会同三道岗之敌向我阵

---

① 南阳地区地方志编纂办公室编:《抗日战争资料汇编——纪念抗日战争胜利四十周年》,1985 年版,第 129 页。

地猛攻。晚 11 时,日军突破三道岗阵地。日军主力继续向大寨山、七星坪、建河、簸箕厂、岈雷岗、黄河镇、石板河等处攻击,我民团第 4 团、第 5 团凭借工事英勇抗击日军,日军未能得逞。同时,另一股日军侵入夏馆寨内,被第 2 团伏击,狼狈逃窜。此次作战,敌人企图摧毁第 4、5、7 团,并在夏馆成立伪组织,结果遭到惨败,向马山口方面溃退。

从 1945 年 3 月日军进攻南阳,至 8 月中旬日军投降,内乡民团与敌人作战五十余次,击毙敌军官兵 180 余名,击伤敌人 500 余名,俘获敌官兵 20 余名,毁坏敌人汽车 27 辆,获得战利品数百件。

民团方面损失也很重,共计战死官兵 154 人,负伤 615 名,损失迫击炮 2 门、步枪 500 余支、轻重机枪 20 余挺[①]。

第七节　民众对国民党军队的支持及抗日活动

一、供应军粮

南阳会战时期,国民党数万军队云集于蒲塘、丁河、重阳、西坪、米坪、太平镇、蛇尾沟、二郎坪、军马河等山区地带,因后方运输困难,补给不易,常常需要就地征用军粮。而内乡全县日军未占据的地方仅余十分之一,又都是土壤瘠薄的山地,农产不丰,再加兵燹之余,室鲜盖藏。然而,民众为了争取抗战胜利,倾其所有,忍痛供应。1945 年 4 月以后,计供给军粮 190 余万斤。

---

① （台湾）河南西峡口军民抗战实录编辑委员会编:《庆祝抗战胜利七十周年纪念——河南西峡口军民抗战实录》,2015 年 2 月版,第 241 页。

二、输送兵员

为了打败日本侵略者,南阳人民不惜将自己的子弟送到战场,保家卫国。当时有这样一首民谣:

> 擀面杖,两头尖,
>
> 擀成饼饼圆又圆。
>
> 有葱花,有油盐,
>
> 又是香来又是咸,
>
> 哥哥杀敌上前方,
>
> 把这饼儿带身边。
>
> 饿了请你吃个饱,
>
> 杀敌不怕胳膊酸。
>
> 何时打垮日本鬼,
>
> 回家咱们再团圆[①]。

三、提供后勤服务

南阳人很早就开始自发给抗战军队提供后勤服务。1938年6月,竹沟新四军留守处在桐柏县回龙寺的龙窝创建留守处医院和伤病员休养所,当地妇女争相给负伤的抗战战士包扎洗补。当时流传着这样一首诗歌:

> 龙窝溪畔野花美,
>
> 姑娘相约洗军衣。
>
> 嫂透花影问小妹:
>
> "为何脸儿泪珠滴?"

---

① 张彦生搜集:《送郎上战场》,南阳地区地方志编纂办公室编:《抗日战争资料汇编——纪念抗日战争胜利四十周年》,1985年版,第246页。

妹妹停手语音悲，

迟迟不忍落棒槌。

"新四军抗日多英雄，

军装斑斑尽血渍，

生怕染红这花溪水，

实在把我心痛碎！"

嫂嫂欲语声先咽，

和妹默默相吟泣。

水里小鱼吻军衣，

红唇噙着泪珠去，

条条红鳞红鱼尾[1]。

1945年4月，第31集团军110师在攻打内乡县丁河店时，得到了老百姓的热情支援。一天，当地小学校长带领学生手持彩旗到军营慰问。师长廖运周一看，校长竟然是他过去在含美中学的同窗孟子厚。二人20多年不见，却在他乡抗日前线相遇，不禁惊喜交集。孟子厚同当地一位士绅承担了战地救援的组织工作，组织有20多副担架的担架队，还组织百姓给士兵们送水、送饭，且派向导协助110师作战。民众的支持，大大鼓舞了110师官兵的斗志。

四、拒绝与日军合作

1945年4月，淅川沦陷后的一天凌晨，日军六七十人结队从县城出发，经大石桥南渡丹江侵犯白亭街。日军每到一处，无恶不作。他们将全村妇女，无论老少，全部集中在打麦场上，剥光她们

---

① 甘心田搜集：《水里小鱼吻军衣》，南阳地区地方志编纂办公室编：《抗日战争资料汇编——纪念抗日战争胜利四十周年》，1985年版，第245页。

的衣服,然后让她们在洒满豌豆的地上跑,一旦有人跌倒,日军就发出一阵狂笑。日军命令白亭街商会会长多宝三出任维持会长。多宝三闻讯后,于当日夜同其兄长等五六人潜入村东云梯洞内。

云梯洞,位于白亭村东南凤凰山上的一个绝壁上,距离地面三丈多。洞口往里拐,有一个两三间房屋大的空地。在日寇没有到来之前,白亭街众商号将货物藏在其中,由多宝三和其兄长看护。

次日,日军逼迫商人、百姓 400 余人至云梯洞下,让其全部跪下,求多宝三下来。多宝三大义凛然,拒不下山。日军恼羞成怒,架起机枪向洞内扫射,结果徒费弹药,多宝三等人毫发无损。疯狂的日军想出了又一个歹毒的办法,用绳索的一端拴住多宝三妻子黄彩花的腰,另一端握在一个日军的手中,逼着黄彩花攀梯上洞,劝多宝三下来投降。多宝三一手持刀,一手伸向妻子,准备割断绳索拉妻子入洞。日军猛地将绳索向下一拽,黄彩花坠落地上,昏死过去。日军军官又派一名士兵持手雷爬到洞口,将手雷投入洞内。多宝三临危不乱,将冒着白烟的手雷掷向洞外的日军,当即炸死日军官兵 3 人。日军狂怒之下,把黄彩花当场砍死,残忍地将其头颅割下,带回白亭街,纵火烧了多宝三及一些群中的房屋后退回清风岭。

4 月 16 日,日军在毛堂的贾营村强迫村民贾德禄带路前往大竹园。贾德禄故意带着日军绕道而行,敌人发现后,向贾德禄肚内灌水,待灌满后,将水压出,然后再灌再压,将贾德禄活活折磨至死。

五、直接打击敌人

(一)围歼日军巡逻队

1945 年春,方城博望沦陷。博望是南阳的东北门户,地理位置十分重要，日军十分看重这个地方，经常派小股部队到这里巡逻、扫荡，当地民众深受其害。担任国民党博望区区长的中共地下党员胡子和，利用公开身份和掌握的国民党地方武装——方城县博望区分队，领导当地民众开展抗日斗争。

在博望至新店公路上，经常有一小队日军巡逻。我地方武装经过多次观察，掌握了日军这支巡逻队的活动规律，决定干掉这股日本鬼子。

4月9日夜，博望区分队和抗日农民聚集在博望北四棵树村的一个农家小院，胡子和开门见山地说道："弟兄们，根据掌握的确切情报，在新店、博望之间活动的日本鬼子巡逻队，明天一早，又要由新店出来。区队决定，在十五里埠村干掉他。这里便于隐蔽，又远离博望、新店两个日伪据点，即使敌人出动增援，也远水解不了近火……"

下半夜，胡子和率领这支三百多人的队伍，神不知鬼不觉地来到十五里埠村，埋伏在村头。

天刚亮，一队日本鬼子打着膏药旗朝着十五里埠村走来。当敌人进入伏击圈后埋伏在村边一个厕所内的队员用机枪向日军突然开火，两名鬼子当场毙命，其余的惊恐万状，纷纷跳入深沟，妄图逃跑。区队员们跳进沟里，奋勇追杀，将这些日本鬼子全部歼灭。

（二）大刘营歼敌

1945年4月初，9名日军窜到邓县大王营村附近，在麦地里追逐几名妇女。大刘营村的村民看到后，纷纷去找本村开明绅士刘中焕，要求干掉这些强盗。

刘中焕曾任邓南区区长，为了看家护村，他组织了一支二十余人的抗日队伍。当听到日本鬼子又在调戏妇女时，刘中焕怒骂道："奶奶的，收拾这些龟孙！"于是，他就和单凤彪、徐庆生、刘洪烈等村民商定了一个袭击鬼子的行动方案。

不多时,日本鬼子进了大刘营村。此时,村中人畜早已转移隐藏起来。按照计划,徐庆生首先回村和日本鬼子接头。他来到一个挎着军刀的日本鬼子面前,问道:"太君有什么需要?"那个家伙呜哩哇啦地说了一通,日军翻译说:"太君说,要花姑娘、鸡蛋、面粉、油盐和柴草。只要把这些东西办到,送到孟楼,保证你们全村安全。"徐庆生满脸堆笑地说:"可以,可以。你们先歇着,我这就去筹办。"徐庆生很快找来几个老汉,烧茶的烧茶,筛酒的筛酒,佯装殷勤接待。然后,徐庆生来到村口,高声喊道:"乡亲们都听着,太君说了,只要交出东西,保证大家无事。"连喊几遍,青壮年村民三三两两地回到村里。刘洪烈等人也随着人群,进入村子。日本鬼子见此情景,放松了警惕,就把枪支堆在刘中焕家门前的空场上,留下一个站岗的,其余都到旁边休息去了。

刘洪烈刚走到场边,站岗的日本鬼子就用枪指着他,问道:"你的,什么的干活?"刘洪烈身着长衫,不慌不忙,镇定自如。这时,徐庆生和鬼子军官也走了过来。鬼子军官见到刘洪烈如此装束,冲着他哇啦了几句,意思是问刘是不是这家掌柜的。徐庆生连忙说:"是,是。"刘洪烈也连连点头,并抬手把日本军官让进刘中焕家大院东南角的炮楼里。这里是刘中焕的会客室,里边设有床铺、桌椅,还有烟灯。刘洪烈见床上没有被褥,就满脸赔笑,对日本军官说:"太君稍坐,我去喊人拿被褥来。"说罢,转身走出炮楼,迅速从腰间抽出手枪,回到炮楼,枪口对准了日本军官,喝道:"不准动,动就打死你!"刘洪烈本来只是打算用枪镇住这家伙,然后不声不响地干掉他。不料这个日本军官哇哇叫着,且窜了上来,一把攥住刘洪烈的右肘,另一只手就往外抽刀。刘洪烈急中生智,猛力勾起右手腕,对着日本鬼子军官就是一枪,这家伙倒地毙命。枪声一下子打乱了原来的计划。当时,徐庆生端着茶碗走到站岗的日本鬼子跟前,这个鬼子放下枪,正要去接茶,突然听到枪响,急忙去拿枪。徐庆生抢先一步,俯身抢到了枪。鬼子哨兵见状,拔腿就跑。徐庆生举枪就射,干掉了这个家伙。其余日本兵也全部被消灭。

战斗结束时,已是下午1点多钟,村民们在刘中焕的指挥下,一边铲掉地上的血迹,一边把日本鬼子的9具尸体拉到村南苇子坑旁的一眼井里埋掉。后来,人们就把这口井称之为"抗日井"。

另外,邓县曾洼村村民抗击来犯之敌,打死日军8人;南阳朝山街农民乔玉章和儿子乔作营勇斗日军,杀死日军5人;邓县高集乡村民张光成,单身伏击来犯日军,击毙日军10人,击伤1人,被誉为"神枪手";唐县一对母女智杀日本兵一人;西峡县蛇尾乡吕永太、吕永庭兄弟俩用木棒打死日军中队长加藤少佐;内乡县方山双枪女英雄方秀芝,击毙日军军官2人;社旗李店、青台一带人民消灭窜扰日军6人,南阳县姑娘徐二妞,面对欲行不轨的日军,英勇反抗,竟将日军活活掐死。这充分表明了南阳人民抵御外侮、保家卫国的决心和勇气,也有力显示了中国共产党组织民众抗日的巨大作用。

第十一章　南阳会战的制胜原因及历史意义

第一节　抗战胜利、日军投降

1945 年 7 月 26 日,美、中、英三国联合发表《波茨坦公告》,敦促日本立即无条件投降。28 日,日本拒绝接受《波茨坦公告》。8 月 6 日,美国在日本广岛投下了第 1 颗原子弹。8 月 8 日,苏联军队向关东军发动进攻。8 月 9 日,美国在日本长崎投下了第 2 颗原子弹。8 月 15 日,日本宣布无条件投降。

1945 年 8 月 15 日,日军宣布无条件投降后,个别地区仍在战斗,譬如湖南芷江和河南的西峡。

8 月 15 日之前,被国民党军队和地方民团分割包围在西坪至西峡口一带的日军,因通讯信号中断,他们之间也无法联系,故而,日军宣布无条件投降后,盘踞在马鞍桥等地的日军并不知道,他们依然于每晚 10 点,向我阵地射击半个钟头,我方亦回射半个钟头。直到 1945 年 8 月 19 日上午,日军在宛西民团司令刘顾三的敦促下,才向没有接到投降命令的日军作了传达,日军这才正式放下武器①。

8月16日上午10时,蒋介石以中华民国国民政府主席的名义,在重庆中央广播电台发表了抗战胜利对全国军民及全世界军民的广播演说。他说:"我们的抗战在今天获得了胜利,正义战胜强权,在这里得到了最后的证明。"

8月20日下午,中国通讯兵上尉、驻淅川战场视察员,年仅20岁的吴凯奉中国第1战区司令长官胡宗南命令,代表中方接受日军第12军110师团第3联队队长吉松大佐的投降。

同事们建议吴凯佩戴中校或少校军衔,以壮观瞻。吴凯坚持以真实军衔身份接受投降,他说:"吉松大佐是败将,我是以战胜国身份,代表第1战区司令长官胡宗南命令行事。战胜国的任何一级代表,都有资格监督战败国任何一级将军的行为。"

1945年8月24日下午9点,日军第12军110师团第3联队队长吉松大佐率领一些日军军官,站在日军司令部(设在西峡口马王庙街,今为"别公酒店")门口,等待中国代表前来受降。

吴凯一行到达后,吉松等人立即行礼。吉松说:"败将吉松向中国军方代表报告:日本皇军第110师团木村经广中将,命令我在此负责终止战争的一切事宜,请贵军代表发布命令,我的执行照办。"说罢,从腰间取下佩刀,低着头,双手递向吴凯。吴凯示意随从人员从吉松手中接过军刀。接着,宛西民团司令刘顾三宣布:"请中国第1战区司令长官代表吴凯队长,向日军代表吉松联队

---

① 关于日军在西峡放弃抵抗的时间,当地百姓说是8月22日。(台湾)河南西峡口军民抗战实录编辑委员会所编:《河南西峡口军民抗战实录》,也认为,中、日双方真正停战是在8月22日。据相关记载,西峡口战役从1945年3月29日打响,持续到8月22日日军投降停止战斗并集结于西峡口为止,历时143天。

长宣布受降命令。"

吴凯说："我命令西峡口、淅川两地日军,迅速向西峡口镇集中。在部队集中待降期间,日方必须保管好枪械、弹药及一切军用物资,不准隐藏、不准销毁,等待接收。日方军队必须服从中国军队的一切命令,不得与我方发生任何冲突与摩擦。此令!"

吉松随即向吴凯交出仓库物资清单及西峡、淅川两地的日军人数报告书。吴凯接过清单后,命令刘顾三派人按清单清点仓库军用物资,清点完毕,各仓库门上贴上封条。

8月24日,日本中国派遣军华北方面军司令官下村下令,各地日军于8月底前将军旗一律焚烧完毕,以免被中国方面获取,留下永久性耻辱。

8月25日清晨6时,4000余名日军在西峡口城南门外的一块空地上整装列队,举行焚烧军旗仪式。

6时30分,吉松大声喊道："立正,迎军旗!"举旗官举着联队的军旗,在8名护旗兵的护送下走出南城门,来到会场中间。吉松声嘶力竭地喊道："向军旗敬礼!"

敬礼毕,日军士兵一起举枪,在空中上下3次,再行军礼。这时,值旗官手拿一支燃着的蜡烛,将军旗点燃。在军旗燃烧起火的瞬间,8个护旗的日军士兵一起大哭,如丧考妣。

9月2日,中、美、英、苏等9个同盟国代表在停泊在日本东京湾的美军军舰"密苏里"号上举行受降签字仪式,世界反法西斯战争取得最后胜利。9日,中国战区日本投降仪式在南京中央军校礼堂隆重举行。

9月22日上午9时,第1战区受降仪式在郑州市长春路(今二七路)中华圣公会礼堂举行。为了一睹这百年一遇的历史性时刻,各界群众早早聚集在街道两旁观看。礼堂内正面高悬深蓝色的布幔,布幔前竖立着中、美、英、苏四国国旗和领导人画像。礼堂正面挂着孙中山先生的半身像,中国国旗和国民党党旗分挂两旁。礼堂中间横置一张长桌,上铺雪白的桌布,这是受降席。受降席的对面为投降席。受降席、投降席两旁分布观礼席、部队将领席、来宾席、记者席及仪仗队等。

9月22日8时35分,中国受降代表进入礼堂,为首的是第1战区司令长官胡宗南,紧随其后的有第38集团军总司令范汉杰,河南省政府主席、河南警备总司令刘茂恩,第40军军长马法五,第4集团军总司令裴昌会,第1战区司令长官部副参谋长李昆岗,新编第96军军长李兴中,第31集团军总司令王仲廉,第27军军长谢辅三,第38军军长张耀明,第27军第47师师长李奇亨及刘艺舟、刘锡五、陆福廷等军政要员,大都身着戎装。参加受降仪式的美国代表有包瑞德上校、魏德上校、威尔逊中校、杜美斯上尉、洛克斯上尉、华虚上尉及其他官员和记者,共计70余人。第1战区司令长官胡宗南上将在受降席中间就座,左为范汉杰中将、刘茂恩中将、马法五中将,右为李昆岗少将、裴会昌中将。翻译李季谷立于胡宗南后面。

8时58分,日军投降代表第12军司令官鹰森孝,参谋长中山源夫,参高折田,参谋中泽、神木以及翻译官小山田6人到达,在离会场很远的地方就下了车,在中国陆军第1师师长黄正成将军的引导下,一个个低着头进入礼堂。鹰森孝等人进入礼堂后,在受降席前列成一排向受降官敬礼,胡宗南命令他们坐下,鹰森孝坐在受降席中间,右边为参谋长中山源夫少将、参谋神木少佐,左边是高级参谋折田大佐、参谋中泽少佐,翻译官立于鹰森孝身后。他们坐定后,仪式正式开始。范汉杰宣布新闻记者可以摄影3分钟。这时的鹰森孝面容沮丧,额头低垂。新闻记者摄影完毕,鹰森孝站立起来,说:"本人今日前来拜受命令。"胡宗南说:"贵官有无证件?"
鹰森孝将证件呈给胡宗南。胡宗南检阅后连同《宗字第一号命
令》交范汉杰转递鹰森孝。鹰森孝恭恭敬敬地接受,并在命令受
领证上签字盖章,呈给胡宗南。然后,他解下所佩战刀,双手呈上,
表示解除了武装。胡宗南说:"希望贵官切实执行我的命令。"鹰
森孝说:"是。"胡宗南命令日本投降代表退席,鹰森孝等人诚惶诚
恐地站起来,集体向胡宗南等人敬礼,然后倒退至门的附近,才转
身离开礼堂,走向远处停放的车队,上车离去。

受降结束后,胡宗南在礼堂内发表讲话:

"郑州、洛阳、开封、新乡等地日军,从今天起正式接受命令,
开始缴械。本战区当前任务得以顺利完成,甚为愉快。"稍作停
顿,他接着说:"回想八年以来,赖我们最高领袖——蒋委员长英
明的领导,卓越的指挥,坚定的意志,唤起全国军民共同奋斗,出兵
出粮出钱,流血流汗,支撑抗战,拥护国策,和我们同志同胞八年的
血战,乃能换得友邦的同情与援助,尤其美国朋友密切合作,极大
援助之下,乃能得到最后的胜利。"他最后说:"此一胜利,一洗中
国历史上的耻辱,一洗中国地理上的污点,一洗中国人民愤恨不平
的心理。我们对于我们的领袖以及抗战的军民和我们的友邦,尤
其美国朋友,应致最高的敬意。今天遥祝领袖万岁,并祝各位胜
利。"①之后,胡宗南率全体受降人员走向礼堂外的大操场。这时,
在外等候的上万群众一起涌进操场,共同参加了受降后第一个非
同寻常的升旗仪式。

升旗仪式结束后,参加受降的军政长官一个个乘车离去,而很

---

① 孙秉杰:《抗战胜利,胡宗南将军郑州受降记》,(台北)河南西峡口军民抗战实录编
辑委员会编:《庆祝抗战胜利七十周年纪念——河南西峡口军民抗战实录》,2015 年 2 月版,
第 405 页。

多群众却久久不愿离开。一直到晚上,整条街上人流如织,鞭炮不绝,欢乐的人们沉浸在胜利的喜悦之中。

第二节　南阳会战制胜原因及不足

南阳会战中,中国军民之所以取得辉煌战果,主要原因如下:

(一)日军轻敌冒进,指挥失误。南阳会战,尤其是在西峡口作战时,战争形势与中原会战大不相同。首先,西峡口地区地形复杂,日军战车行动受到一定限制。中国军队开始配备战车防御枪及重炮,日军战车受到很大威胁,再也不能像中原会战时那样横冲直撞。其次,此时日军兵力不足,厌战情绪严重,士气低落,补给困难,已是强弩之末。南阳会战时期,日本士兵川崎幸八郎因不满日军在中国的法西斯暴行,弃队逃走。一天,他来到新野县城北的东赵庄村,想要些吃的。村民见他是个日本兵,就将其领到该村维持会长奕多峰家里。通过翻译,他告诉奕多峰自己要去延安,参加反战大同盟,不愿再干屠杀中国人民的罪恶勾当了。当时他已脱去了日军的军服,换了一身兰土布中国衣。川崎幸八郎还说,在服役来中国之前,他是日本昭庆大学企划科二年级学员,是被当局强征入伍的。狡猾的奕多峰听后,满口答应护送他去延安,却将他骗到日军在新野的巢穴龙王庙,交给日本人。可惜这个觉醒了的日本青年,最后被日军杀害了①。再次,空中优势由日方转到我方,我方自抗战以来首次取得了制空权。日军将领无视这些情况,急躁冒进,结果遭致惨败。

---

① 南阳地区地方志编纂办公室编:《南阳抗日战争资料选》,1985 年版,第 163 页。

（二）中国作战策略得当。根据敌强我弱的实际情况，国民党军队一开始避敌锋芒，用少数部队迟滞日军，主力则主动退避，不与敌人过早决战，待敌人进入山区，武器优势大打折扣之际，再利用有利地形，以优势兵力歼灭敌人。

（三）中国将领指挥得宜。战争情况瞬息万变，将领能根据情况自由裁量，上峰不为遥制，这样才能创造抓住有利战机战胜敌人。在西峡口作战中，正是胡宗南信任不二，王仲廉才能指挥所部由开阔地带转移至地形更为有利的奎文关，再诱敌至重阳店附近既设阵地，以优势兵力，由南北两翼将敌人包围，将其实施中央突破的部队歼灭，取得重阳店歼敌的重大胜利。

（四）中国一方后勤保障有力。南阳会战的主要战场大多为山地，地瘠民贫，粮食主要靠大后方补给。第1战区长官部有求必应，供应给参战部队粮食、弹药、医药、通讯及其他必要军需品。据参加西峡口战役的张寿成回忆，当时战士们吃到了从未吃过的白面馒头。他在回忆中说："那时，我团与师部均在豆腐店附近（在霸王寨以北），当晚忽奉命要再向西转进，在夜幕中我们沿着山间小路，一高一低的走着，幸而没有太倾斜的陡坡，所以骡马不会发生意外，天明我们到达八庙（也在公路南）韭菜山西南一处山谷村庄作村落露营。师部输送营送来西安汽车运来的白洋面，多少年来我们没吃过这种白面馒头，官兵们都高兴得很。过去为节约麦子作贴补副食费，一百斤麦子要磨出一百斤的面粉，所以馒头都是黑黑的，吃起来不爽口不舒服。"①

（五）空军提供有力支援。中国航空委员会副主任王叔铭在汉中南郑设立指挥所，指挥第4、第11两个飞行大队，协助南阳作

---

① （台湾）中央军校第七分校王曲师生联谊会王曲文献委员会编：《王曲文献·战史：抗日之部（下）》，第1005—1006页。

战。战事激烈之际，第 11 大队每每于山岳沟峪之间，冒着敌人的猛烈炮火超低空飞行，曾在中蒲塘、豆腐店、鹰爪山、丁河店、马头寨等战斗中，给地面部队有力支援，取得了辉煌战果。按照时任河南省政府主席兼河南警备总司令刘茂恩的话说，"创我自抗战以来，在陆海空联合作战上之新纪元①。"

（六）军民密切合作。南阳会战的实际指挥者第 31 集团军总司令王仲廉深有感触地说道："我在八年抗战中，经过 12 省份之战役，唯有宛西内乡、镇平、淅川各县军民合作无间，精诚团结，抗战到底。"在南阳会战中，地方民团数万人配合国民党军队作战，在袭击敌人后方、供给情报、担任向导、运输、护送伤兵方面起到重要作用。除此之外，民众还节衣缩食，毁家纾难，为军队提供粮食，鼓舞了作战士气。

（七）共产党领导下的敌后斗争起到重要作用。在共产党的宣传和组织下，南阳人民积极投入到南阳会战中，毁家纾难，在物质和人员上给抗战强有力的支持，成为抗战的坚强后盾。

当然，南阳会战也有不足之处，致使没能取得更大战果。

第一，国民党军队反共，削弱了抗战力量。南阳会战时期，国民党把防共、反共放到很重要的位置。陈诚在就任第 1 战区司令长官之前，在给蒋介石的信中就特别提到防共问题，主张采取釜底抽薪的方法消弭中共力量②。稍后，他又致电蒋介石，提出豫省善后有六事刻不容缓，其中就包括："共党在豫西各地活跃，如不动员党政军全力防止，势将蔓延，后患堪虞③。"1944 年 9 月 12 日，在

① （台湾）河南西峡口军民抗战实录编辑委员会编：《庆祝抗战胜利七十周年纪念——河南西峡口军民抗战实录》，2015 年 2 月版，第 48、36 页。
② 陈诚：《陈诚回忆录》，东方出版社 2009 年版，第 368 页。
③ 陈诚：《陈诚回忆录》，东方出版社 2009 年版，第 372 页。

检阅部队之后,陈诚分别召集部队官兵及党政军干部、民间团体、回族领袖等,或集体讲话,或个别晤谈,或联席座谈,讲述国内外大势,提出要以服从领袖,振作士气,整饬纪律,团结合作为主题。除此之外,"对于共党之'包藏祸心',提示提高警觉,勿为所欺所惑所利用,尤应自求健全,防止青年及官兵之投共"[1]11月上旬,陈诚再次上书蒋介石,提出进行军事改革,其中谈到"剿共"问题。他说:"为针对共军行动飘忽,与火力重点主义,我应付予剿共部队以更大机动力。如成立优良骑兵部队、自行车部队、重武器之半摩托化等,始克制胜。又为防止一点突破之战法起见,步兵团以下,应采四四制,以形成大纵队,并多配自动火器,以使防御火网炽盛。"[2]

陈诚的军政见解,包括反共的主张,为蒋介石所欣赏,不久被任命为军政部长。

刘茂恩任河南警备总司令后,"认为日寇已成强弩之末,不足为大患,将来真正祸害我国家者,非日寇而是中共",将"防共甚于防敌"作为治豫的方针,并按照蒋介石"三分军事,七分政治"、"用兵不如用民"、"以拙制巧"、"扎硬寨、打死仗"、"并村筑寨,匪民划分"的要求,采取了如下措施:

(一)调训军政干部。从1944年12月到1945年3月,调训保安司令部的幕僚,省、区、县、保安团队副团长以下干部及优秀军士,省政府各厅处的科长、主任、科员,以及各县县长、区长,重点灌输"防共重于防敌"的概念。

(二)编组地方武装。当时第1战区司令长官部,曾将多处游击部队撤销番号,刘茂恩恐日寇和共产党乘机利用,严令各区专员

---

① 陈诚:《陈诚回忆录》,东方出版社2009年版,第378—379页。
② 陈诚:《陈诚回忆录》,东方出版社2009年版,第381页。

兼任区保安司令,各县县长收容辖区内的人枪,成立各区县的保安团。

(三)建立根据地。针对共产党领导的部队装备较劣、补给困难、战术上化整为零的特点,刘茂恩决定在桐柏山、大别山、嵩山及伏牛山等各山区建立根据地。其建立程序以清查户口、办理联保、组训民众、建碉筑寨、屯粮积谷为要点。

(四)命令第15军军长武庭麟以其第64师,附保安第5、第6两团,进驻鲁山县西北的瓦屋街、土门、背孜及伊阳以西的付店等地,一方面防止日军西进,一方面"严密防范共党皮定均、王树声的袭击,以确保伏牛山区根据地①"。

另外,1945年夏,上官子平发动叛乱,国民党地方武装头目徐道生乘机指挥洛宁、宜阳、嵩县、新安、渑池等县民团两万多人,对共产党领导下的武装发动攻击,短短一个月内,中共党员干部被残杀100多人,抗日武装损失2000多人,革命根据地人口减少,豫西根据地的工作遭到严重挫折。

第二,战前准备不足。西峡口镇对双方都至关重要,但国民党军队战前并未准备在此地作战,不仅部署兵力有限,而且未能很好进行工事加固,仓促应战,致使该地很快失陷,敌人获得了很好的支撑据点。西峡口镇作战失利后,转进奎文关实是一招臭棋。其缺陷包括:(1)距离西峡口距离太近,没有备战时间;(2)战斗正面纵深太浅;(3)日军1945年4月2日已攻占奎文关附近的马头寨高地;(4)负责中蒲塘掩护侧翼的国民党军队未能阻止日军挺进部队,使主力受到严重威胁。幸亏日军没有把握住战机,不然后果不堪设想。

---

① 刘茂恩:《豫西会战》(录自《刘茂恩回忆录》),《河南西峡口军民抗战实录》,第41页。

第三,行动迟缓,贻误战机。豆腐店之战,各部队到合围线时,未能迅速果敢向敌人发动攻击,致使敌人大部逃脱,未能取得应有战果。在北线作战中,我军在土地岭、碾子沟、西山沟、马头寨附近完成对敌人的包围,因攻击乏力,协同不周,致使行将灭亡之敌逃脱。

第四,有的部队消极避战,闻风溃退。负责防守镇平的高树勋部基本未作抵抗就向西退走。第 5 战区南华镇方面的刘汝明部,在未告知并肩作战的鲍汝澧部的情况下后退,致使鲍汝澧部右翼空虚,敌人有随时迂回荆紫关之虞。在此情形下,鲍汝澧部如果退避,淅川全境不保。

第五,陆空军配合不够理想。在西峡口作战中,空军未能进行有力支援,是西峡口镇陷落的一个原因。在南阳会战中,甚至出现了中、美军机误炸我军民的情况。1945 年 4 月中旬,中、美飞机误炸正在休整的第 23 师。据黄子华、李师林回忆:"第 85 军自内乡、西峡口作战以来,伤亡损耗甚大,于 4 月 10 日奉命将任务交 78 军接替后,开重阳店以西地区休整。11 日下午部队开始后移,当日在重阳点附近宿营。黄昏前,师部及第 67 团已进入宿营地,第 68、第 69 团尚在公路上前进,因重阳店西公路为友军弹药辎重车与本师伤兵汽车阻塞,不能通过,即停止于镇西头休息。突有机身全黑机翼有白色五星飞机 4 架,飞临上空,我们从机型上观察,肯定不是日军飞机,第 68 团及时摆开布板对空联络。不料这一机群只绕了半个圈子,即俯冲投弹。部队一时疏散不及,炸死团副李枝咸、迫击炮连连长杨增瑞等官兵 200 余人,弹药辎重车及运伤兵的两辆汽车共百余人全部毁灭。弹药着火遍地乱飞,重阳店房屋全部被焚。另有友军的一个山炮连,正在轰击日军阵地,也全部被炸毁灭。第 31 集团军总司令王仲廉得报后,即与西安第 1 战区长官部联系。长官部说是从西安派出的援华美军飞机,初次参战不明情况,发生了误会,并传达了胡宗南的命令,不许部队采取报复行动。第23师官兵听到这一消息,非常愤慨,但在上峰的压力下,只得自认倒霉。当晚黄子华与各部联系,得知第68团对空联络布板并未摆错,而盟军飞机不分青红皂白的乱炸,官兵死伤数百,焚毁弹药、房舍甚多。"①另外,还曾发生误击难民的悲剧。1945年5月的一天,两架中、美飞机在西峡口马坊沟附近寻找日军后退后的阵地。由于与地面失去情报联系,只好在马坊沟等一带上空盘旋。这一带全是茂密的山林,两架飞机找不到袭击目标,就丢下两颗燃烧弹。顷刻间山坡上浓烟滚滚,逃难的百姓来不及逃走,只得趴在山坡下边的沟里躲避。熊熊大火之后,两架飞机开始在空中向下扫射轰炸。一时间,飞机的轰鸣声、炸弹的爆炸声、机枪的扫射声交织在一起。中午时分,一位上了岁数的难民爬到沟边,飞机上发射的重机枪子弹恰好从他背后坐骨下边打进去,打掉了他的生殖器,很快死去。除了被打死的老汉外,还有一些难民受了伤,有的被子弹打中,有的被燃烧弹引起的大火烧伤,还有的在躲避机枪扫射的过程中摔坏了脚……到处都是难民的惨叫、哀叹声。

第三节　南阳会战的历史意义

"南阳会战"是中国八年抗战中历时最长的一次战役,也是

---

① 黄子华、李师林:《忆西峡口之战》,中国人民政治协商会议河南省西峡县委员会学习文史资料委员会编:《抗日战争在西峡——纪念中国人民抗日战争暨反法西斯战争胜利67周年》,2012年8月版,第277页。

"中国人民抗日战争后期最有影响的一次战役①。""从1945年3月29日打响,持续到8月22日日军投降停止战斗②","在历时五个月的战斗中,双方投入兵力之多,战况之激烈,是抗日战争史上少有的③。""较之台儿庄战役毫不逊色(王仲廉语)③"。对于抗战起到了重要作用,具有如下重要历史意义:

一、重创日军,打乱了其作战计划。南阳会战给日军沉重的打击,歼灭日军15000多人。另外,此次会战还打乱了日军的作战计划。日军原打算在此次作战之后,将第110师团、战车第3师团调往上海对美作战,结果这些部队深陷泥沼,自顾不暇,最后也未能从南阳抽身。

二、保卫了大后方的安全和人心稳定。如果不是中国军民在南阳顽强阻击日军,给其以重击,日军占领西坪后,极有可能沿豫陕公路继续西进,威胁西安、汉中,甚至重庆,引起很大的社会震动。

三、在军事史上具有重要意义。首先,此次会战中,中国军队用战车防御枪击毁日军战车数辆。这在中国战场上即使不是首次,也是较早使用的之一,不仅在对敌作战中发挥了重要作用,也为我国军队反装甲作战提供了宝贵的经验,具有重要意义。其次,这次作战中陆空联合作战,这在中国军事史上也是具有开创性的。

---

① (台湾)河南西峡口军民抗战实录编辑委员会编:《河南西峡口军民抗战实录》,2015年2月版,第169页。

② (台湾)河南西峡口军民抗战实录编辑委员会编:《河南西峡口军民抗战实录》,2015年2月版,第172—173页。

③ (台湾)河南西峡口军民抗战实录编辑委员会编:《河南西峡口军民抗战实录》,2015年2月版,第169页。

③ (台湾)中央军校第七分校王曲师生联谊会王曲文献委员会编:《王曲文献·第4部·战史:抗日之部(下)》,1996年5月版,第896页。

四、鼓舞了中国人民的斗志。此次会战不仅再次证明了日军不是不可战胜的,而且表明敌我力量对比发生了重大变化,日军已是强弩之末,其失败已为期不远。

第十二章　反思历史,面向未来

第一节　不仅是一个民族的灾难

南阳会战期间,日军在南阳烧杀淫掠,无恶不作,给南阳人民带来无穷灾难,前已述及,不再赘述。其实,这次会战对于入侵的日军及其他们的家人又何尝不是一场灾难。这些日军官兵被所谓"大东亚共荣"所愚弄和欺骗,人性泯灭,心灵扭曲,充当军国主义者的侵略杀戮工具。直至日本投降,一些日本官兵对于战争的真实情形仍一无所知,他们还活在战无不胜的迷梦之中,以至将投降误为胜利班师。一些士兵背负着罪恶战死沙场,有的尸骨无存,有的曝尸荒野,有的被自己人活活烧死,凄惨无比。他们的亲人翘首企盼,希望他们早日回国,但他们中的很多人已永远回不去东瀛了。日本侵华不仅是中华民族的巨大灾难,同时也是施害者的巨大灾难。

在"二战"中,日本伤亡约260万人,因战争受灾者达875万人。除此之外,日本还遭受了重大的物质损失。据日本安定本部调查,"二战"中日本一般资产损失,按昭和20年(1945)8月15日当时的价格计算,总额为653亿日元,其中直接损失为497亿日元,间接损失156亿日元。

军事资产方面,不计算战斗消耗的武器,仅舰艇和飞机损失总额就达 404 亿日元,其中直接损失为 339 亿日元,间接损失为 65 亿日元。

"二战"之后,日本几乎陷入崩溃。服部卓四郎在其著作中这样写道:"接受了波茨坦公告的日本,吃了有史以来未曾有过的败仗,物质和精神两方面的战祸极为深刻、痛切,在重建的前途上摆着重重障碍。就是说,日本由于战败而带来的精神上的打击和经济上的穷困,还有外国军队占领统治下变态的政治环境,致使道义颓废,放纵安逸之风弥漫,因而似乎已经丧失了重建国家的方向和途径①。"

这段论述中,服部卓四郎谈到日本被外国军队占领时,颇痛心疾首。被别国占领当然是一种不幸,但不要忘了日本对于中国和亚洲其他国家犯下的罪恶。己所不欲,勿施于人,日本应该明白这个道理,很好反省自己,以免再害人害己,重演历史悲剧。

第二节　日本播州友好访问团访问南阳

1984 年春,一些参加侵华战争的日本老兵组成的日本播州中日友好访问团首次访问南阳。次年,播州中日友好访问团一行 35 人再次造访南阳,在内乡县城菊潭公园栽了 9 棵樱花树。从 1984 年到 1988 年,在短短的 4 年间,播州中日友好访问团先后 12 次访问南阳市和西峡县。这些日本老兵每次来访都十分诚恳地读悔罪书,对侵华期间在中国犯下的罪恶表示衷心的忏悔。他们每次来都给当地政府、学校、幼儿园赠送一些诸如电视机、计算机、文具之

---

① ［日］服部卓四郎:《大东亚战争全史》第 4 册,商务印书馆 1984 年版,第 1802 页。

类的礼物。还带着日本樱花树苗，分别在南阳市中山公园、内乡县菊潭公园、西峡县寺山公园和西坪镇政府大院种植，建立中日友好樱花园。他们还到西峡的马头寨、奎文关、丁河店、重阳店、马鞍桥等当年的主要战场游览凭吊。

日本访问团每次来访都提出想找一些当年和他们在西峡口作战的中国军人见面、交朋友，由于种种原因，未能如愿。

1988 年 11 月，为写抗日战争回忆录，张访鹏等人到了西峡县，受到西峡县政府、县政协的热情接待。其间，西峡县政府办公室主任姚玉志告诉张访鹏等人："日本人多次来访，都提出想找一些当年和他们在西峡口作战的中国军人见面，交朋友。那些日本人最近来信说，1989 年 4 月再次组团来访问。现在你们来了，最好请你们明年 4 月来参加会见。"张访鹏等人欣然应诺。姚玉志拿出日本人的来信、名片和历次会见照片给张访鹏等人，让他们直接和日本人联系。

1989 年春节后，张访鹏去信和日本访问团的薮下薰团长联系。薮下薰很快复信，并寄给张访鹏一些照片，日本播州中日友好访问团的邀请信以及访问中国的日程表。薮下薰在信中说："我很高兴地收到你的来信，并且得知您的经历……在今年 4 月份访问中国期间，很想与您会晤，如果能在河南与张先生见面的话，这对我来说真可谓莫大的荣幸。"

1989 年 4 月 15 日，张访鹏等和薮下薰等人在西峡口见面。这次日本访问团一行 21 人，其中 14 人是参加过 1944 年中原会战和 1945 年南阳会战，到过南阳、西峡的侵华日军第 110 师团和第 3 战车师团的退役官兵。

当晚，薮下薰团长和藤井敏雄、松本武两位副团长偕同翻译涂新洛到张访鹏住的房间拜访，并邀请张到他们住房的客厅座谈。

张访鹏讲述了我军 31 集团军利用西峡一带狭长山谷,布成袋形阵地的战法以及他率领战车防御枪队击毁日军装甲车的情况。日方薮下薰等人听后,不禁竖起大拇指,连声称赞中国战术高明。张访鹏接着说:"兵,凶器也;战,危道也;圣人不得已而用之。侵略战争是人类的灾难。当年我们追击和清扫战场时,看到沿途和村庄边的日军尸体都是 20 岁左右胖胖的精壮青年,我不禁同情。谁无父母,谁无妻子,他们是被迫或被欺骗,离开家人参战的,结果陈尸异域,暴骨沙场,成为侵略战争的直接受害者,多么可悲! 都应该使我们好好反思一下战争的责任。"

薮下薰说:"西峡口战役时我是 110 师团 139 联队一名士官长。一天,我率领 15 名士兵进攻丁河店某高地(记不清高地名称),遭到你方野战炮轰击,被一发空炸榴霰弹命中,一下子死伤了 8 人,我亦被单片炸伤右腿,一时没有救护人员,只得咬紧牙关,自己用左手指抠出弹片,撕开白衬衣裹伤。当时战况之惨烈,于今想起,犹使人谈虎色变!"他又说:"5 月中旬,我师团的 163 联队在丁河店南面的豆腐店、蒲塘谷地被中国军队围歼,中美空军飞机轰炸扫射,我方死伤满山谷,伤兵不能运走,活活烧死在一座火神庙里,也是很惨的。"

说到这里,这些日本老兵不无感叹地说:"我们都是战火中的幸存者,值得欣慰。而我们更亲身体会到日本侵华战争给中、日两国人民造成了严重的创伤和灾难,这是人类悲剧,永远不能让它重演。昭和天皇去世时,竹下登首相说,昭和天皇不应负战争责任,即遭到日本朝野,特别是我们侵华退役军人的反对和谴责。相信不得民心的竹下登不久就会下台。我们是历史的见证人,我们就是被昭和天皇这些军国主义者胁迫到中国参加侵华战争的。我们许多亲戚朋友、同学战死在国外,或死在原子弹之下,我们这些经历过战争灾难的人,更有责任反对战争,维护和平。我们日本退役军人组织中日友好访问团,多次来这里,其目的就是一方面表示向中国人民谢罪,一方面和中国人民交朋友,共同维护世界和平,发展中、日两国人民友谊,世世代代友好下去。我们每年访问时带来种植的樱花树,就是象征中日两国人民的友谊万古长青!"

次日早餐后,大家驱车到西峡县城西北 10 公里的简村,再向北走 5 公里到上店。20 多位日本友人乘 4 部客车到马头寨下的山村时,吸引了七八十位男女老幼围观,妇女抱着小孩,老头拉着孙子,姐姐带着弟弟,都以友善的目光迎接这批异国来的客人。日本友人非常高兴。张访鹏意识到这是宝贵的中、日人民友好的历史场景,即向涂新洛建议,让日本朋友和当地村民合影留念。涂新洛表示同意,当即安排了照相。日本友人很珍视这组照片。访问团成员小野公义回国后曾给张访鹏写信说:"我真没想到我们过去是敌人,现在能友好地活动在一起拍照纪念。当年我当了军国主义的走狗,用军鞋践踏了河南的土地,对贵国做了许多实在对不起的事,对自己的罪恶懊悔得心如刀割,这是我到什么时候也忘不了的。今后我们双方要更加深化友好关系,为两国的和平友好尽心尽力。而贵国人民这种宽大的胸怀对待我们,我们怎能不深受感动。"

照相之后,一位年轻村民主动为张访鹏一行做向导。张访鹏等人花了半个多小时登上上店西面的马头寨。南阳会战时,中、日双方曾发生激战,日军被我空军轰炸扫射,大炮轰击,伤亡惨重。这天天气晴朗,春风吹拂,四周田野麦苗碧绿,山上树木青葱,村庄上瓦屋鳞鳞,公路上汽车奔驰,一片宁静祥和景象。日本友人不禁感叹:"还是和平才幸福呀!当年我们花了多少生命才攻下了这个山头,又提心吊胆地守着,挨飞机、大炮轰炸,一个炸弹下来死伤好些人,整日和死神打交道,朝不保夕。如今中、日友好往来,我们怀着赎罪的心情前来，得到你们和村民的宽恕，我们更加知道今后应该怎样做才对得起伟大的中国人民。所以，今天我们如释重负，特别高兴！"

在山上，3个日本友人向张访鹏等人谈起当年的情况。他们说："我们几次攻到马头寨前，都被你们的军队打下去。1945年4月27日，那时我们在增援的野战重炮掩护下，偷袭山荆峁高地，窜至马头寨堡前，又被你们的军队用手榴弹击退，遗尸遍地，连大队长也受了重伤。5月5日拂晓，我们派两个大队攻击山荆峁高地，攻了两天死伤累累，又败退下来。17日拂晓乃组织敢死队，我们3人都被挑选上，一共18人，在重炮掩护下由山荆峁西南方的木寨发动进攻，遭到你方军队的顽强抵抗，结果攻到马头寨时只剩下8人，而你们的军队已于早上8时安全从山北面转移了。等到我们的大部队上到山头，又遭到你方空军及炮兵的袭击，我们饥渴难忍，只得利用夜晚从山的东北面小路撤走了。"言下之意，有劫后余生之感。这3个人说，他们都是1944年12月1日在日本姬路市入伍，当时只有二十一二岁。先到朝鲜，再到河南洛阳，又到河南临汝县临汝镇被编入110师团第139联队。作为新兵，受训不到3个月，便于1945年3月被派到内乡，在西峡口、重阳店等地作战。1945年8月天皇宣布终止战争，他们还以为是战争胜利，要班师回国呢。直到举行投降仪式，才明白真相。他们说从这里可以看出日本军队在中国、太平洋地区打了多少败仗，都是秘而不宣，为的是欺骗下级官兵去为军国主义者卖命。谈完之后，他们似乎松了一口气，心情愉快地邀请张访鹏等人一起在山上照相留念。

上午10点半，张访鹏一行离开上店，驱车沿豫陕公路浏览了奎文关、丁河店、重阳店这些当年的战场。12时，到达西坪镇。西坪镇政府为访问团召开欢迎会，会上听到胡耀邦去世的消息，经数下熏临时动议，为胡耀邦默哀一分钟表示悼念。下午，日本友人在张访鹏等人的陪同下参观了庭院内的中日友好樱花园和1945年3月国民党高级将领胡宗南、王仲廉、赖汝雄、吴绍周等曾开过作战会议和定下作战计划的会议室的旧址，并照相留念。

下午3时，访问团乘车返回县城。4时半回到西峡县城西门入寺山公园，登上瞻亭俯瞰西峡县城，浏览美好风光，并为前些年来访时栽种的樱花树修枝剪叶。

5时半，访问团回到西峡宾馆会议室举行告别宴会。日本友人为了表达纯真的友情，赠送一尊美女雕像给西峡县政府，并风趣地说："你们看，这日本美女多么漂亮，象征我们中日友好的情结。希望我们能永远地友好下去。"西峡县长接过礼物后，回赠一件玻璃柜装着的写有"风光霖岳"四个字的横幅，赞美日本友人的那如清风明月般的友情。同时，访问团赠送日本著名书法家神户市兴隆寺大僧正人保光瑞先生写的"维护和平，共同之愿"八个大字的陵表条幅给张访鹏和蔡仲芳，表达了中日人民共同维护和平的美好愿望。答谢晚宴上，中、日双方互祝健康长寿，中、日两国人民友谊万古长青。

4月17日，播州中日友好访问团结束了对西峡的访问，依依不舍地告别西峡。西峡县政府办公室主任姚玉志将访问团一行送到城外十里之地，与日本友人挥手告别。

第三节　铭记历史，发展中、日友好

前事不忘，后事之师。中、日两国都不应忘记日本侵华这段历史。然而，一些日本政客，罔顾历史，拒不承认"二战"时期犯下的诸如南京大屠杀、强征慰安妇等罪行,遭到亚洲乃至世界人民的一致谴责。近来,出现了"二战结束70年了,中国揪住不放"的奇谈怪论。问题不是中国揪住不放,而是日本一些人刻意回避、掩盖、歪曲,甚至美化侵略历史,谬种流传,为害深远。否认侵略历史不仅是对中国人民情感的严重伤害,而且对日本人民也极端不负责任,因为这样不仅损害日本国际形象,使日本在亚洲陷入孤立,而且有可能使日本重蹈覆辙,再陷日本人民于苦难的深渊。日本只有像播州友好访问团的侵华老兵那样认真反省,真诚谢罪,才能得到中国人民的原谅,中、日关系才有更为美好的未来。

附　　录

一、抗战老兵口述实录

金鑑像

1.小号兵冒险夺枪

口述人简介：金鑑，1928 年生，洛阳伊川高山乡坡头村人，1942 年参加国民党军队（独立第 5 旅），参加过灵宝战役、西峡口战役，1948 年归入解放军第 18 兵团，在西北军政大学学习 9 个月，后返乡务农，曾在甘肃八冶工作，因历史问题下放回乡。

我属龙，小时候在家乡上学到完小毕业，1942 年河南灾荒，家里穷，不能继续上学了。有一次，我在地里割草，一头牛自己摔坏了腿，牛主人硬说是我弄伤他家的牛，还把我抓到联保所审问，我不想在家里受窝囊气，不到 15 岁就一个人跑出去当兵了。我当时跑到洛阳，那里有个独立第 5 旅，直属第 1 战区长官部，旅长叫马雄飞，一开始他们嫌我年纪小，不要我，我急哭了，这才收下。我被编到独立第 5 旅 614 团 3 营 8 连，后来独 4 旅和独 5 旅合编为暂编第 4 师，我被编在暂 4 师 1 团 3 营

8连当兵。暂4师后改为暂编第4军,1945年在西峡口作战时又改编为第27军,军长是谢辅三,师长是马雄飞,部队还是原来的,只是部队番号变了。

李家钰骑马像

1944年日军进攻洛阳,由中牟县过黄河。我们在离洛阳30里的龙门口狙击敌人,日军先头部队是战车加骑兵开道,来势凶猛,我们只有步兵,实力差别太大,日军分两路向西进攻,一路向嵩县,一路向卢氏,我们的部队哪里吃紧就派到哪里作战,曾由伊川县西北方向翻山越岭经宜阳至新安县磁涧镇,在此与日军接触战斗,后日军突破防线,直窜到卢氏县西20里的涧北村,尔后在我军的抵抗下被迫撤退到洛宁县长水镇南线,由卢氏退缩至嵩县城。我们部队趁势布防,开到灵宝县南塬山地,在王家会村及西里村一带驻扎防御。这期间,我们连奉命捉拿当地民团首领孟照成(音),此人名为陕州专署特务队队长,在该地维持治安,但实际上匪性难改,不久前,部队从洛阳撤退下来时,他趁火打劫,抢劫散兵武器及后勤部队的物资,大发横财。我们击毙了孟照成和他的两个卫士,将孟的尸体上缴验明正身,附有德式驳壳手枪两支。这次行动中,我连伤、亡各一人。

此后,我连为前哨连奉命驻防灵宝县东南方向30华里的南天门,在高家街衙与日军对峙,时任连长叫徐泽普。在此见到我军其他部队和敌战斗的惨烈状况,有些尸体都顾不上掩埋。40军106师及39师在渑池至陕州灵宝铁路一线与日军激战,李家钰将军①和参谋长就牺牲在附近的朱家坡。

1945年我跟随部队经灵宝、洛南转战到西峡口,与日军作战,我方总指挥是第31集团军总司令王仲廉,他们在公路南侧山地布防。敌方最高指挥官是中村,军团长吉田、旅团长小仓。我军在丁河店、豆腐店、马鞍桥一带沿公路北侧布防,形成对敌阻击防御态势,此时,部队番号改为27军,和内乡县民团合编为暂编64师,师长是别廷芳的族侄别光汉。

我连经过几次拉锯战,我也几经危险,部队和日军转入相持。当时日军的兵力不够了,我们黑天摸营袭扰,使他们不得安宁。部队有个小号兵名叫刘会敏,买不起烟吸,专捡连排长们扔的烟头吸。一次,指导员拿着望远镜对他说:"想吸好烟有个办法,你看哪个日本哨兵睡着了,你去把他的枪夺过来,交上去得了赏,还能没钱买烟吸吗?"刘会敏用指导员的望远镜看了看,就真的摸了过去,趁日军哨兵不备,夺了枪就跑,我们立即用火力配合掩护,使他安全返回阵地。

刘会敏把枪交给团部后,团长大喜,认为日军很疲劳,命我们连当夜出击。团长的这个决定有些不妥,因为敌人被夺枪之后肯定会加强戒备,此时偷袭并非好时机。我们连从夜里开始

---

① 李家钰(1892—1944),字其相,绰号李矮子。早年隶属川军邓锡侯部,为四川军阀中最小一个派系的首领,抗战爆发后率两个师随第22集团军出川,转战山西、河南,曾任第36集团军总司令。1944年在豫中会战失败后的撤退途中,遭到日军伏击,壮烈殉国,这是8年抗战中继张自忠之后,第2个战死的集团军司令官,战死后追赠上将。

攻击,直到天亮还没攻上去,日军开始反扑,连长看情况不好叫撤退下来,5班班长叫钟万德,是陕西泾阳县人,性情剽悍,他和机枪手藏万同正在突出部位射击,不仅不退,反而大叫道:"我不怕,打,打!"他和机枪手端起轻机枪站起来打,最终两人牺牲在敌人的刺刀下。当时我在侧方,一个日本兵冲上来拿着刺刀戳我,我抓住他胳膊,扭打在一起,最后使劲儿把他推下悬崖,我算是逃了一命。

我连这次被击溃,两个排长受伤,士兵伤亡过半。战后连长被撤职,由4连连长郭德勋代理我们连长,又从第18补训处补充了人员。

此后,郭德勋指挥我连通过敌人封锁线时,方法失当,没有采用个个跃进的方法,使部队过于集中,遭到敌人重炮轰击,郭德勋阵亡。

在西峡口和敌人一直对峙到日本无条件投降,我随部队挺进至郑州整编并参与接收工作。到郑州后,经友人介绍,我被调到军部做情报工作。军部当时负责郑州的警备治安,我住在郑州西关大街庆丰商行,任务是负责监视由其他地方集结到清真寺、乔家门、盐店街一带的日本人,这里是他们暂住营房,秩序曾一度出现紊乱,发现日军士兵偷拿物品换烟酒食物,另有当地不肖分子猛闯日本兵营抢东西。在此期间我曾多次接触日方人员,据说他们有很多是父子兵,因日本部队有差额时,习惯在固定的兵源地补充。所以,有些士兵随身带着亲人的骨灰。据他们自己讲,日

金镒从军时的照片
金安现提供 (大河报)

本为了侵略扩张，从小学起就开始普及日、中、俄三国的文化，早就有北上苏俄，南下中国的企图。日军在郑州缴械时秩序很好，他们先把枪支被服整理好，再排队到指定的西关大街西北口第1战区前进指挥部①，依次施礼缴械，尔后到车站等待遣返。

（焦国强记录整理）

2.七天七夜坚守南阳

口述人简介：翟灿有，男，1927 年生，河南省漯河市临颍县台陈镇王曲村人，1942 年至 1945 年在国民党军 68 军 36 师、143 师任看护兵、步兵。1946 年回乡务农。

1942 年，家乡年馑，我十五六岁，小学刚毕业，跟着本村比我年龄大的翟耀宗一块参加国民党部队，在泌阳编入 68 军 36 师 2 团 2 营 5 连。因为年纪小，个子还没有枪高，连长郑文荣说："这咋弄啊，不行你先去团卫生队，当个看护兵吧。"卫生队队长叫郑书怀，是湖北人，医长王金柱是河北人，另一位医长魏福来是陕西人。在这里当看护兵有半年时间，个子见长，又被拨去当步兵。当时 36 师改编为 143 师，第 2 团改为 428 团，此外还有个 427 团、429 团。143 师师长是黄樵松，团长是信阳人，叫王保谦，2 营营长叫路可全，5 连连长叫郑文龙，是山东人。

1945 年 3 月，日军进攻南阳，我们部队先在南阳北 25 里的槐树湾驻扎，又开到独山东边一个村子。南阳当时管 13 个县，知道日军要来，部队提前调动新野、桐柏、镇平等各县的民工齐上阵，绕着南阳城四周开挖加宽护城河，放水有一丈深，防日军的坦克车。当时南阳城内有百分之八十的居民撤出避难，南阳的城墙当年已

---

①　据《第一战区受降纪实》《中国战区受降纪实》《中华民国战史》等资料，1945 年 9 月 22 日上午，中国战区第 1 战区在郑州长春路的"中华圣公会礼堂"，也就是第 1 战区前进指挥所大礼堂举行隆重的受降仪式。（据《东方今报》）

— 207 —

2003年,河南南阳府衙在进行环境整治时,在大堂第一院落西侧挖出69枚锈迹斑斑的炮弹,后经宛城公安分局治安科爆破专家周玉钦初步判断:此批炮弹为抗日战争时期遗留下来的。 (图片来源南阳网)

经不存在了,砖都扒完了,城根是平的,当兵的就在城墙根上挖战沟,曲里拐弯地挖,不能挖成直的,战沟上面隔不远建一个机关枪堡垒,为了打巷战做准备,部队把城中民房都打通了,把临街的大门用砖垒住,留好机枪眼,在十字街修建了坚固的大碉堡,里面支上机枪,南阳的战斗准备做得很充分。

我见过黄樵松师长,他个子不高,眼睛很大,脾气傲,可厉害了。黄师长说,要死守南阳!死也要死在南阳,他让人为自己做了一口棺材,还把棺材抬到十字街上,誓死要守住南阳。

日本人精能,本来从北边过来,他们却不攻北门,向东南转到卧龙岗。黄师长派出一个连在卧龙岗打,伤亡很大。最后集中到南阳西关,这里的战斗最为激烈。

当时我所在的428团分工是守北关,427团守西关,429团守东关,南阳城没有南门,好像只有个东南门,南面是条河,叫白河。这场仗整整打了七天七夜。日本飞机来轰炸,美国黑寡妇飞机①就飞来迎战。美国飞机分成三、六、九为一组,先是飞到日本飞机上面高处再掉头往下冲,边冲边嘟嘟嘟嘟地扫射,弹壳一拃多长,日本飞机抵不过,夹着尾巴跑了。西关形势紧张以后,黄师长把所有重机枪都调到西门,一个连有 6 挺重机枪,427 团、428 团所有的重机枪大约有 18 挺,都调到西关来了,428 团一半人员过来增援西门。伤亡官兵一批批被换下来,我们又一批批补充上去,杀红了眼,顾不得死活了。我只知道 427 团死了个排长,用棺材埋了,当兵的死了都用车拉到城外埋了。

我当时是步兵,也被调到西门,负责装子弹。捷克式轻机枪 25 发一梭子,要不停地装。敌人炮弹打过来炸一身土,爬出来接着装,也不知道害怕了,也没想能活着。白天夜里都在打,清早起来打到天黑,吃饭睡觉都是在阵地上。

为了守西关,部队事先在路上设障碍,把大树干、条几、板凳、桌子堆成小山一样。我们炮团有重迫击炮也布置在西门,打得高落得近,落在敌人的坦克车前,主要压制

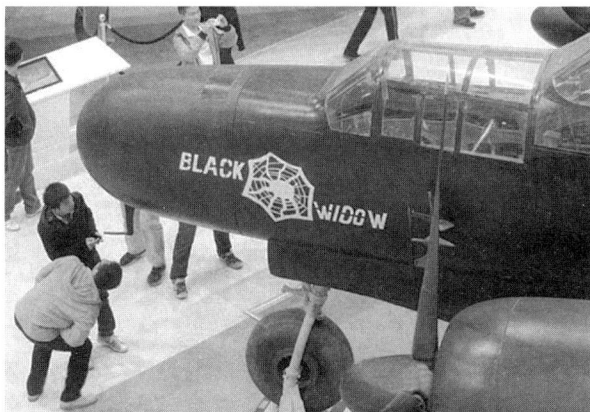

观众参观黑寡妇飞机

（图片来源 **CRI** 网）

---

① 黑寡妇战机是"二战"时美国制造的著名战斗机 P-61,因其与黑寡妇蜘蛛有诸多相似之处,所以人们给它起了"黑寡妇"这样一个绰号。现仅存两架,一架在中国,另外一架在美国本土。P-61 是第一种实用的夜间型战斗机,最先使用红外线搜索技术（机载雷达）和第一代带有隐身色彩的夜间战斗机,与中国空军并肩作战,有效扼制了日本空军对我东南沿海及西南后方的袭击和轰炸,击落日军飞机多架。（据百度百科资料）

它不能前进,我看到有十几辆坦克车都被挡在西门外,在我们撤退前日军也没能攻进南阳。

黄师长决心坚守南阳一个月,可是上面下命令让他撤,接到几次命令他都不走,得知南阳四周其他地方都失守了,这才决定从东南门撤退。撤退时留一个连守住西门,大部队黑夜里乘汽船渡过白河,跑步撤到唐河县桐河镇,再由桐河镇开到湖北随县、谷城、均州。68军军部在均州,我们部队退到均州西边郧阳休整。

不到两个月,日本投降,部队从随县、谷城转回漯河接收日本武器。接收时日本的大炮整整齐齐地摆放在漯河的大街上。

受降后,部队奉命转往开封,正好路过我的家乡。我那时想:赶走了日本鬼子,一口恶气也出来了,天下可以太平了,家里的老老少少生活困难,需要人手,又听到一些传言,弄不好还要打内战。我就下决心不当兵了,从此回家种地,养活我的爹娘。

(焦国强记录整理)

3. 在老乡家养伤捡回一条命

口述人简介:康成安,男,1920年生,河南西平县盆尧乡于营村人,现住河南南阳镇平县贾宋镇,1942年参加国民革命军第59军,1945年在豫西鄂北战役中负伤,1948年回乡务农。

我是21岁在北边叶县当兵的,民国31年,也就是"过蚂蚱"那一年。蚂蚱可多了,哗呀!一过去就跟旋风旋豆叶一样啊,哗哗响,一堆一堆哩,开始尽是带

康成安像

花点的土棒子,后来扎出膀子就飞起来了。民国30年、民国31年,都是大年成,死了好多人,现在从泌阳到老河口我都有亲戚,就

是那个时候逃荒要饭出去的。眼看没饭吃要饿死，我就当兵了。当时还在师管区①，父亲已经不行了，用秸秆编的垫子葬了父亲，来到住在湖北的 59 军 180 师 246 团 3 连,师长是刘振三②。

落款为刘振三的"亲爱精诚"墨盒

　　我算命大,我们一个庄参军 22 个人,除了我都死了。有一次子弹把我的钢盔打烂了,头皮没伤多深,子弹掉在地上,耳朵让钢盔震坏了,一只耳朵现在还听不清。最玄的一次,子弹从脊梁左边骨头缝里进去,斜马叉地从右肩膀出来,要是直着出去,咱们可就见不到面了。就说说这次负伤的事吧。

　　那时,我 25 岁,在宜县(湖北省宜城)打老日,当时我和另一位战友趴在一起,敌人用机枪扫射,火力压得抬不起头,部队通知叫撤退,我旁边的战友刚起身就被打倒了,我看这时千万不能抬头,抱着枪就地一滚,滚进一道沟里,再起身往附近竹园里跑,子弹在竹林里乱飞,后来三个老日撵我一个,离有四五十公尺远,也不知道枪打了多少,跑着跑着觉得腰里一沉,就趴下了,血淌得军装和衬衣都浸透了,日本兵把我拽起来,把身上装的钱掏走了。

---

①　师管区:民国时期,掌管兵役和军训机构。

②　刘振三(1902—1982):字育如,河北故城县故城镇人,国民党将领,民国 22 年 29 军于喜峰口抗击日军入侵,刘率部抢大刀击退日军。民国 32 年 8 月刘擢升为 33 集团军 59 军军长。1949 年春赴台定居。

我醒过来,也没人来找我,要是有人来找,我就能跟上部队走了。我起来找到背包,跑到一个老乡家,这家里没人,都跑到山里躲老日了,刚做好的饭还没来得及吃,饭还是热的,我舀了一瓢米汤汁喝,流的血多,渴呀!

后来,我用大衣跟老百姓换一个破烂衣裳和一条破棉裤,因为到处都是老日,老乡都不愿要我这大衣,说了不少好话才换的。碰上彭家湾一个吴姓人家,在他们家里住了一黑①,第二天怕老日又要来,老乡对我说,逃难的都在街上观音庙,你也去吧,我没有一点儿力气,走不了,就装作没听懂他说的话,抱着我的包袱靠在房柱上坐着。等到他们家雇的割豌豆的人干活回来,饭也做好了,老吴家人喊我,起来起来,过来吃点饭吧,我和雇工好几人坐一桌,他们给我盛一碗干饭(米饭),还倒上酒,我受伤不能喝酒,连干饭也吃不下去,只要了半碗稀饭喝喝。吃完饭,我刚把包着军装的小包袱盖在草垛下面。就听见枪炮声响成一片,日本兵又出来抢东西了。老百姓齐哭乱叫地往山上跑,我也跟着上了山,到天黑,老日就走了,枪炮声静下来,老百姓才慢慢下山回家。在山上我认识了一个叫王友基(音)的当地人,他也当过兵,问我是哪个部队的,我说59军180师,他说180师全部过了襄阳了,你咋还在这儿,我说我受伤了,他掀开我的衣服一看,呀!好危险啊!他问我现在想上哪儿去,我说想回家,他说你回不了家呀,王家大山、马头寨这一圆圈都是日本兵,你说话口音也不一样,摸不过去,这样吧,我给你想个办法,我家是长寿店(今长寿镇)的,家里12间房子都被老日烧光了,现在我在这里我老外父(岳父)家住,你跟着我住,早晚把伤养好了,老日退了你再走。

---

① 一黑:方言,一夜的意思。

我一听这天大的好事,赶紧说感激不尽! 王友基就担上挑子,挽上我,他屋里人(妻子)扛着火篮儿①一起下了山。

王友基的外父家有十几石田②,一石十亩,日子过得舒坦,我在他们家整整住了 56 天,他们还给我做了衣服,买了草帽子,一天吃一碗咸牛肉,一碗腊肉,一碗咸鱼,一碗油炸粉条,吃哩好,也吃胖了。我不好意思总住着,要走,不让我走,我闲不住总想帮人家干活,有一回上一棵木油树上拾干柴,伤口又发了。

康成安像

多少年了,我总想着回去看看那户人家,新中国成立后我当大队干部,忙啊,夜里想,白天干,身上落个肋巴扉。没时间,现在老了,心想当时那个庄有五六户人家,王友基家里最小一个小姑娘 6 岁,没男孩,其他人都比我大十多岁,我现在 90 多岁了,去了恐怕只能找到坟头了。

说起老日,坏呀,飞机轰炸谷城时,十字街的钟一敲当当响,没看见过飞机的人一开始还高兴哩,结果从上午 9 点一直炸到下午 3 点,不知道老百姓炸死多少。我在城东门外地里趴着,一颗炸弹炸开落到跟前,有一只羊那么大。安徽阜阳一听见拉警报狗都吓得叽叽叫着夹着尾巴往床底下钻,荆门炸得连个鸡窝都没有了。

枣宜会战,张司令(张自忠)牺牲那一天,战场上枪炮壳子能盖着地皮,一个手枪营都死完了,司令负了八处伤才牺牲!

我还记得当兵时唱的歌:

---

① 火篮儿:旧时一种取暖的用品,用陶或金属制成,内装炭火或木屑等。
② 石田:是旧时一种面积单位,有以十亩为一石的,也有以一亩为一石的。

日本东洋鬼子,欺压我中国,攻北平,占天津,又打我上海。日本飞机和大炮,到处来轰炸,不分老不分少,见人就屠杀,房舍全烧完,无处可存身。同胞们,快起来,都与日本拼……①

(焦国强记录整理)

4.我在西峡口拼了三回刺刀

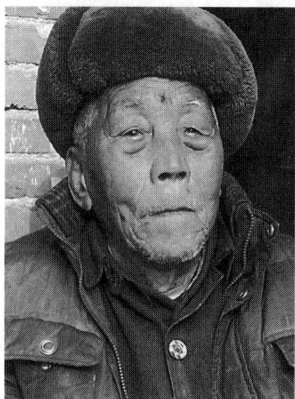

口述人简介:马中阁,1926年生,南召县南河店镇漆树园村桃家沟人,曾在国民革命军第12军、第78军参加抗战,1945年参加西峡口战役,抗战胜利后因病回乡务农。

马中阁像

我属虎,今年虚岁89了,18岁那年抓兵抓到第12军,麦扬花时,部队在郏县北边被打呼啦②了,我们班十几个人跟着郏县县长来到县城北边一个寨子外,县长给我们派了饭,我们在寨外吃,县长进了寨子里面。这时候,从南边村里来了二十几个人,用枪对着我们头,我们班长说:"想玩枪给你们就是了。"枪交给人家,我们就散了。我没地方去,就想着回家,走到半路,碰见一个老头,问我吃饭没有,我说没吃,他就把我领到他家,给我做了一碗捞面条,临走又给我烙了些烙饼带上。那天夜里过郏县时我被老日捉住了,夜里睡不着,等他们都睡了,我和方城的一个老乡一起逃跑,游过一条河,水深,好几步远都

---

① 此歌谣为抗战时期南阳豫西保安团武术教官——邓州的心意六合拳大师陈合龙所编,在南阳民团中广为流传。"日本东洋鬼子,欺压我中国,攻北平,占天津,又打我上海。日本飞机和大炮,到处来轰炸,不分老不分少,见人就屠杀,房舍全烧完,无处可存身。同胞们,快起来,都与日本拼,有枪拿起枪,无枪拿起刀,杀几个日本人,除我们心头恨。中华领土一寸不让人,要收回东北地,尽我国民愤。"(据豆丁网《河南心意六合拳人物小传》)

② 呼啦:方言,垮的意思。

挨不到河底,总算过了河,冻得半死,跑到一个村子里,撞开一家院门,找了件衣服穿上。

回来后,我进了新 8 军在本地的补训处,到腊月间,跟着部队到陕西,准备当出国兵。半路上,我们这个排正好碰上 78 军,排长认识 78 军的人,就把我们编进了 78 军。

19 岁那年正月,跟着 78 军到了西峡口,驻扎在丁河店西南边,离丁河店有一里地。78 军军长叫赖汝雄。记得我的排长姓王,是掘地坪人;班长是许昌八里桥的范老虎。

日本人攻占了丁河,老百姓可惨了,疙瘩营有个妇女被老日捉住了,惨得没法说。从丁河这头跑到那头,打得激烈,拼上了刺刀。在丁河南边有个罗家山(音),是个大山,我们在山上,老日把我们一个连包围了,围了几天,连长卢华敏(音)下令突围,大家把枪背身上,手里都拿上手榴弹,硬是炸出一条路冲出来,我们连原来120 个人,冲出来后只剩下 50 多个人了。

有一次在罗家山,一个上士班长和一个日本军官碰上了,两个人面对面对峙着,班长拿着个空筒步枪,没子弹,日本军官拿着指挥刀,我在几米远的地方看见了,就用枪瞄着敌人,又怕伤到班长,没开枪。这时,日本军官举刀要砍班长,班长是山东人,个子大膀子宽,一下子把日本军官撞出老远,然后班长就跑开了,我这才开枪打死了日本军官。之后,我跳出掩体去捡日本军官的指挥刀,回来高兴得不得了,可是连长却把我臭骂了一顿:"小鬼,你有几条命?"我说:"我有一条命,明晃晃的刀放那儿咋能不捡呢?"我看这人该咋死是一就的,我后来在重机枪连时,在堡垒角上打了两天机枪也没出事,后来石门一个老乡说:"中阁,你起来让我打一会儿。"我刚离开身,就听见子弹"嗖"的一声打中了他,我赶快去告诉连长,派来担架把他救了下去。还有一次,伙夫刚做好饭,伸了个懒腰,露出了身子,被敌人一枪打死了。

后来,我们又把丁河夺回来,把日本人打跑了。清早起来,伙房做好饭,我腾了一个盐罐,盛了一碗干饭和一勺菜,队伍就集合了,日本人已经到周围松树林里了,我们后面是个断头崖,没有退路。我走着吃着,突然一阵机枪响,我手里的盐罐也被子弹打破了,我赶紧趴在一个土坑里,把枪从身上取下来,上了枪栓,用油布擦擦就开始打,一直把老日从丁河赶到马鞍桥。马鞍桥这地方我记得很清,因为在这儿,我们有3汽车的伤兵都是刺刀伤,后来中央军的飞机来轰炸,炸错了,把这3汽车的伤兵都炸死了。

我那时候年轻,身子利①,拼刺刀时眼括涮,腿也利,你不扎死他,他就会扎死你,他刺你,你先得把他的枪拨过去,再刺。我们在西峡口拼刺刀吃亏大,我们使的汉阳枪,一戳刺刀就掉了,有的刺刀用两下就卷刃了,人家的枪要比我们的枪长一些,那时候身上不是没有子弹,是没有时间上子弹。我在西峡口拼过3回刺刀,有一次,3个老日拼我一个人,我看不行,跳过一个战沟跑了,拐个弯,看见副班长正好在那里,我做了个手势,副班长砰砰两枪打死了两个日本人,我这才想起来我的枪里还有一发子弹,就举枪把第3个日本人也打死了。拼刺刀有时是一个班对一个班拼,在马鞍桥那一次双方上的人都多,有的兵头上被刺几道口子,有的脸刺破,舌头刺断,看着寒心啊!

西峡出柏树,刚开始,死了还能用个柏木棺材,后来死的人多了就没有棺材了。丁河西门外那块地,尽是埋的78军当官的,连个墓碑也没有。有时看见战友打死了,就用身上背的洋镐洋锹在马鼓石上刨个坑,把头盖上,打扫战场时,一个干地窖就要埋一二

---

① 身子利:方言,敏捷的意思。

十个人。日本人的尸首能拉走的时候他们就拉走了,拉不走的时候就卸条胳膊卸条腿拉走,烧烧运回国了。

我们在丁河守着山根,有时攻,有时守。老日后来就没多大劲了,没有刚来那阵子凶了。后来听说日本一个小兵团走豆腐店抄我们后路,天明时中央军的飞机大炮轰炸了豆腐店,口军在那儿吃了亏,死的人多。马鞍桥往北有个山,陡得很,老日在这儿也死得多,尸体都没有运走。

连长对我好,在丁河,连长把自己的皮大衣给我盖上,我夜里没解过背包。连长调到机枪连当连长,他知道我这个人的性格,把我也带到了机枪连。机枪连有 4 挺马克沁重机枪,枪里装 4 公斤水,打时间长了水能烧开,要换上水再打。一般 6 个人管一挺重机枪,6 名机枪手都得会打会卸,我是 2 号。1 号管观察,2 号管往枪里输送子弹,3 号是射手,4 号、5 号、6 号都是装弹手,一带子弹 250 发,打起来手一紧一松,一带子弹就打完了,要不停地装子弹。机枪上有个高低转轮,扫射时一个手管扳机,一个手握住左右转轮来回摆动,还有超越射击我也会。重机枪都架在工兵修的堡垒里,上面棚着 4 层枕木。有一次,炮弹落在堡垒上,炸坏了 3 层枕木,我的耳朵就是那时候震聋了。

日本人投降后,我们师长和日本人在西峡口镇谈判,晚上我和几个战友去接师长,师长说:"老日无条件投降了。"

日本投降后,我生病了,血伤寒,连长叫来先生给我看,先生看我不行了,不给我打针,连长说:"给他打针吧,他是英雄啊。"打上针,把大家的被子都盖到我身上,后半夜出了汗,病就显轻了。第二天早上吃过早饭,我又流鼻血,流了一瓷盆血,后来身体就不行了。日本投降后部队裁减老弱残兵,就把我裁了,本来说要发胜利金,我还在连里等着,后来连里也不让吃饭了。

回了家,在家里跟着我哥喂牛放牛。新中国成立后,我一个人起火做饭,一直没有成家。

(焦国强记录整理)

5. 在西峡口,团长挥泪斩护兵

口述人简介:杨国永,男,1924年10月26日生,河南南阳卧龙区安皋镇小杨庄村人,1944年参加国民革命军第78军,参加过西峡口战役。

西峡口战役纪念碑
(图片来源《南阳日报》)

我小时候在南阳掘地坪复兴中学读初中,当时抓壮丁,我不想被绳捆索绑地拉着走,就经一个在78军①当连长的本家大哥介绍,主动参军当兵,被分到国民革命军第78军第43师第129团第3营第7连当上士文书。我们军长叫赖汝雄,师长叫黄国书(是个小个子),团长叫余志刚,副团长姓胡,连长叫苗远胜(音)。参军后先在嵩县待了一段时间,后来因水土不服,得了痢疾,病得起不了床,没办法,又回到南阳治了一段时间,后来部队来到南阳镇平县西边的官路河(今镇平县官路河村),我又回到部队,在这里

---

① 国民革命军第78军:1944年2月,国民党军为加强豫中会战的军事力量,将第28集团军独立第15旅扩编为新编第42师,与新建的新编第43、新编第44师共同组成第78军,隶属第28集团军,参加了豫中会战。1945年,该军改隶第31集团军,参加了豫西鄂北会战。1945年8月,抗日战争胜利后,该军被裁减。

驻了三个月。

1945 年,78 军 3 个师全都开到西峡口(河南西峡县),军部、团部驻在花园关(音),部队分散着驻扎,我们连驻在上、下八庙。

余志刚团长是从中士班长一

西峡口战役旧址
(图片来源《南阳日报》)

直干到团长的,对下属要求很严。在花园关驻扎期间,出了一件事。有家老百姓接媳妇,余团长的卫士也去喝喜酒,这个过程中可能是喝醉了,强奸了一个妇女,被人家追到团部,团部站岗的士兵为了保护那个卫士,说团部没这个人,人家偏不依,把站岗士兵身上的符号都抓掉了,最后闯进团部,指认出了那个卫士,卫士也承认了。后来全师开会,要枪毙那个卫士。这个卫士跟随余团长时间长,有感情,余团长不叫别人动手,他亲自枪毙了这个卫士,子弹穿心而过,团长趴在他身上哭了一场,还给他买了一副柏木棺材。

不久,我们就与 85 军一起和日本作战。

我们 43 师第一个被派上去,经丁河、重阳和敌人作战。战前,余志刚动员说,据消息透露,日寇近日要向这里窜扰,各连的文书上士、司务长要准备给养,交由各连带回,其他弟兄们抓紧时间擦枪。

我当兵时间短,还是个学生,舞阳县的一个司务长候松林带着我一起到水磨坊磨面,磨完面交给连队,我们俩又把没分完的面和多余的3支步枪寄存在一个民团队长家里,等我们回来时部队已经开走了。司务长烙了些馍带着,我们俩一起开始追部队,走丁河、重阳到奎文关,到这里就看到有伤兵从火线上被抬下来,有的伤兵在担架上痛得受不住,对担架兵说:"爷们哪,积积福,慢点慢点!"

第二天上午,我们俩追上了部队,当时我们部队正把着一个山头,团长余志刚光膀子打电话:"3营!3营!"看来是电话线断了。战斗持续到下午晚些时候,敌人两架飞机压着头打,日本人攻占了一个山头,这时我们部队吹响了退却号,43师退下来和42师换防,42师接着打。

我们向西南方向撤退,到45里外的霸王寨一带集结,中间经过一道沟,敌人的机枪不断扫射,还用迫击炮打,远处还有大炮打。天黑,我和司务长候松林、杂务班班长刘志刚三人手拉手一起走,司务长不断提醒我:"压低身子,压低身子!"一路上还在不停地下雨,到霸王寨时衣服全湿透了。霸王寨上有个做烟火的作坊,大家把衣服脱了烤,没烤一会儿,又传来黄国书师长的命令,要我们死守奎文关,我们又沿公路连夜赶回到奎文关附近,和44师一起和敌人接上了火,在这里又守了两天。第三天中午,接到退却命令,退下来后,各连文书清点上报人员枪支数目,战前我们第7连是156人,战后只剩19个人21支枪了,机枪连人员也不齐了,团里开会就没啥人了,部队撤下来后东一群西一群各找门路,我跟着本家大哥杨华宇一起回到老家。

(焦国强记录整理)

6.跟随黄樵松坚守南阳

口述人简介:张文树,男,1922年生,原籍北京市房山区东关

街,现居河南平顶山市区,1939 年至 1940
年在国民革命军第 30 军 27 师 80 团团部
当通信兵,1940 年至 1949 年在 68 军 143
师 428 团历任少尉警卫、连长、营长。
1955 年因政治历史问题被判刑 10 年,在
新疆服刑,1966 年转入新疆生产建设兵
团农 8 师工作至退休。

张文树像

　　我祖籍北京房山东关,父亲原是平
汉铁路的职工,在邢台工作,抗战爆发后
全家迁到郑州。黄河以北沦陷后,交通
中断,铁路被毁,铁路工人失去工作,父亲也被遣散了。抗战第二
年,我十六七岁,为了维持生活,在郑州当了兵。临走,我对父亲
说:“儿子这一走,一定认认真真干,死就死在外头,要是不死,这
条皮带不用坏就不回家。”

　　当兵后我被编入第 2 集团军孙连仲的部队。这支部队原来属
于冯玉祥的西北军,军纪严,不久前参加台儿庄战役之后撤下来休
整。我分配到第 30 军 27 师 80 团当通信兵。大约一年后,一个偶
然的机会,我认识了 27 师师长黄樵松,被调到师部当勤务兵。

　　那是在信阳外围一个叫平昌关的地方(信阳市平桥区平昌关
镇),当时 80 团的任务是迎击敌人,我们一个团,敌人是一个旅团,
兵力比我们多一倍,敌人还有飞机坦克,打了三四个小时,最后我
们寡不敌众,垮下来了。我随着部队一起往下撤,路上,敌机轰炸,
驮弹药的骡马受惊,炮蹶子把炮弹箱摔在地上跑了,我觉得炮弹白
白扔了很可惜,就捡了两箱,用棍子担在肩上走了大约 20 里,这
时,遇见黄师长带着部队赶来增援。一般情况下,撤退时大家都是
尽量少带东西,我却担着两箱炮弹有几十斤重,还背着一拐子电

线,这引起了黄师长的注意,那时候部队兵种不同,领章的颜色也不同,通信兵是灰色的,辎重兵是黑色的,步兵和炮兵是红色的,卫生兵是绿色的。黄师长就过来问我:"你是个通信兵,为什么还扛着炮弹?"我回答说:"让日本人拾到还要用它打咱们呢。"黄师长说:"好,你把炮弹放地上吧,让辎重兵运。"我当时身上带了一部电话机和一拐子电线,按照黄师长的吩咐,我把电话机连接到路边的长途电话线上。黄师长又问我:"你们团长呢?"我说:"从靠西边右侧撤下去了,团里伤亡很重,营长都受伤了,团长叫向王家店集结。"临走,黄师长交代副官长:"把张文树记下,给他奖励 5 块钱。"从那以后,黄师长就记住我了。

过了几个月,部队换防,团部和师部又在路上遇上了,黄师长来到了团部,派副官长找我,副官长问通信排排长:"你们这里有个张文树没有?"排长不想放我,就说"没有。"后来休息时我看见了副官长,就和他打招呼,副官长说:"这不是张文树吗?你们却说没有,黄师长要你们把张文树送到师部去。"就这样,我被调到师部,跟随黄师长当勤务兵,带职为少尉,我只负责内勤,管师长的生活和办公文件,另外还有几个随从管别的工作。

黄樵松师长是行伍出身,他给我们讲,他很小的时候就当兵了,抗战开始后从北平打到山西太原,沿着平汉线到台儿庄,在台儿庄打下来,一个师剩下不到一个团。师长平时对我很关心,行军每到一个地方,住在老百姓家里,黄师长总让我念一念墙上挂的条扇字画,我弄不懂的地方他再给我讲讲。黄师长爱写作,和臧克家、单亚伯关系好,经常在一起。黄师长当将领多年,可是手里没钱,一直到日本人投降后才有个车坐。

当勤务员一年后,我对黄师长表达了想去军校学习的想法,黄师长很支持,当即给我写了一封推荐信,推荐我到中央军校八分校学习。

中央军校八分校地点在湖北均州曹店,分为"学生总队"和"学员总队",学生总队来源是普通学生,学员总队全部来自部队军官,学生总队学期是一年半,学员总队是一年,学生分成总队、大队、中队,我分配在1大队2中队,总队长姓吕。主要学习政治、军事知识,从一个士兵开始一直到一个团级军官所应具备的知识都要学。

军校毕业之后继续跟着黄师长干了约一年时间。黄师长对我说:"你上了军校,学了就要用,光跟着我不行啊,要下到连队锻炼锻炼。"此后,黄师长被调到68军143师当师长,我被任命为68军143师428团2营4连连长。一般来说1个团3个营,1、2、3连属第1营,4、5、6连属第2营,7、8、9连属第3营。

抗战期间随部队参加了多次战斗,主要活动范围在河南南阳、叶县、方城、唐河、确山、泌阳,以及湖北随县、枣阳、荆门、南漳,这些地方都属于第5战区的范围。

1940年枣宜会战中,我们奉李宗仁命令从南阳方城开到湖北,在老河口渡过河支援33集团军,打了两天,战斗很激烈,33集团军总司令张自忠阵亡了。又打了两天,日军也退了。这里集结的部队多,有3个集团军几个军的兵力,打了几个大仗。老河口这个地方,战略位置非常重要,是进入四川的必由之路,蒋介石把李宗仁放在这里是动了脑筋的,因为第5战区军队成分复杂,有东北军、川军,还有中央系的汤恩伯,只有李宗仁才能平衡掌握。

有一次,第5战区司令长官李宗仁召集将校开会,把各集团军团长以上的军官召集到老河口,我跟着黄师长一起来到老河口。当时我们师里军官们都配有德国造20响手枪,共有50多支,但子弹太缺,我本人只有16发子弹,我就对黄师长说:"能不能趁着这次开会的机会,找李长官要点手枪子弹?"黄师长说:"谁去要啊?"我说:"我去要。"黄师长看看我说:"你能行?"我说:"你写个条子,我拿去试试。"到老河口我找到了在八分校上学的同学邱杰,他是李长官的随从,邱杰曾跟我说过,到战区来有什么事尽管找他。开会期间,我把黄师长写的条子交给了邱杰,邱杰找机会把条子转给李长官,很快就批了5000发手枪子弹,拿回去黄师长可高兴了。那时候经常去老河口,李长官跟黄师长还一起打过网球。

1945年3月,日军进攻南阳,我跟随黄师长参加了南阳保卫战,这次战役打得十分激烈。

143师有3个步兵团,守卫南阳这么大的城市,兵力本身就不够,集团军总部刘汝明还撤走了1个团,黄师长实际只有两个团的兵力,心里很不满意。接到任务后,黄师长把部队集合起来,进行战前动员,黄师长讲:"这次我们的任务就是保卫南阳,与南阳共存亡,趁还没有开打,大家回去都相互烧个纸!"黄师长的意思就是要大家明白任务的艰巨,每个人要抱定必死的决心,才能守住南阳。指挥部设在王府山附近的一个茧桑厂,他还为自己做了一口棺材,表明决心,鼓舞士气。动员会后就连夜布置了战斗任务。

日军从方城过来,地形复杂的东南小水门首当其冲,南阳战前就把工事修得非常好,深沟高垒,主要路口都埋了地雷,小水门外埋地雷更多,有时自己人也误踩被炸。第二天早上,日本人用大炮连续轰击了3个小时,部队就攻上来了,头一次攻得厉害,但仍没攻破我们阵地,到中午他们就撤下去了。这样连攻4天,每天都很激烈,还是没有攻下来。后来战事拖延下去,攻势减弱。日军又绕到南阳外围,在卧龙岗打得很激烈,派了一个重机枪连,带了6挺重机枪,打到最后没下来几个人。本来是要派我去卧龙岗的,团长认为我敢冲敢干,要作为预备队放到最关键的时候再用。

我们连负责守南阳玄妙观。玄妙观紧挨着城西北角,那里有个景武高中。玄妙观虽然不是日军进攻的主要目标,但它是我军的一个重要据点,日军攻这个据点攻了两天,敌人的炮火厉害,他们用的是山炮,炮弹碰到东西就炸,玄妙观院里种的柏树多,炮弹碰到树梢就在空中爆炸了,弹片向下覆盖,杀伤力很大,我们连伤亡40多人,大部分死于炮火。当连长没有指挥部,到处巡视,查看情况,那段时间也不知道累,困极了就坐地上歪一会儿,打个盹儿。

后来日本人又绕到西门,打了几天,双方伤亡都很大。日军还出动飞机,平时2架,多的时候4架,坦克更多。装备上我们是不行的,我们一个营只有两门迫击炮、6挺重机枪,除此之外没什么重武器了。日本人白天打,夜里不打,我们伤亡太多,刘汝明觉得这样消耗下去毫无意义,让我们撤,143师是他带过的部队,也不想叫白白的打光。最后部队在晚上撤了,撤到淅川马磴,最后开到湖北郧阳。不久,日本无条件投降了。

(焦国强记录整理)

7. 回忆西峡口战役

口述人简介:葛传海,男,1925年生,河南原阳县桥北乡黄庄村人,1939考入黄埔军校7分校第17期,毕业后历任第3集团军鲁西招募处少尉排长,鲁苏皖豫边区挺进第9纵队中尉排长,第76军上尉参谋、连长,1949年12月随7兵团(裴昌会部)在成都起义,1951年随中国人民志愿军60军参加抗美援朝,1954年7月转业回郑州,1958年至1968年因“反革命罪”被判刑10年,1968年

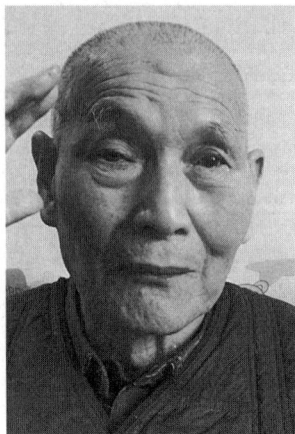

葛传海像

至1979年回乡务农,1979年平反后回郑州恢复工作,1994年退休。

小时候我在郑州书院街明新中学读书,这个学校的校长是姚明甫,曾当过安徽省主席刘镇华的秘书。刘镇华也是校董,经常给学校资助,当时的老师都是大学毕业,教学很正规。

七七事变爆发后,抗战气氛高涨,大街上经常有人游行,高呼抗日口号,大唱抗日歌曲,我们也学会了《枪口对外》《松花江上》《大刀向鬼子们的头上砍去》等抗战歌曲。上海救亡剧团来郑州演出,学校组织我们到扶轮中学看了王莹主演的《放下你的鞭子》,我们学校也经常组织师生下乡演出。

郑州是铁路要道,车站上每天都有兵车北上,开赴前线杀敌,更多的是一批批逃难的群众。当时日本飞机已开始轰炸郑州,经常有防空警报,学生们人心惶惶,已不能正常上课了,家住黄河北岸的同学回家动员家长南迁,但农民离开土地何以为生,家长们都不同意。有不少同学投笔从戎。

1938年,黄河封渡,我无法回郑州上学了,当时华北大部分地区已经沦陷,国民党地方政权已不存在,土匪蜂起,社会大乱。农历三月三,土匪攻打盐店庄,父亲套上牲口拉着我们到村南柳园内躲避,直到天黑才回家。这期间,我在王村教堂办的学习班里继续学习,到秋天,学习班停办,日伪政权相继建立,日军不时出城骚扰,逮猪捉鸡。1939年,村里组织青壮年自卫队巡查守村,还办了一个私塾,我又继续学习。到秋季,广武县(今荥阳广武镇)3区区长祝翠轩跑到黄河南成立了抗日游击队,本村一个姓王的长辈是游击队的副官,他回老家接家眷南渡时,我父亲就托他把我带出去。第二天,我就跟着他到了古荥镇。到年底,我和同学一起步行到洛阳报考学校,洛阳当时是河南省政府所在地,到处都有招生广告。后来我考入洛阳青年劳动营。到6月,这个劳动营并入西安劳动营本部,我又来到西安,正逢黄埔军校招生,我顺利考上了。到王曲校本部报到后,我被编到7分校第17期独立大队,驻地在南樊村。

1940年,后方物资供应相当困难,我们没有固定的校舍,住在庙里,睡的是土炕,房子不够就自己建,缺砖少瓦就拆村上的旧庙,白天怕老百姓阻拦就夜里行动,当地老百姓编了个顺口溜:军校军校,白天睡觉,夜里拆庙。

入校后,先经过三个月的训练,学习德式操典,稍有不对,队长张口就骂,抬手就打,一站就是半个小时,眨眼或者腿发软都要挨打。拔慢步更是要命,拔得两腿肿胀,晚上睡觉先用手把腿搬到炕上,痛得难以入睡。入伍期结束后升入军官期,进行系统的军事训练,主要内容有步兵操典、野外勤务、筑城学、兵器学、观测、战术等。1941年春节过后,我们独立大队编入第17期13总队第3大队,移驻陕西省岐山县,后来由于环境恶劣,又迁回西安曲江池。我们第3大队被定为重机枪队,专门学习重机枪,我整理的《重机枪学习笔记》由"西安新秦日报社"排版印刷,全队人手一册。

1942年8月3日,我们在王曲河西大操场上举行了毕业典礼,军训部长白崇禧讲了话,我们每人发一套新军装,佩挂着中正剑,个个英姿勃发。毕业后我被分配到第3集团军总部,当时第3集团军在灵宝休整,因为他们不是嫡系部队,有些排外情绪,很长时间没给我们军校毕业生分配工作,我和几个同学就申请到第3集团军下属的鲁西招募处工作,到了豫东项城。不久,我被安排到

2团7连任少尉排长。1943年春节过后,部队从项城开到淮阳修河堤,由于河南连年灾荒,部队粮食供应不足,士兵们天天饿肚子,老百姓更是悲惨,驻地新集的临街房檐下,一堆堆的饥民骨瘦如柴,有的人走着走着就慢慢跌倒,头一歪,吐几口黄水就断气了。

1943年6月,部队在禹县改编为鲁苏皖豫边区挺进第9纵队,移防漯河南叶岗村。8月,我晋升为26支队机炮连中尉排长。1944年,部队在方城独树镇改编为国民革命军第76军43师129团,师长是黄国书,我仍在机炮连任中尉排长。

1944年4月,日军进攻中牟县,豫中会战开始,打了38天,由于指挥失误,丢城38座,折兵20余万。会战开始时,我调到43师师部任上尉参谋,部队每天急行军,疲惫不堪,我得了很重的伤寒病,行军时拄着拐棍,有时拉着马尾巴。有一天宿营后,我的病发作,烧得神志不清,喘不过气,大喊大叫,翻来滚去,脚都踢破了,最后出一身大汗才苏醒过来。部队到鲁山县下汤时,我的病又犯了,从下午开始流鼻血,到午夜还没有止住,身上都染成红的了。到鲁山宽步口时又犯了一次,口渴难忍,就让民伕给我端来两碗凉水一气喝下,又盖上3条被子,最后竟出现奇迹,出了一身大汗后浑身轻松,从此,病就慢慢好了。

豫中会战后,部队由南召县马柿坪经李青店到镇平县晁陂镇驻扎,过完中秋节,又移防内乡县重阳店(现西峡县重阳镇)。76军军部驻西坪镇,43师师部驻重阳店圪垱营,师长和参谋长住王家营。当时豫西几个县是别廷芳的领地,他搞了个地方自治,成立保甲联防,组织训练民团,把当地治理得路不拾遗,夜不闭户,老百姓很称赞,他死后民团由其族侄别光汉带领。参谋处军校青年学生多,主任韩忠是黄埔军校第14期的,他平易近人,态度和蔼,大家在工作之余常聚在一起唱唱京戏,嘻嘻哈哈,很愉快很难忘。这期间,我在参谋处参与修筑国防工事,清早就从驻地去工地,到晚上才回来,负责实地考察、选址、掌握进度、绘图上报、陪长官一起巡视检查。当时的工事以重阳店、马鞍桥为重点,分布在西(峡口)荆(紫关)公路两侧,就地砍伐山上树木覆盖掩体,形成纵横交错的火力网。

1945年元月,我由师部上尉参谋调到129团2营4连任上尉连长,由幕僚变成了"百夫长",部队作战和训练一般都以连为单位,我20岁当连长,当时算比较年轻的。当时129团的团长是赵仁,军校十期毕业,原任43师参谋长;营长是贺一凡,军校14期毕业,曾在外语训练班专攻俄语,这两个人有文化、有魄力、有新招,在全军军官中是公认的"少壮派"。

1945年春,麦子将要吐穗时,日军开始进攻,气氛骤然紧张起来,方城失陷,内乡不守,别光汉的两个团防守西峡口,也没挡住日军的进攻,垮了下来,日军过了奎文关,逼近重阳店。我连就进入马鞍桥阵地固守,储存弹药,组织演习,对可能发生的情况都拟定出方案实地进行演习。

重阳店是我团的前进阵地,由3营防守,战斗持续一昼夜,9连连长牺牲了,双方伤亡都很大,这一仗大挫了敌军的锐气。敌人占据重阳店后,停了两天,又开始向马鞍桥阵地进攻。一天夜里,敌人从公路和两旁山地向我们阵地进攻,阵前公路拐弯处有间小草房,我派人在草房内监视,如果发现敌人靠近,立即把小草房点着报警。后来敌人接近时,草房被点着了,信号弹随之打上天空,一时间,枪炮齐鸣,各火力点按原计划一齐向敌人射击,把公路封锁得严严实实,营长、团长、师长纷纷打来电话询问前方战况。当天夜里下着雨,一片漆黑,只能看见射击时的点点火光。

敌人第一次进攻失败,退了回去,第二天在战车的掩护下,再次发动进攻。军部新成立的战防枪连配备到我连阵地上，在隐蔽处向坦克、战车射击，战防枪发挥了威力，一连打毁敌人好几辆坦克，其余的狼狈而逃。

当时的日军已是强弩之末，美军飞机直接支援我军作战，原来很少使用的战车等装备这时也发挥了作用，战斗打响后，各种炮火从后方向敌人射击，炮弹呼啸着飞过，极大地振奋了我军士气。敌人从正面进攻受挫后，又增加了兵力，在炮火掩护下由两侧山地迂回进攻。有一次，1排向我报告，大批敌人从对面山上下来了，正向我方山头上爬，情况十分紧急。我立即向上级报告，要求炮火支援，随即带领预备队沿交通壕前往支援，到1排阵地时，敌人已爬到半山腰了，我当机立断，大喊一声，带着预备队跳出战壕向敌人冲去，一阵手榴弹把冲上来的敌人消灭了。

我连防守马鞍桥主阵地，在7天7夜的战斗中，天天下雨，身上的衣服湿透了也没时间换，困得很了就闭上眼打个盹，枪一响，精神头就又来了，一有情况马上从掩体里跳出来接着打。由于我们的顽强抵抗，敌人没能向西再前进一步，丢下数百具尸体，又退回重阳店。

马鞍桥一战的胜利成了豫西会战的转折点，后方各大报纸以"马鞍桥大捷"为题出了"号外"。战斗结束后，部队换下来休息，附近的群众牵猪牵羊来部队慰问，我换了衣服，一口气睡了两天两夜才醒。

马鞍桥之战后，敌人由进攻改为防守，退居到丁河店一线，敌东我西，隔河相持。白天我们的飞机轮番轰炸，俯冲扫射，地面人员用新配备的步话机直接和飞机联系，随时修正轰炸目标，我军炮兵也不断向敌人阵地射击，整夜不断，士兵们都很兴奋，有时竟跳出战壕，欢呼雀跃，偶尔也看见一两架日本飞机在阵地上空盘旋两圈又飞走了。

经过一段时间的战斗,日军伤亡惨重,我们得到情报,说日军在丁河店的兵力不足,要从淅川县调来一个旅团增援丁河,上级决定沿途截击消灭增援的敌人。我连接受了新任务,开到重阳店南山的蒲塘,这里有上、中、下三个蒲塘村,原是官宦故居。一天上午,营长命令我连去一个排归5连指挥,守蒲塘北面山头,我叫1排去了,没过多长时间传令兵回来报告,1排排长张金龙被敌人冷枪打中头部当场身亡,他是军校18期的毕业生,河北人。得到消息我心情非常沉重,虽然战场上死人是常有的事,但和他朝夕相处,共同战斗,一下子就没了,怎么不叫人伤心!

预计敌人要走蒲塘到丁河这条路,我们准备在后面布置口袋,诱敌进入后消灭。中午,团长赵仁亲自到我连布置任务,团长说:"你连的任务就是在蒲塘河道狙击敌人,为后方部署赢得时间,能坚持到天明,就算你们完成了任务。白天发现敌人在前方山中集结,还看到几处炊烟,夜里一定会有场恶战,你们思想上要做好准备。"

蒲塘村前有条小河,河水断断续续,河道中有一片开阔地,两边是山,我连沿着河道布置了三道防线。入夜以后,月色朦胧,山中凉气袭人。枪响了,敌人开始行动,我立即带着指挥班到第一线指挥,敌人全副武装,脚穿皮鞋,两手端枪,一字排开向我们阵地冲来,我们一阵猛烈射击,夜里敌人也弄不清我军到底有多少人,进进停停,不敢冒进,我们全连9挺机枪打坏了7挺,手榴弹也扔光了,只有拼刺刀了,夜空里传来一阵阵喊杀声……最终,我们寡不敌众,一、二道防线被冲破,第三道防线危机,这时,4排排长郭明久跑过来对我说:"连长,这前面的敌人看样子还不少,咱现在没几个人了,要冲过来怎么办?"我当机立断:"上山上再说!"身边的几个人就跟着我一起往山上爬,快爬到山顶时,看到右前方有人影在晃动,我紧爬两步到了山顶,对方叽里呱啦喊了两声,我知道这是敌人在问口令,就急转身躲到大树后,招呼上来的人快跑一、二十步,趴在地上就向敌人射击,敌人也没敢前进,这时天已明了,副营长田龙云从后边跑过来传达团长的命令,说阻击任务已完成,要我们马上撤回。经过这一场恶战,我连原有140人,下阵地时只剩下19个人了。

后来,敌人中了我军埋伏,被围在一个叫豆腐寨的小村里,这里左右环山,沟底有条小河,我们调集了10个团包围了这1000多敌人,飞机大炮不停地对着小村狂轰滥炸,两天后,从望远镜里已见不到人影,只看见沟里被炸死的马,有的还在动。总攻开始后我连首先冲入豆腐寨,当时天气热,村里尸体臭气呛人,小河的水都变成了红色,死马胀得比骆驼还大。后来才知道,敌人刚进村时,怕走漏风声,把村里没跑掉的几十口人堵在一个屋内烧死了,尸体被烧得面目全非,惨不忍睹。

豆腐寨战斗后,残余敌人窜到丁河。在丁河南侧有个山头,怀疑上面还有敌人,我连上去搜索,上山的路很窄,只能容一个人通过,我走在中间,1班长刘朝新扛着机枪,停下来喝水,我走到他跟前说:"刘朝新,快跟上,别掉队!"他向我笑笑说:"连长,没问题。"他刚超过我才走两步,山上一声枪响,只见刘朝新向前一栽,机枪甩出老远,我连忙转身紧贴着梯田边上躲避,战友们再上来时看到刘朝新已经没气了。我连撤下来后又重新组织兵力,在炮火的支援下,两面夹攻,把那座小山头攻了下来。

经过几个月的战斗,部队伤亡严重,到8月间,我所在的78军奉命撤出阵地,换防到西安后方休整。部队沿西荆公路经西坪、过商南、到蓝田,路上听说日本人无条件投降了。乍一听说,还不相信,随后沿途都有人放鞭炮,敲锣打鼓地庆祝,这才相信抗战真的胜利了。

到蓝田后还没住定,我又接到新的任务,和赵仁团长一起到王曲参加中、美合办的新兵器训练班。这年中秋节,我们住在终南山的留村,大操场上摆下一排桌凳,每人发一份月饼、水果,边吃边赏月,想想不久前的战场,我无限感慨!

抗战胜利后,形势有了新的变化,国民党军队有的参加接收,有的原地待命,战争期间逃到大后方的人们急于返乡,交通工具十分紧张,商人们趁机大发横财,人们行色匆匆,争分夺秒,铁路沿线的城镇也繁华热闹起来,酒楼、饭馆、商店、剧院如雨后春笋,部队生活也比以前好多了。到冬季,我们部队开到陕西西北部邠州城(今彬县),腊月除夕,大雪封门,团长在团部设宴宴请全团连以上军官及眷属,大家欢聚一堂,开怀畅饮,这是我在抗日战争胜利后的第一个愉快、难忘的除夕之夜。

(焦国强记录整理)

8. 我所经历的西峡口战役

口述人简介:万邦泽,男,1910 年 8 月 11 日生,河南省淅川县寺湾镇罗岗村人,1942 年参加国民党军队,1945 年参加了西峡口抗战,新中国成立后在家务农。

1942 年我在陕西渭南给地主扛长工,被国民党抓去当壮丁,1943 年至 1945

万邦泽像

年 8 月,随部队驻扎在渑池县守卫黄河近 3 年,后随部队在卢氏、西峡、淅川一带抗击日军,参加过 1945 年的西峡口战役。虽然时间距今 70 年,但打日军的一些片段仍历历在目,记忆犹新。

1945 年的农历四五月份,我所在的 17 军 84 师 251 团一连,在开往卢氏途中,大部分士兵失散,多数陕西人都回家了,一部分河南的兵也跑了,部队包括我在内剩余的人不多,被编为国军独立工9团,仍属17军直属长官部,开往卢氏、白浪的叩门山抗击日军。一直打到西峡口的蒲塘、淅川的鹰爪山和封子山一带。后来我们工9团团部又设在丁河店西头,丁河店的东头为日军驻守。国军在丁河店建有临时机场,因我个子高,让我在重机枪连,为上等兵。日军的目的是进陕入川,直逼陪都重庆。因此国军抗击日军的任务很重,下死命令一定要阻击日军不能西进。日军在丁河一带驻扎的部队也很多,与国军部队距离很近,处于对峙状态,双方除了用飞机轰炸外,大部分就是近距离作战,一般在百十米内,双方只要看见人就有碉堡工事,就开枪或用手榴弹。为区别国军和日军阵地,我国军就在白布单上画上一飞机图形,摊在地上,四角用石头压住,这标识着是国军阵地,飞机往下扔炸弹时就不会弄错。

六七月间天气显得特别闷热,加上交通不便又处在战场火箭头上,后勤粮食等供养不上,多数战士瘦得脱像,在对日军的战斗中士气难免受到影响。在蒲塘、鹰爪山、代背寺,仗打得很惨,双方死亡的人成堆,尸体腐烂后生的蛆疙瘩像竹笋头那样大,臭气熏天,从那儿路过就得捏着鼻子。从飞机上往下扔的炮弹、炮筒壳子落了一层绊腿。特别在丁河店北的龙洞山上,日军子弹打空后,伤亡很大,沟沟岔岔净是些骨头架。有一次,我的右胳膊被日军子弹打穿,作简单包扎后,又上前端起重机枪,对敌人不停地扫射。我们的军长姓吴,师部设在管道口、余家帽,团长叫蒋桂克。之后,团部又转移到柳西河。丁河机场属姜之兰团长所管,有一次,一架飞机的翅膀受伤后,运至丁河机场略作修理,又用两架飞机将其拖往西安机场。日军的驻扎地都修有工事和碉堡,除此之外,还用树枝在营房外作掩护,并绑些手榴弹,你若靠近它,略有不妨,它就拉起绳子引爆手榴弹爆炸。在以上战场上,日军伤残严重,但国军阵亡也不少。

我们独立工9团在西峡仅有几个月时间,战役结束后,因我老家距这里比较近,我向班长请假要回去探家,班长就批了我的假,就在我离开连队那天,我和另一老乡罗士林往寺湾方向走的路上,遇到6个日本兵,他们处于优势,气势汹汹想把我们两个干掉,但他们走山路不如我们,为了减少日军对老百姓的灾难,我们来个诱敌深入,一直往山顶上跑,当我们占领山头后,就一个劲地往山下滚石头,或用石块砸他们,最后将6个日军全部砸死。

此后,我就没有再回部队,淅川解放后(1948年5月)我就在家乡安分守己,当个好农民,直到今天。

(淅川县史志研究室原主任　明新胜记录整理)

二、内乡、淅川民团抗日战况

(一)河南省内乡县民团西峡口抗战经过及成果报告表[①]

……鉴此次倭夷以110师团及东京机械化师团,配合伪军共约4万余人大举犯我宛西,顾三、炳灵等,懔于汉贼不两立之旨,督率内乡全县团队协助国军打击敌寇,同时发动民众于国军补给,则罄其所有,悉力供应于流徙难民,则设法救济不使失所(如逃至西坪、桑坪、米坪、蛇尾沟、常探河、汪墳、杜川、夏馆及公路南侧之萧山、朝阳山、黄龙寨,与灵官殿南之三尖山等处各山区之难民,或万余或数千不等,即系暂按大小口,每日照四合或二合发给食粮);

---

① 节选自刘顾三、薛炳灵:《河南省内乡县民团西峡口抗战经过及成果报告表》。

于汉奸敌探,则严为盘诘查有证据立予处死,使其无法入境;于赴乡骚扰之零星敌人,则组织便衣队隐伏各村相机捕杀;于犯我之大部敌人,则坚守阵地作殊死战,并不时在敌后方予以机动性之扰袭,使其难安枕席。自3月26日起截至7月31日止,大小战役计共134次,所有战斗详况及一切应变措施,未及一一覶缕,谨择要叙述如次。

1. 抗敌经过

(1)敌人到达南阳三岔口镇平之菩提寺后,奉刘主席令协同15军及保安团在县城东五龙庙坡布置阵线:15军和保安团为中路,我3、6、8、9团由联防处聂参谋长相岑指挥,布防江园、岑子崖、大桥、大周营、大王营、灵山头、鄂沟、师岗、牛山、蒿溪、灵官殿、三官殿之线为右翼,我4、5、7团由吴团长定远指挥,布防草场、来雨庙、显神庙、王店、天明寺、马山口、小街之线为左翼。3月26日敌步骑3000余,附炮20余门,窜至城东灌张铺、杨集一带,27日上午5时30分与我国军及团队在五龙庙坡发生激战,一再冲锋卒未得逞。旋敌陆续增援,拼斗愈烈,入夜战事吃紧,当派第2团贾副团长汉鼎率两个营,第1团杨副团长子锡率4个营,驰往增援,同时商陈85军吴军长,以我第1团第8营由庞营副经圣率领,协同85军刘营之轻重机枪各一连,坚守西峡口寨。85军炮兵阵地,则位置于寨西之寺山。至28日上午10时,敌以屡攻五龙庙坡阵地未下,乃增调大量后续部队以优势火力猛烈攻击,我军亦拼死抵御,双方陷于苦战,卒因敌人炮火炽盛,阵地遂被突破,12时,内乡县城亦告沦陷。我右翼之3、6两团遂退至城西望城岗、黄水河、老牛铺、杜曹、柏树山、方山一带防御,8、9两团及左翼之4、5、7各团仍在原阵地严守。下午,敌在城郊四出"扫荡",各处团队与之混战,互有伤亡。是时,我增援部队之第2团到达城北10里许之刘竹园,与敌遭遇,激战 3 小时,因众寡不敌,乃向阳城一带转移。

(2)3 月 29 日上午 3 时,我增援部队之第 1 团到达城西北 40 余里之符沟,与敌步骑 800 余遭遇,正值酣战之际,敌突以坦克车 10 余辆横冲直撞,将我阵地突破,牺牲惨烈。该团 2 营伤亡尤重,乃转移骨朵山附近收容。下午 3 时,敌另以大部步骑,附战车 12 辆进犯西峡口寨,东西南三面尽被包围,先以巨炮轰击寨垣使我不能立足,继以步兵峰涌向我进扑,我守军奋勇抵抗,俟其接近寨垣时,以手榴弹猛掷,敌遗尸垒垒,死伤枕藉,复增援猛攻,战事继续至午夜以后愈趋激烈,展开白热化之攻守战。我官兵均抱与寨共存亡之决心,沉着应战,击毙敌军官 1 员,士兵 80 余名,伤敌 300 余名,我亦有壮烈牺牲。敌人凭其优势兵力,轮番攻击,昼夜未停。30 日上午 12 时,敌以巨炮将寨门轰毁,续以坦克车冲入寨内,85 军刘营及我第 1 团第 8 营与敌巷战,守土必争,卒以伤亡愈半,众寡不敌,乃突围出寨。仍一面节节抵抗,一面向龙庄转进收容,至我由符沟转移骨朵山附近之第 1 团 4 个营,于 30 日上午 10 时收容完毕,带至八迭堂、回车堂时,当令其即刻驰援西峡口。下午 1 时,该团到达莲花寺岗、泥河口、老庙岗一带,与敌激战,见敌越增越多,寨内火光冲天,枪声停止,探悉西峡口我守兵业已退出,又感敌众我寡势力悬殊,乃转移至八迭堂、回车堂原阵地,防其窜扰。

(3)当县城失陷敌后,于 3 月 29 日,另一敌步骑 2000 余,附战车 8 辆,向师岗、李官桥进犯,我守鄂沟、灵山头、师岗之第 8 团,与之激战 4 小时,以武器窳劣,火力不继,向夫子岈、张集、永清山、瓦亭一带转进。守蒿溪、灵官殿之第 9 团,乃被敌四面包围,我官兵浴血抵抗,苦战竟日,曹团长伯勋,以伤亡过大,留一部仍在原地采取游击战术,自率大部突围至丹江以西凉水河,收容整顿,即归 5 战区长官就近指挥,协同国军,不时与敌作殊死战。截至 6 月底,该团计俘获敌人军官 4 名、士兵 3 名及其他战利品甚多。

（4）4 月 4 日，奉刘主席电，重阳、丁河，已先后经国军收复，即行总攻当前之敌，饬于 5 日拂晓，向西峡口、屈原岗、老庙岗之敌出击，并截敌后续部队及运输车辆，以策应国军作战。当令第 2 团别团长贯经、第 4 团吴团长定远、第 5 团曹团长功甫、第 7 团裴团长自新，各抽调精锐一营，即时出动向公路附近截击。并令第 1 团 1、3 两营由回车堂、八龙庙向沙岭、屈原岗之敌攻击，第 5 营由八迭堂向老庙岗之敌攻击，第 2 营由程岗、走马岗向西峡口附近莲花寺岗之敌攻击。5 日上午 5 时，各部到达指定地点后，即分段围攻当前之敌，以敌筑有坚固工事，未能大歼，双方成对峙状态。上午 12 时，敌以步骑千余，附大小炮 10 余门，由西峡口向老庙岗增援，与我第 1 团 2、5 两营发生血战，我以枪支损坏甚多，官兵伤亡奇重，于下午 5 时，向原阵地转移，抵抗战况依然剧烈。下午 6 时，我第 1 团 1、3 两营向敌之右翼侧击，敌感受威胁，撤至老庙岗一带。6 日拂晓，敌复以步骑千余，附大炮 4 门、迫击炮 20 门，向我八迭堂、回车堂、红道岭之阵地进犯。至 9 时，我第一线阵地为敌突破。12 时，敌又突破我八迭堂阵地，续向红道岭猛扑，守兵以劣势之火力沉着应战，敌屡攻不逞，攻势顿挫。下午 4 时，我第 1 团第 2 营马营长桂岑，率部由程岗向敌左侧背迂回到达吴家岗、郭营后，经我双方夹击，敌势不支，乃狼狈逃窜。

（5）4 月 16 日上午 5 时，敌以步骑 800 余，附大炮 4 门、迫击炮 10 余门、轻重机枪 20 余挺，由西峡口经莲花寺岗、宋沟向我走马岗阵地进犯，炮火交飞，激烈异常。下午 1 时，走马岗南端，我伤亡过重，被敌冲入，第 1 团第 2 营马营长桂岑乃率该营第 7 连，白刃冲锋，喊杀连天，卒将冲入之敌全部歼灭。犯敌撤至宋沟一带待援，于 17 日上午 7 时，敌复增援反攻，步骑炮联合猛烈轰击,并向我马营左翼迂回,形势危迫,乃赶速增调第2团之两个连归马营长指挥,并令第1团第5营杜营长鹤亭,率全营侧击迂回之敌,敌未得逞,羞愤之余,乃又全线总攻,我严阵以待,俟其逼近阵地时,则予以激烈扫射,3次猛冲均被我击退。下午4时,敌势不支,向莲花寺岗一带溃窜。

(6)6月28日,敌寇以其一切行动为我监视,且时被扰袭,疲于奔命,衔恨入骨,必欲摧毁团队力量,俾无后顾之忧而后快。乃于是日上午10时,调集一万余人,附大小炮60余门,向我八迭堂、走马岗、将军岭、石坡崖及阳城、前后寨、北大垛各据点同时猛犯,我团队分头迎击,奋勇抵御,各阵地守兵,重重被围,牺牲惨烈。第1团3、4、6各营,几至伤亡殆尽,多数官长苦斗被创,第4营刘营副锦霖负伤尤重,而各官兵仍抱有敌无我之决心,犹复裹创再战,振臂喊杀,声震山谷,草木含悲,风云变色,血战3昼夜,无所得食,加以弹尽援绝,各据点相继失守。顾三、炳灵以腹背受敌,伤亡惨重,不得已于7月1日上午7时,挥泪率部自大块地转移栗坪,收容完毕后,为长期支撑计,并由顾三率司令部官佐迁移堂坪办公,另设指挥所于二郎坪,由炳灵负责,在杜川、夏馆等处游动指挥,继续抗战,虽剩一兵一卒,势必与敌拼死到底也。

(7)7月5日,敌由邓县、淅川、李官桥等处抽调步骑3000余,附大炮8门,向我南山根据地黄龙寨一带进犯,于上午7时,在纱帽山附近与我第3团靳韶华部展开激烈战斗,阵地屡失屡得,反复冲杀,我虽斩馘颇多,但因武器远逊于敌,伤亡尤重,复以众寡悬殊,予敌相当打击后,向拨马山、尖垛山附近转移。

(8)7月23日上午3时,赤眉之敌以步骑1000余,附大炮2门,分3路向我夫子岈阵地进犯3次,猛扑至9时,该阵地被突破,继犯我西阳山、三道岗之二道防线,守兵奋勇迎击,成对峙状态。

下午4时,别动军刘指挥官慕德,派两大队由镇平赶至,即时共同向敌反攻,短兵相接,敌呈动摇之象,战况遂趋好转。下午9时,敌又由赤眉增调援军,附炮4门,会同犯我三道岗之敌,共约2000步骑炮,联同向我猛扑,炮火激烈异常,我官兵竭力抵抗,死伤接踵。11时,三道岗阵地亦被敌突破,续以主力向我4、5两团,大事"扫荡"。该两团凭据工事,步步为营,前仆后继,稳扎猛打,我虽颇有牺牲,敌人伤亡尤重。同时,敌另以小股百余名犯入夏馆寨内,被我第2团伏兵痛击,狼狈逃窜,查此次敌人进犯之主要目的在摧毁我4、5、7团,并在夏馆成立伪组织,遭兹重创,乃全部向马山口方向溃退,其军事、政治互为运用之美梦,因以打破。

上述各役,我官兵因激于捍难御侮之大义,荷戈环龟,矢吞醜房,每当攻守之际,辄激昂奋斗,如复私仇,至紧要关头,更抱必死之决心,与敌血拼,枪坏弹绝,继以肉搏,临危授命,碎首不顾,其忠勇报国之精神,实足以惊天地而泣鬼神。其中尤足称述者,当敌4月17日攻走马岗南端山头,我阵地为敌突破,援军尚未赶到时,情势危急,仅余士兵杨绍锡1名,仍据守阵地,誓死不退,以手榴弹猛烈轰掷,伤毙敌10余名,该兵亦壮烈牺牲。然敌因是逡巡不敢前进,而我援队适时赶至,奋力反攻,卒将敌人悉予击退。查走马岗为入北山之门户,此山失守,则敌人可以扼我之前喉,拊国军之后背,关系至为重大,如非该兵决死抵抗,等待援军,则此一山头必被敌占领,全局早已改观矣。

2. 所获战果

自2月26日起至7月31日止,大小百余战,计共击毙敌人军官下茂大尉等约980名,可能击伤敌人3500余名,俘获敌人军官内海守、因下茂等4人及朝鲜籍翻译官尹平致源1人,俘获敌人士兵小池美三郎、中村泰市、野口光等24名;击毁敌战车3辆、甲车

37辆,所获战利品计手枪4支、步枪53支、轻机枪3挺、掷弹筒36枚、轻机枪弹5箱、炮架3个、防毒面具数10套、滤毒罐100个、骡马11匹、骆驼1头、军旗2面,战刀、指挥刀、刺刀各1柄,轻铁油管1个、臂章符号9枚、日本皮鞋4双、被复线1捆、渡船2条、帆布背包1个、帆布水桶1个,包谷、食盐各2000余斤,及皮带、子弹盒、手榴弹、千人针、地图、日记本、钢盔、军帽、手表、手章、身份证戳记等数百件,均先后分别解送1、5两战区长官部。

3. 我方伤亡及损耗

各战役官兵伤亡枪支损坏,弹药消耗,据报有案者计:阵亡官长25员、士兵569名,负伤官长51员、士兵1564名;损坏迫击炮2门、步枪2512支、重机枪5挺、轻机枪360挺、手枪7支,消耗机步弹869377粒、手榴弹4028颗。

4. 供给情报

内乡全境数百里内,除敌人占领地区外,我均已构成电话网,遴派干探不分昼夜,分段在公路两侧侦视敌人,所有作战部队之调动,行军宿营之情形,弹药给养之补充、运输车辆之行使、指挥官械弹粮服之所在地,及其他一切动态均在我团队监视之下,一举一动随时以电话报告各有关军事长官,作为我方轰炸目标及军事措施之依据,敌人在县境之活动因以深感不便。

5. 防制奸匪

内乡各乡、镇过去于各要隘路口莫不设置盘查哨,所有来历不明之人断难入境,自战事发生后更加强盘查,罔无论奸匪及汉奸均无法呈其活动。5月27日,奉刘主席电话,嵩县之黑峪发现大批奸匪,除抽调第1、4两团之3个营,由刘副团长茂亭率领,第7团之3个营,由刘营长临芳率领,于28日下午分别星夜开往太平镇、黄土岭、上庄坪,及湍源、保(宝)天墁、老庙、野獐坪、龙王庙街一带,扼要防堵外,并制定内乡县抗敌肃奸宣传要点,令发各乡、镇,饬各选派思想正确、学识丰富,乡誉素孚之校长、教员 5 人至 15 人,轮赴所辖地区,切实宣传奸匪"忘却祖国,为敌张目,以散放谬论,制造摩擦,愚弄民众,破坏金融之种种卑劣手段,减削我国抗战力量,冀遂其夺取政权之目的",并宣达我中央涵育群生之德意,及抗战建国之决心,以期家喻户晓,意志集中,俾免蚩之氓受其欺骗,毒氛日益蔓延。

6. 供应军粮

敌自困滞于西峡口一带,与我鏖战达 4 个月之久,国军云集于蒲塘、龙岗、丁河、重阳、桑坪、米坪、太平镇、二郎坪、蛇尾沟、军马河各山区,因后方运输困难,补给不易,每就地征用军食,而内乡全县,敌未盘踞地区仅及十分之一,又皆瘠薄之山地,农产不丰,加以兵燹之余,天灾作疹,室鲜盖藏。然民众为争取胜利,权衡轻重,犹复罄其所有,忍痛供应。4 月以来,计供给军粮 190 余万斤、麸料 40 余万斤,其他柴草等物,称是虽饷亿烦匮、民力凋竭,而内乡民众爱国卫乡毁家纾难之精神,亦充分表现无遗矣。

7. 组织运输队担架队

自敌人西犯,被我吸引至西峡口以西预定防线后,经国军及团队前后猛烈夹击,死伤累累、士气衰竭,虽一再增援,迄未越雷池一步,此皆我军民赤城合作之伟大效果,唯战事延长已达 4 个月,大军云集,供应频繁,山路崎岖,运输不易,时恐稍有贻误影响战局,经先后动员民众,令饬各乡、镇组织运输队及担架队,更番服务,以均劳役,曩之所谓,非刍挽粟者,今胥以徒步代之民众肩挑重负,驰驱于山谷鸟道中,成群结队,络绎不绝,稍有军粮之供给、弹药之补充,虽在万分艰苦环境下,均能无缺无误,伤病官兵随时抬赴后方医院调治,愈后亦均重到前线杀敌,人民劳力之伟大,于此益可征信。

8.地方损失

敌寇侵入县境,奸掠烧杀,村落为墟,西峡口以西已成一片焦土。天不厌祸,旱蝗未已,风雹继臻,上下艰食,流殍载道,公私财物之损失尤不可以数字计。南坪公路及赤眉、马山口、灵官殿至内乡县城之大道,两侧弥亘数百里,麦不能收,秋未下种,难民麇集山谷,嗷嗷待救者达15万余人,山地瘠埆,食粮匮乏,然尤剜肉补疮,计口授粮,而赤眉、马山口、八迭、前后寨、将军岭、分水岭各据点,又奚为敌盘踞,粮源骤形断绝,虽欲竭泽而渔,无如十室九空,罗掘俱穷,刻下坚壁清野之难民及团队眷属近20万人,集中偏隅立,有断炊之虞,瞻念艰危。

(二)《淅川县抗日战况及战灾详报》(摘要)①

一战于下集

本年3月30日,敌第3联队步、骑、炮联合兵种3500余,由内乡田关镇,向淅川之大岭窜犯。而民团陈舜德部预先布防于东川、西坪头及封子山一带,迎头予以痛击。血战5小时,双方均有伤亡。至夜,敌以优越炮火向陈部猛烈轰击,锋锐甚利,卒难抵挡。敌遂窜至黑山嘴、下集,盘踞张营一带。

31日拂晓,敌倾其全力向愁斯岭突进,企图越岭进入县城。民团副司令任泰升先一日率部,布防淅水(即老鹳河)以西之吴家店、杨家山根、兴隆观等地,隔水为阵。约午前6时许,敌一股向任部猛扑而来。任部趁敌急渡淅水之机,枪弹齐发,奋力反击,敌乃回窜。敌之人马被击溺水者甚多,水为赤色。同时第85军62师之丁团守愁斯岭一线抗御,敌未得越岭南犯。

---

① 淅川县民团司令陈舜德等,向国民党河南省政府呈送的报告。

此役:击毙敌伪参谋孟繁生1人,敌兵17名,击伤敌伪约20名。民团阵亡士兵周明发等14名,负伤士兵王俊有等29名。损失步枪15支,消耗机弹14357枚,步弹26420粒,手枪弹309粒,手榴弹150枚。

二战于雷锋岈

3月31日拂晓,敌由吴家店偷渡淅水未逞,越愁斯岭又被62师丁团击回。乃于午前8时许,改由张湾渡河,遂窜入蒿坪一带,企图越雷锋岈,向秧田进犯。

是日午前,民团司令陈舜德率部由县城赴大泉寺指挥作战,行至雷锋岈、马家湾等处,与敌之主力遭遇,激战开始。陈即传令属部,依山据险,拼死奋抗,战有4小时许。敌虽以炽烈炮火掩护,猛攻3次,终未得逞,折由干沟河,向江沟、官田一带奔逃。舜德一面派主力部队追击,一面急电62师鲍汝澧师长,驰赴官田、鹰嘴、石岈堵击。敌腹背挨打,伤亡惨重,遂分两股,一股向清风岭,一股向毛堂,纷纷逃窜。

此役:击毙敌伪约20名,击伤敌伪约30余名。民团阵亡士兵王文义、梁春亭等12名,受伤士兵周道三等21名。计消耗机弹15390粒,步弹19440粒,手枪弹210粒,手榴弹68枚。

三战于马蹬、淅川城郊

4月1日,敌115师团2000余、骑兵400余、附炮8门、坦克车6辆,由内乡师岗杏树岈,尾追我68军向马蹬方向西犯。民团白文西部早布防于陈营、卡房及公路两侧,予以迎头痛击。而敌势汹汹,炮火猛烈,马蹬当日失守。继而,68军由狮子岗附近渡过丹江,逃往郧阳山区。

2日拂晓,敌以重炮轰击,坦克车猛攻,步骑侵扰。杨嘉会率全镇民团,与之战斗两小时,便撤离县城,县城为敌所占。

以上两役,击毙敌伪兵约10余名。民团消耗机弹2725粒、步弹15340粒、手榴弹59枚,损失步枪5支,手枪弹53粒。

四战于滔河

4月7日早,县城日寇由老人仓、东岳庙渡丹江,分两路向滔河突进,势欲西窥荆紫关,南侵郧阳。滔河民团大队长王文阁部,布防东西寺、黄桥等处,固守寨垣。敌分3路围攻,达5小时之久。王文阁一面率部奋力还击,一面激励官兵抱必死决心,坚守阵地。敌复由罗山岭、蔺岗各处,形成包围,以优势炮火向寨垣进击。寨垣已被敌击毁大半。

该寨北临滔滔丹江,而东、西、南三面已为敌占据。王大队长身先士卒,奋勇冲杀,觅路突围。敌枪炮齐发,弹如密雨,顽强阻击。文阁身受伤三处,仍高呼"杀敌",用手榴弹投掷,刺刀冲锋。敌紧缩包围,猛力反扑。终因众寡悬殊,孤军无援,致王大队长及壮丁47名,壮烈殉国矣。

此役,击毙敌伪官兵10余名,击伤敌伪40余名。民团阵亡大队长王文阁、分队长李书范等2员、士兵47名,负伤分队长张清奎1员、士兵14名。损失轻机枪3挺,步枪42支,消耗机弹9490粒、步枪弹34350粒、手榴弹59枚、手枪弹72粒。

五战于香花寨

4月22日,敌汤泽部队,步骑800余,附山炮5门,分3路绕武家洲,向香花寨进犯。马蹬民团白文西部,早布防山寨,拼死奋战。敌以山炮猛射,3路向寨垣连攻5次。白率部沉着应战,相持一日,敌未得进寨。

是日黄昏将临,血战开始。敌以炮火掩护,形成包围之势,向寨垣猛扑。白部居高临下,枪弹齐发,势如风扫落叶。敌在民团密集火网下,连攻4次,皆遭惨败。敌酉复纠残部,作以最后挣扎。白部官兵越战越勇,弹尽之后,继以石块,杀声震天,尸横山谷。汤泽见攻寨不下,又伤亡奇重,乘夜率残部窜回马蹬镇。是役,击毙敌少尉队长河内春芳、翻译官梁仲德等4名,击毙敌伪约40余人。获步枪4支、炮架1座、药品数大包。民团阵亡分队长白西顺1员、士兵张兵照等23名,负伤支队长刘全忠1员、士兵11名,损失步枪5支,消耗机弹7475粒、步弹14937粒、手枪弹140粒、手榴弹215枚。

六战于大泉寺

4月26日夜晚,敌39012部队①3000余,附山炮6门,迫炮10门,分两路由大石桥出发,向民团根据地大泉寺突进。一路经四条岭,攻温家庄,威胁右侧;一路经彪池沟,北犯大石垭、火煤,威胁其左侧。民团司令陈舜德事前闻息,即召开紧急会议,筹谋固守。故先一日将陈舜德部及第6纵队17支队全部,布防于大泉寺周围各高山要隘,待命出击。

27日拂晓,枪炮声陡起,战斗开始,异常激烈。敌上坂联队(163)凭借重火器威力,以迫炮、山炮及野炮集中向大泉寺附近各制高点轰击,各路敌同时猛攻。陈舜德一边传令任泰升率部坚守马山、大连峪、火煤等阵地,拼死痛击;一边派队长李峰洲率领精锐部队及敢死队300余名,冲向敌阵厮杀,两兵相接,杀声震天,血肉横飞,战况之烈,历次所无。激战至午后4时许,双方死伤过重,而大泉寺岿然屹立,敌之企图难逞,便折由小泉沟,分股向毛堂逃窜。舜德当即急电85军军长吴绍周,派部驰往老军台、大华山堵击。

此役,击毙敌大队长矢野清真,上尉队长小西英吉,中尉赤藤,少尉高板垒三、大壕义一郎;击毙敌兵百余名,敌铃木处长受重伤。交获敌豫、鄂、陕三省地图400余张,钢盔、炮架、勋章、军旗、武器

---

① 39012部队:即日军110师团163联队。日军为了混淆视听,把163联队称为39012部队。

带、日记本、信件 100 余种。由敌酋小西英吉日记册中,查悉其曾于淞沪、平津各战役,号称名将,而今魂返三岛,埋骨丹淅,未免死有余辜,遗臭万年!

民团阵亡侯殿基等 3 员、士兵 46 名,负伤官佐 3 员、士兵 82 名。损失轻机枪 1 挺、步枪 21 支,消耗枪弹 9509 粒、步弹 68730 粒、手枪弹 204 粒、手榴弹 430 枚。

七战于五台岭

5月 11日,敌吉松司令抽精锐 1500 余,附山炮 6 门,迫炮 8 门,分 3 路向五台岭、雷锋垭防线侵犯。吉松亲居中路,由冢子坪击进,一路由好汉坡,二路由黑进沟猛攻。敌沿途放火烧毁民户无数,光焰烛天,且高喊:"踏平五台岭,铲除山狗子(敌指民团游击队为山狗子)"等口号。因丹江南北岸及县城之敌,距杨嘉会布防地仅 7、8 里,又日夜派分队赴县城、陈岭、鱼池、七里匾等各处袭击。敌日夜不安,深以为忧,故决计倾巢出动。杨嘉会获悉后,亲率赤(民山)、刘(定文)、罗(荣耀)及张(绍训)4 个大队民团,分头迎击,继而演成拉锯式激战。阵地上,硝烟弥漫,炮声隆隆,白刃见红,两军怒争。民团官兵血战竟日,粒米未进,拼命死守。而敌发炮 180 余发,将民团所构筑之工事摧毁无余,被迫向后暂移。

是日天黑,舜德又调全民大队李俊三部,急驰增援,绕袭敌后。战斗两小时,敌则首尾不能相顾,始行溃退。民团又以地形熟悉,各路同时反攻追击,终将五台岭防线各据点二次收复。敌酋吉松遭受惨败,仓皇逃回兴花寺。

此役,击毙敌中尉队长山本、喜真夫等 3 人,敌士兵约 20 余名。民团阵亡连长柱廷秀、排长徐林宽 2 人,士兵马洪山等 20 名;负伤官佐 2 员、士兵 17 名。损失步枪 7 支,消耗机弹 6240 粒、步弹 17438 粒、手榴弹 219 枚、手枪弹 154 粒。

八战于观音堂、羊爬山

6月12日,盘踞马蹬之敌汤泽,抽各部精锐1500余,骑兵120余,附装甲车5辆、山炮两门,经檀山、北沟向观音堂进发。民团陈嘉舜、王级三、姬克信和李玉柱等4个大队,布防于地藏寺、贾湾、姚湾一带,分头截击,拼命死战。

当天夜里,兴化寺敌吉松部3000余,渡丹江由县城分3路北犯。一路由上下王沟,经檀山、北沟观音堂进发;一路由冢子坪,经蒿坪,向雷锋岈行进;另一路越愁斯岭,经姬家山根、迂回张湾。敌意欲侵占上、下集,打通西峡口之路线,再改南北锁毛堂变鲸吞为蚕食,本稳扎稳打之战术。民团司令陈舜德侦悉敌企图后,除呈报长官及各宪外,一面调陈舜杰支队增援,一面令杨嘉会率赤、刘、罗等3个大队固守城北各据点,双方又是一场激烈搏斗。侵犯观音堂之敌汤泽部及吉松一路向罗桥、张营窜扰。民团各路援军赶到,一阵厮杀之后,遂阻于王观沟一带。

13日2时许,敌吉松两支队与汤泽一部,将民团杨嘉会官兵包围于五台岭之羊爬山。舜德以敌势浩大,除督饬6纵队以及任、陈两支队固守大泉寺,与敌辗转拼杀,鏖战于锁河口、莲花寺等地外,急电31集团军总部,指派62师洪团星夜支援五台岭之羊爬山,并亲带全县民团人马往援救围。两军相接,枪炮声起,火光烛天,杀声震地,展开肉搏。62师洪团之邱经纬营长,身先士卒,冲入敌围,指示各连前杀后劈,左砍右斩,猛如破竹。敌赖优势,机枪齐发,并以迫炮、山炮及野炮交叉扫射,邱营各连在敌之密集火网下,前仆后继,冲开重围。此时邱经纬营长身负重伤,依然高呼"杀敌立功",激励官兵,死拼到底。民团各路援军相继奔至,向敌左、右侧猛攻。杨部又趁势向前冲击,敌乃大溃,四下奔逃。终解杨嘉会之围,但洪团尤其邱营伤亡极重,而邱经纬营长亦为国光荣捐躯,英名永存,万古流芳!

此役,击毙敌军官冈井义一、津田川崎二员,敌伪兵 20 余名。民团阵亡中队长李文玉、分队长田生堂 2 员,士兵 17 名,负伤官长 5 员、士兵 7 名。损失步枪 5 支,消耗机弹 13847 粒、步弹 15294 粒、手榴弹 143 枚、手枪弹 157 粒。

九战于石门观

6 月 17 日,敌酋三宫为增援吉松部大扫荡,外调李官桥之绀野部队、红岭河之天字部队,又配属襄、郏县伪军及邓县伪军赵子选等部,相继至县城附近准备作战。

19 日晨,敌吉松率 3 个联队及伪军共万余人,分 3 路向北侵犯,一路由县城越愁斯岭,进姬家山根、全店、后河、田庄一带,占领淅水以西各山头,与民团陈(舜杰)、任(英五)两大队先后接触,进行拼杀;一路由嵩坪、石门观,向毛堂挺近;一路由马蹬、贾沟、蛮子营出发,沿途均遭民团截击追杀。

20 日拂晓,该二路敌攻至锁河口、大泉寺,与民团萧鸿运部相遇。双方激战一日,两下伤亡均重。当萧部推进至石门观时,又与进攻老君台、大华山之敌打响。然而,石门观各险要山头,均为敌先期占据,情势危急,千钧一发,萧部在各山头用密集机枪扫射,炮兵掩护,分两路拼死突围。其一路杀条血路,由四条岭沟西绕袭敌后;而另一路与敌正激战之际,大雨滂沱,水深浸胸,官兵战于林薮间。虽然一日水米未进,继而弹尽援绝,但士气未挫,与敌白刃格斗,前仆后继。终因敌势浩大,众寡悬殊,第 3 大队长李俊三,中队长陈治国、杨文源,分队长马西堂及士兵 183 名,皆壮烈殉国。

此役,击毙敌山崖指挥官等 7 名,击伤敌兵约 300 余名。民团阵亡官长 5 员、士兵 183 名,负伤官长 3 员、士兵 41 名。损失七九重机枪 2 挺,八二迫炮 1 门,轻机枪 5 挺,步枪 179 支;消耗机弹

1850粒,步弹29475粒,手枪弹127粒,手榴弹232枚。

三、"日"落西峡①

在纠集抗日战争胜利的各类文章中,出现了三个"抗日战争最后一战"的命题:第一个是"中国抗日战争最后一战——中国缅甸远征军之战";第二个是"中国抗日战争最后一战——中国湘西雪峰山战役";第三个是"中国抗日战争最后一战——中国'白培计划'的桂西战役"。从时间上看,所谓的第一个"最后一战"——中国缅甸远征军之战,结束于1945年1月7日。第二个"最后一战"——中国湘西雪峰山战役,结束于1945年5月23日。第三个"最后一战"——中国战区"白培计划"的桂西之战,原定于1945年秋季实施。因日军侵略军早于1945年4月下旬主动撤出广西而进入云南,国民党军队顺势进入广西。中、日双方军队在广西地区未进行对垒作战。上述三个战役中,前两个战役是在日本天皇宣布无条件投降前7个月和前3个月结束的,之后中、日双方又打了许多大仗,因此不能称为"抗日战争的最后一战"。中国战区总反攻的"白培计划"没有实施,也不能称为"抗日战争的最后一战"。那么,谁为抗日战争的"最后一战"呢?界定"中国抗日最后一战",必须含有两个内涵:一是在时间上,此战必须限定在整个抗日战争全部结束前一个月之内;二是此战必须赋有战略决战的企图。据此,经笔者考证,符合上述两项标准的"最后一战",应为发生在南阳境内的西峡口战役。

---

① 《"日"落西峡》:选自中共南阳市委党史研究室编:《河山不容践踏——南阳抗战岁月》,中州古籍出版社2011年版。

1944 年秋,英、美联军在太平洋战场上连连胜利,日本国本土的外围防御线几乎全被冲破殆尽,同盟国联军步步逼近日本国土。日本国内一片惊慌。

日本侵华大本营命令侵华日军总司令冈村宁次必须立即"把加强战备重点,保持在中国南部,特别是长江下游要地……中国内地则主要是以多数小股部队有组织地、长期地实行挺进,奇袭作战,以确保已占领地区"。这就是日本侵华大本营为挽救日本国濒临灭亡的"东主西从"的战略收缩方针。

但冈村宁次却于 1945 年 1 月底,拟定出了一个"攻西援东"的作战方略。这个作战方略包含《老河口——西峡口战役作战计划》和《湘西芷江战役作战计划》两部分内容,妄图占领国民党军队长江以北的左翼战略基地——南阳,摧毁湘西芷江飞机场和鄂北老河口飞机场,打开进攻四川的大门。冈村宁次认为,只要打下国民党中央政府的陪都重庆,就解决了中国问题。

日本侵华大本营否定冈村宁次的拿下南阳、西峡口、湘西、鄂西,然后大举进川的方略后,冈村宁次一方面派总参谋长松井太久郎回日本,向日本天皇陈述《老河口——西峡口战役》和《湘西芷江战役》是最后"解决中国问题的战略决战、是改变日本国家命运、最后征服中国的关键性一战。""是决定日本国兴废存亡之关键"的唯一出路,否则在中国作战 7 年的"煌煌伟业"将毁于一旦。另一方面,命令驻华北日军第 12 方面军各师团进攻南阳、西峡口、老河口。他任命下村定中将为"老河口——西峡口战役"总指挥,率领 7 万日军进犯南阳。其作战要领是:攻下南阳城,留少数日军坚守南阳,调往西峡口战场 4 万日军,调往老河口 2 万日军。冈村宁次告诉下村定:攻打南阳、西峡口,快速挺进,巧于奇袭,务必最快占领西峡口。老河口是头,西峡口是尾。保障老河口,必须占领西峡口,阻击国民党的西安大军。

日本天皇和日本侵华大本营慑于冈村宁次的军威,最终批准了冈村宁次的《老河口——西峡口战役作战计划》和《湘西芷江战役作战计划》。

由此可见,西峡口战役带有中、日两国军队战略决战的性质。这是西峡口战役应界定为"抗日战争的最后一战"的原因之一。

西峡口战役持续的时间最长:从 1945 年 3 月 30 日开始,一直战至日本天皇宣布无条件投降后的第 4 天,即 1945 年 8 月 19 日上午。因为西峡口战场上的日本军队直到 8 月 19 日才接到投降的命令。

1945 年 8 月 19 日上午,西峡口战场上的各个防地的日军,一齐走出阵地列队,各个防地上日军指挥官训完话,全体日军士兵一齐朝东跪下,都磕了 3 个头之后,日本士兵有的欢呼狂跳;有的长跪不起、双手连连捶地大哭;有的顺势侧倒在地、左右翻滚、大声狂笑;有的像疯了一样到处飞跑……

中国战士站在西峡口鹰爪山阵地上,观看日本士兵的这些动作,都惊呆了,都相互询问:"日本兵咋啦?"后来得知:西峡口战场上的日军,一听军官宣布要向中国投降,停止战斗的命令后,便放声大哭起来。

1937 年 7 月 7 日,北京卢沟桥事变,打响了中国全民抗战的第一枪。由此,中国人民浴血奋战,激战 8 年。1945 年 8 月 15 日,日本天皇宣布无条件投降,抗日战争胜利结束。但在南阳西峡口的日军因未接到停止军事战斗的命令,从 8 月 16 日起,中、日双方军队仍都在各自阵地上,从夜晚 10 点开始,互相实施对射 30 分钟,从未间断,直到 1945 年 8 月 19 日 10 时,西峡口日军接到停止军事战斗的命令为止。

1945 年 8 月 19 日上午 10 时,中国军队在南阳西峡口阵地上的最后一枪,击落了日本帝国的旭日旗,日落西峡口,胜利降下了抗日战争的帷幕。

时至今日,除了西峡口战役,还没有发现第二个抗击日本侵略军的战役都打到 8 月 19 日才停止战斗的。

中国人民乃至全世界人民只知道卢沟桥事变,打响抗日战争的第一枪声,却无问津标志抗日战争胜利结束的那一清脆枪声落于何地? 原因是 8 年抗战猛然结束,全国人民都沉浸在无限欢乐之中,唱呀,跳呀,放鞭炮呀,逃往外地的人们纷纷忙于返家,许多记者也忙于返回城中。以至于日落西峡口这一伟大事件,却无人问津,无人报道。

整个抗日战争中,哪一个战役进行长达 150 多天? 唯有西峡口战役;整个抗日战争中,哪一个战役是在日本宣布投降之后的第 4 天才终止激战? 唯有西峡口战役中;整个抗日战争中,哪一个战役对日军的打击最惨烈? 唯有西峡口战役。

日本史学家这样记述日军在西峡口的悲惨遭遇:

"惨烈的西峡口战役使参战指挥官都忘却了时间意识,它给日本人留下了千载难忘的遗憾!"

"惨烈的西峡口鹰爪山战役、蒲塘战役是两个逼使日军撤退时,不能处理好死亡尸体,使其暴尸异国山野的唯一的战役,应将这一极为惨痛事件,书写在日本陆军作战史上。"

窥一斑而知全豹。所以,无须再赘述日军在西峡口的伤亡数字。

整个抗日战场上,唯有中原地区西峡口战场上留下了日军举行投降仪式这一历史花絮:

1945 年 8 月 19 日下午,中国陆军通信兵上尉、驻淅川战场视察员吴凯,20 岁,奉中国第 1 战区长官胡宗南命令,代表中方接受日军第3联队队长吉松大佐的投降。

同事们建议吴凯应佩戴中校或少校军衔，以壮军威，震慑日军。吴凯坚持不改变军衔身份，他讲道："吉松大佐是败将，我是以战胜国身份，代表中国第1战区司令长官胡宗南行事命令。胜者为王，败者为贼，战胜国的任何一级代表，都有资格监督战败国的任何一级将军的行为。"

1945年8月20日下午6点，日军第12军第3联队队长（相当于师长一职）吉松大佐，率领一批日军军官，站在西峡口司令部门口迎候中国代表。

吉松大佐见到中方代表吴凯，立即行礼，垂首讲道："败将吉松向中国军方代表报告：日本皇军第110师团长木村经广中将，命令我在此负责终止战争的一切事宜。请贵军代表发布命令，我的执行照办！"吉松旋即从腰间取下军刀，双手平端，俯首递交给吴凯。吴凯立即示意随从人员从吉松手中接过军刀后，宛西民团司令刘顾三宣布："请中国第1战区长官司令部代表吴凯队长，向日军代表吉松联队长宣布受降命令。"

吉松赶忙喊道："嗨！"随即立正听命。

吴凯："我命令西峡口、淅川两地日军，迅速向西峡口镇集中。在部队集中待降期间，日方必须保管好枪械、弹药及一切军用物资，不准隐藏、不准销毁，等待接收。日方军队必须服从中国军队的一切命令，不得与我方发生任何冲突与摩擦。此令。"

吉松及其同僚大声说道："嗨！我的完全服从中国军方命令！"

吉松随即向吴凯交出仓库物资清单及西峡、淅川两地的日军人数报告书。吴凯接过清单后，命令刘顾三派人按清单查点仓库军用物资，清点完毕，各库门贴上封条。

日军的旭日旗是日本天皇的象征，日本军人必须用生命保护旭日旗。1945年8月24日,日本中国派遣军华北方面军司令官下村定将军下令,驻中国各地日军于8月底前,将军旗一律焚烧完毕,防止被中国抢去军旗,以免留下永久性耻辱。

1945年8月25日清晨6时,4000多名日军,在西峡口城南门外一块空地上整装列队,举行焚烧军旗仪式。

8月25日6点30分,吉松大声喊道:"立正,迎军旗!"

举旗官举着联队的军旗,在8名护旗兵的护送下走出南城门,来到会场中间后,吉松声嘶力竭地喊道:"向军旗敬礼!"

礼毕,士兵们一齐举枪,在空中连连上下升降3次,再行军礼。

枪礼举行完毕,值旗官手执一支燃着的蜡烛,将军旗燃着起火的瞬间,4000多名日军一齐哇的大声哭起来,像死了亲爹亲娘。

军旗化为灰烬后,吉松及4000多名日军一齐朝东跪下,遥拜天皇。

遥拜完毕,4000多名日军带着几十箱战死日军的骨灰和骨指①,当即离开了西峡口,经内乡、镇平、南阳、南召一线北上洛阳。

至此,中国抗日战争的最后一战的胜利帷幕,徐徐降落在日落西峡的地方——中国河南省西峡县。

四、国军在西峡口拍摄的抗战影片终未上演②

第二次世界大战的中国战区最后一战——西峡口战役,无论是在中方战史还是日方战史都有明确记载,正是由于西峡口战役

---

① 骨指:战死日军火化前,割掉拇指,经过化学处理后装好,签上名字,回国后交给死者家属,处理过的拇指称骨指。

② 节选自张永祥主编《抗日战争在西峡》。本文的作者是吴凯。

的历史地位突出,日本投降后的 1946 年 6 月,第 1 战区长官部决定在西峡口拍摄抗战影片。因 1945 年 3 月至 1945 年 8 月我曾亲自参加了这个战役,日本投降后我又曾在西峡口代表中国军队向侵华日军传达受降命令,故长官部电令我到西峡口协助战地摄影队作引导工作。

摄影队由长官部参谋处潘参谋(上校)带领,全队 10 多人,其中工兵参谋、炮兵参谋、作战参谋等多由长官部参谋处一科调来,他们负责拍摄现场。双方战地布置工作,二科抽调一部随队电台,由二科通信组电台总台长黄彪负责,还有副队长兼科长刘庆曾的私人秘书吴隆复,他擅长摄影,协助摄影师工作。主要负责影片拍摄的人据说是从重庆电影制片厂派来的,当时潘参谋有一个对大家的口头许诺,说是影片制成公演时,我们这些人都会以军事顾问的名义在片头出现。随行的还有一个特务团(扮演中日双方军队)、辎重汽兵团(汽车 30 多辆)、枪炮、马匹等俱全。我们从西峡口沿豫陕公路,在重阳店、丁河店、鹰爪山、奎文关、霸王寨、棉花沟、大泉寺等处拍摄,一直干了 20 多天,才返回西安,各归原建制。后来不知什么原因,这部影片并未公演,长官部只在西安市作为抗战图片进行过公开展览。

这部影片始终没有上映也可能是中共南阳市委党史研究室副主任李克实同志《论西峡口抗战的历史地位》一文中所讲的政治因素,即当年在西峡口与日军浴血奋战的一些高级将领背叛国民党有关。比如中共特别共产党员的国民党第 31 集团军第 85 军 110 师师长廖运周,在本师内部建立秘密党组织,身先士卒,冲锋陷阵,打退了日军一次次进攻,消灭了日军的有生力量,且又在 1946 年 11 月的解放战争中率部起义,担任了解放军第 2 野战军第 4 兵团第 14 军 42 师师长;参与西峡口作战的第 1 战区副司令长官、原第 4 集团军总司令、抗战胜利后任第 6 战区司令长官的孙蔚如,于 1949 年起义后参加解放军,建国后长期担任陕西省副省长、国防委员会委员、全国政协委员等职务。在具有强烈民族气节和正义感的两支抗日主力部队 78 军和 85 军中,78 军军长赖汝雄抗战胜利后拒绝打内战,连续 3 次婉拒军职,赴美定居。85 军军长吴绍周,在解放战争中的淮海战役中坐等被俘,此后积极为抗美援朝出谋划策,编写的资料呈送毛泽东主席参阅。23 师师长袁子华、62 师师长鲍汝澧、28 师师长王应尊均在解放战争的前线起义,回归人民陈营;第 119 师师长刘广信、55 师师长李守正都在解放战争的前线向解放军投诚;第 36 师师长崔贡琛被剥夺兵权后遭特务暗害;31 集团军总司令王仲廉因在 1947 年冬对解放军作战失败而被捕扣押,后保释闲居;27 军 47 师师长李奇亨于 1948 年 3 月投诚解放军,担任解放军的军事教员。除了第 1 战区司令长官胡宗南、27 军军长谢辅三、42 师师长谭煜麟等个别人之外,最终几乎全部转向共产党一边。

当然,电影未上演,也不排除技术因素。

五、南阳会战中、日双方高层组织及首脑姓名简表

(一)中国抗日军事高层组织首脑姓名

1. 初期首脑姓名

序号	时　间	任职令	姓　　名	职　级
1	民国 24 年 4 月 1 日	国民政府令	蒋中正	特级上将

续表

序号	时　间	任职令	姓　　名	职　级
2	民国 24 年 4 月 2 日	国民政府令	阎锡山、冯玉祥、张学良、何应钦、李宗仁、朱培德、唐生智、陈济棠等	特级上将敍二级
3	民国 24 年 4 月 3 日	国民政府令	陈调元、何成濬、朱绍良、韩复榘、宋哲元、刘　湘、刘　峙、何　键、万福麟、白崇禧、刘镇华、顾祝同、商　震、傅作义、徐永昌、于学忠、杨虎城、蒋鼎文、龙　云、徐源泉等	特级上将敍一级

2. 对日作战时军事组织概况

1	军事委员会	委员长蒋中正	军事参议院长陈调元	办公厅主任商震
		副委员长冯玉祥	军法总监何成濬	军令部长徐永昌
		参谋总长何应钦	政治部长陈诚、张治中	后勤部长郭忏
		副参谋总长白崇禧	侍从室主任钱大钧	
		一组主任张治中	二组主任陈布雷	三组主任陈果夫
2	各战区司令长官姓名			
	第一战区	卫立煌(先)、蒋鼎文(继任)、陈诚(继任)、胡宗南(后任)		
	第二战区	阎锡山		
	第三战区	顾祝同(副)、上官云相		
	第四战区	陈济棠		
	第五战区	李宗仁(副)、李品仙		
	第六战区	陈诚(先)、薛岳(继任)		
	第七战区	张发奎、余汉谋		
3	第八战区	朱绍良(副)、陶峙岳		
	第九战区	孙连仲(民国 33 年以后增设)		
	第十战区	李品仙(民国 33 年以后增设)		
	民国 33 年 5 月以后,远征(方面)军组织概况			
	第一方面军	卢汉		
	第二方面军	张发奎		
3	第三方面军	汤恩伯		
	第四方面军	王耀武		
	中印公路警备部	黄琪翔		

3.抗战胜利接受日军投降地区及接受长官

民国三十四年对日抗战胜利接受日本各地受降区

序号	受降单位	我方受降人员	受降地点	日本投降者
1	南京总受降区	参谋总长何应钦、陆军萧毅肃、海军陈绍宽、空军张希孟、伞兵马师恭	南京	日本派遣军总司令冈村宁次大将、今井武夫少将
2	第一方面军	卢汉	河内	土桥勇逸
3	第二方面军	张发奎	广州	田中久一
4	第三方面军	汤恩伯	京沪	十川次郎、松井太久郎
5	第四方面军	王耀武	长沙	坂西一郎
6	第一战区	胡宗南	郑州	木村经广
7	第二战区	阎锡山	太原	澄田徕四郎
8	第三战区	顾祝同	杭州	长野地嘉平
9	第五战区	刘峙	漯河	鹰森孝
10	第六战区	孙蔚如	汉口	冈部直三郎
11	第七战区	余汉谋	汕头	末藤知文
12	第九战区	薛岳	南昌	笠原幸雄
13	第十战区	李品仙	徐州	森茂树
14	第十一战区	孙连仲	北平、济南	下村定所、细川忠康
15	第十二战区	傅作义	归绥	根本博
16	台湾地区	陈仪	台北	安藤利吉

（二）日军豫西南阳鄂北会战指挥系统高层组织及首脑姓名

（民国三十四年三月中旬）

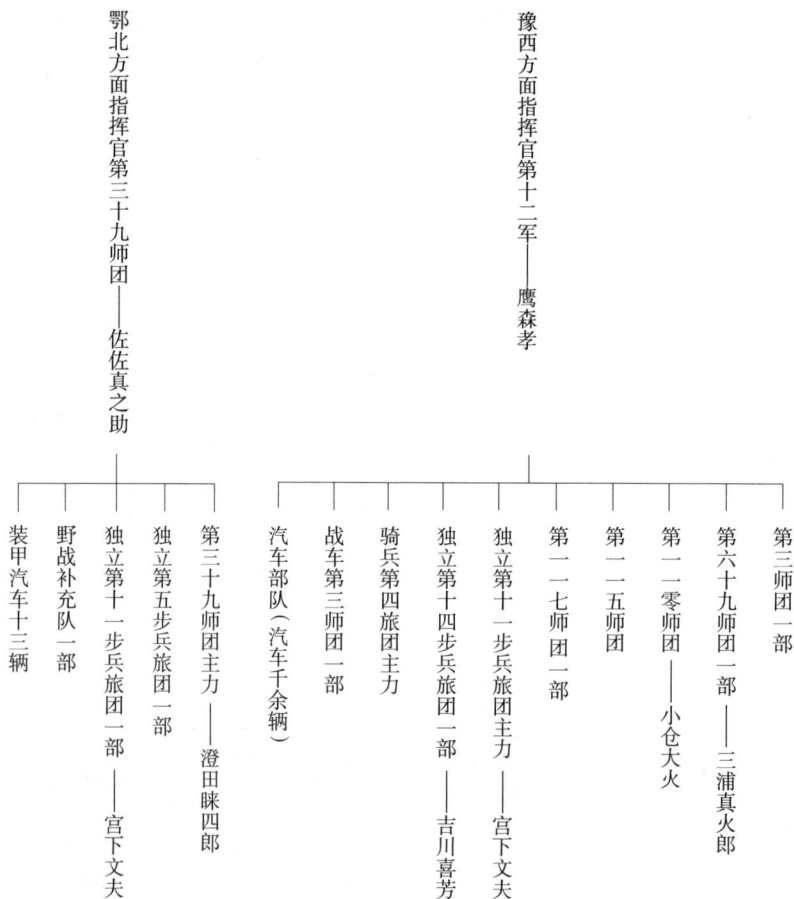

鄂北方面指挥官第三十九师团——佐佐真之助
- 装甲汽车十三辆
- 野战补充队一部
- 独立第十一步兵旅团一部——宫下文夫
- 独立第五步兵旅团一部
- 第三十九师团主力——澄田睐四郎

豫西方面指挥官第十二军——鹰森孝
- 汽车部队（汽车千余辆）
- 战车第三师团一部
- 骑兵第四旅团主力
- 独立第十四步兵旅团一部——吉川喜芳
- 独立第十一步兵旅团主力——宫下文夫
- 第一一七师团一部
- 第一一五师团
- 第一一零师团——小仓大火
- 第六十九师团一部——三浦真火郎
- 第三师团一部

本表采自（台北）"国防部"史政局编：《抗日战争史略》。

（三）日军豫西南阳方面指挥系统及首脑姓名

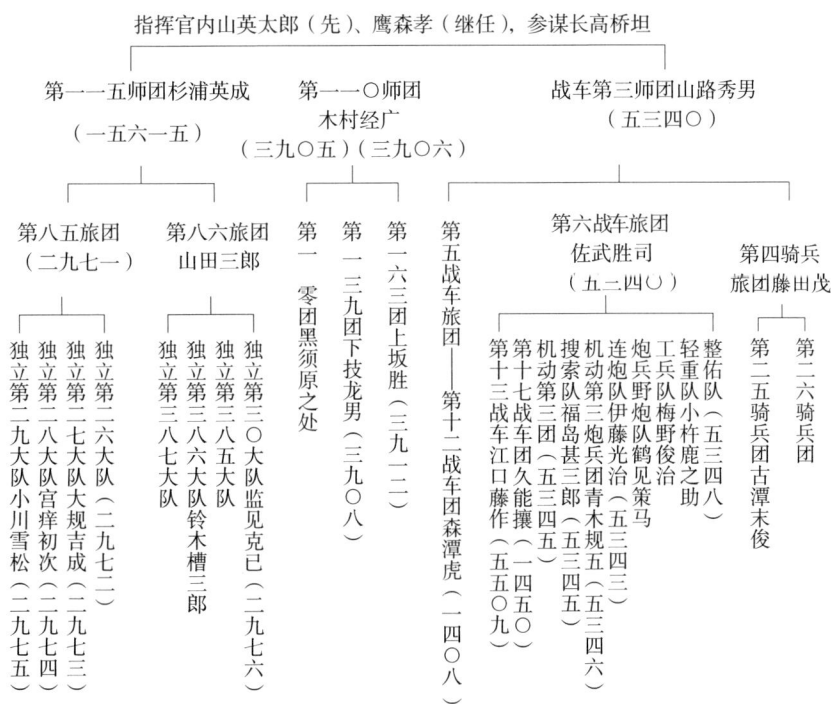

指挥官内山英太郎（先）、鹰森孝（继任），参谋长高桥坦

- 第一一五师团杉浦英成（一五六一五）
  - 第八五旅团（二九七一）
    - 独立第二九大队小川雪松（二九七五）
    - 独立第二八大队宫痒初次（二九七四）
    - 独立第二七大队大规吉成（二九七三）
    - 独立第二六大队（二九七二）
  - 第八六旅团山田三郎
    - 独立第三八七大队
    - 独立第三八六大队铃木槽三郎
    - 独立第三六大队
    - 独立第三五大队
    - 独立第三〇大队监见克已（二九七六）
- 第一一〇师团木村经广（三九〇五）（三九〇六）
  - 第一
  - 第一零团黑须原之处
  - 第一三九团下技龙男（三九〇八）
  - 第一六三团上坂胜（三九一一）
- 战车第三师团山路秀男（五三四〇）
  - 第五战车旅团——第十二战车团森潭虎（一四〇八）
  - 第六战车旅团佐武胜司（五二四〇）
    - 第十三战车团江口藤作（五五〇九）
    - 第十七战车团久能攘（一四五〇）
    - 机动第三团（五三四五）
    - 搜索队福岛甚三郎（五三四五）
    - 机动炮兵团青木规五（五三四六）
    - 连炮队伊藤光治（五三四三）
    - 炮兵队梅鹤见策马
    - 工兵队野炮队俊治
    - 轻重队小杵鹿之助
    - 整佑队（五三四八）
  - 第四骑兵旅团藤田戊
    - 第二五骑兵团古潭末俊
    - 第二六骑兵团

（四）直（间）接参加南阳会战的国民党军队组成单位一览表

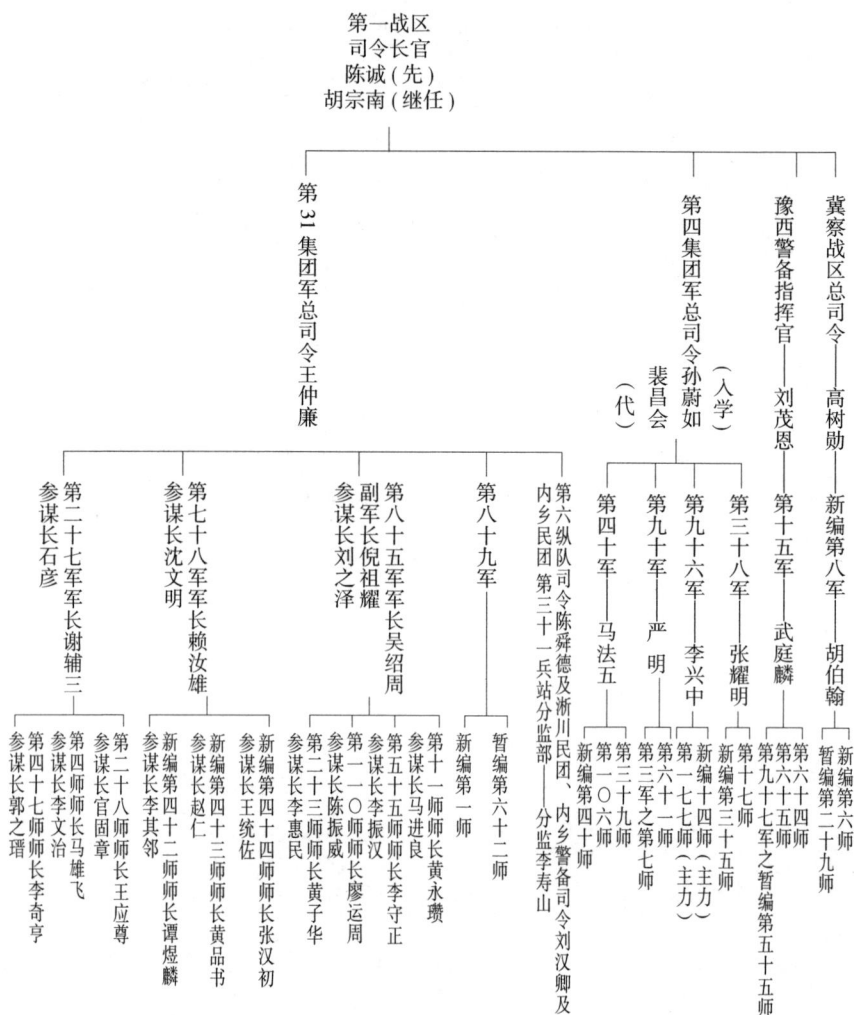

- **第一战区 司令长官 陈诚（先） 胡宗南（继任）**
  - **第31集团军总司令王仲廉**（参谋长石彦）
    - **第二十七军 军长谢辅三**
      - 第四十七师师长李奇亨（参谋长郭之瑭）
      - 第四师师长马雄飞（参谋长李文治）
      - 第二十八师师长王应尊（参谋长官固章）
    - **第七十八军 军长赖汝雄**（参谋长沈文明）
      - 新编第四十二师师长谭煜麟（参谋长李其邻）
      - 新编第四十三师师长黄品书（参谋长赵仁）
      - 新编第四十四师师长张汉初（参谋长王统佐）
    - **第八十五军 军长吴绍周**（副军长倪祖耀 参谋长刘之泽）
      - 第二十三师师长黄子华（参谋长李惠民）
      - 第一一〇师师长廖运周（参谋长陈振威）
      - 第五十五师师长李守正（参谋长李振汉）
      - 第十一师师长黄永赞（参谋长马进良）
    - **第八十九军**
      - 新编第一师
      - 暂编第六十二师
    - **第六纵队司令陈舜德及淅川民团、内乡警备司令刘汉卿及内乡民团 第三十一兵站分监部，分监李寿山**
      - 暂编第一师
  - **第四集团军总司令孙蔚如（入学） 裴昌会（代）**
    - **第四十军 马法五**
      - 新编第四十师
      - 第一〇六师
      - 第三十九师
    - **第九十军 严明**
      - 第六十一军
      - 第三军之第七师
    - **第九十六军 李兴中**
      - 新编第一七七师（主力）
      - 新编第十四师（主力）
    - **第三十八军 张耀明**
      - 新编第三十五师
      - 第十七师
  - **豫西警备指挥官 刘茂恩**
    - **第十五军 武庭麟**
      - 第六十四师
      - 第六十五师
      - 第九十七军之暂编第五十五师
  - **冀察战区总司令 高树勋**
    - **新编第八军 胡伯翰**
      - 新编第六师
      - 暂编第二十九师

（续表）

第五战区
司令长官
刘峙

第十战区
司令长官
李品仙

飞机四个大队
以上共十四万八千人

鄂北方面
右兵团指挥官冯治安——第三十三集团军
- 第六十九军——米文和——暂编第二十八师、第一八一师
- 第七十七军——何基沣——第一三二师、第一七九师
- 第五十九军——刘振三——暂编第五十三师、第三十八师、第一八○师

豫西方面
左兵团指挥官刘汝明——第二集团军
- 第六十八军——刘汝珍——暂编第三十六师、第一四三师、第一一九师
- 第五十五军——曹福林——第二十九师、第七十四师、第八十一师

工兵第四团
炮兵第十六团

豫西方面
中央兵团指挥官孙震——第二十二集团军
- 暂编第一军
- 第四十七军——李宗昉——第一○四师、第一七八师
- 第四十五军——陈鼎勋——第一二五师、第一二七师
- 第四十一军——曾更生——第一二二师、第一二四师

策应兵团指挥官付立平——暂编第九军
- 暂编第二十七师之第三师
- 骑兵第二军之第三师
- 第七军之第一七三师
- 补充第四师
- 补充第十三师
- 补充第二十师

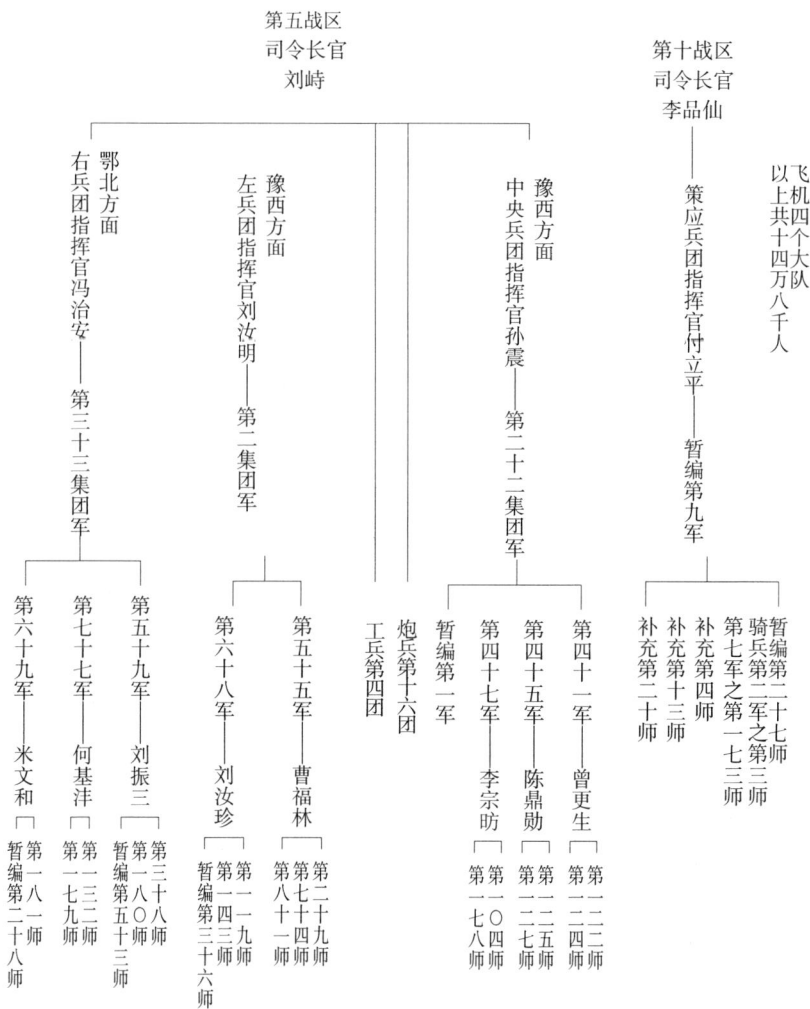

本表采自(台湾)"国防部"史政局编:《抗日战争史略》。

主要参考书目(资料)

1.(台湾)河南西峡口军民抗战实录编辑委员会:《庆祝抗战胜利七十周年纪念——河南西峡口军民抗战实录》,2015 年 2 月版。

2.(台湾)中央军校第七分校王曲师生联谊会王曲文献委员会编:《王曲文献·第 4 部·战史:抗日之部(下)》

3. 日本防卫厅防卫研究所战史研究室著,天津市政协编译委员会译:《昭和二十年(1945)的中国派遣军》第 2 卷第 1 分册,中华书局 1984 年版。

4. 日本防卫厅防卫研究所战史研究室著,天津市政协编译委员会译:《昭和二十年(1945)的中国派遣军》第 1 卷第 2 分册,中华书局 1982 年版。

5. 中国人民政治协商会议河南省委员会文史资料委员会:《河南文史资料》1996 年第 1 辑,总第 57 辑。

6. 南阳地区地方志编纂办公室编:《抗日战争资料选编:纪念抗日战争胜利四十周年》,1985 年。

7. 中国社会科学院近代史所编:《日本侵华七十年史》,中国社会科学院出版社 1992 年版。

8. 陈家珍、薛岳:《中原抗战》,中共文史出版社 2010 年版。

9. 中国人民政治协商会议河南省西峡县委员会学习文史资料委员会编：《抗日战争在西峡——纪念中国人民抗日战争暨反法西斯战争胜利67周年》，2012年8月版。

10. 中共南阳市委党史研究室编：《河山不容践踏——南阳抗战岁月实录》，中州古籍出版社2011年版。

11. 中国人民政治协商会议淅川县委员会文史资料研究委员会编：《淅川文史资料(纪念抗日战争胜利四十周年专辑)》第2辑，1985年版。

12. 复旦大学历史系中国近代史教研室组编：《中国近代对外关系史资料选辑》，上海人民出版社1977年版。

13. 中国人民政治协商会议镇平县委员会文史资料研究室编：《镇平文史资料》第6辑。

14. 中共南阳地委党史资料征集编委办公室编：《足迹——中共南阳党史资料专题汇编》第1集，1986年版。

15. 中国人民政治协商会议邓县委员会文史资料研究室编：《邓县文史资料》第3集。

16. 陈诚：《陈诚回忆录》，东方出版社2009年版。

17. 中国人民政治协商会议全国委员会文史资料研究委员会编：《文史资料选辑》总第38辑，文史资料出版社1980年版。

18. 行政院农村复兴委员会编：《河南农村调查》，上海商务印书馆1934年版。

19. 李龙春：《大横岭上建军功》，《黄埔》2009年第2期。

20. 王应尊：《豫西抗战的最后一仗——西峡口战役忆略》，《文史杂志》1988年第4期。

21. 西峡县军事志编纂委员会编：《西峡县军事志》2013年第一版。

22. 南阳地区地方史志编纂委员会编:《南阳地区志》(上中下册),河南人民出版社 1994 年版。

23. 黄兴维主编:《南阳百科辞典》,世界知识出版社 2007 年版。

24. [日]桑田悦、前原透编著:《简明日本战史》,军事科学出版社 1989 年版。[美]戴维·贝尔加米尼著,杨品泉等译:《日本天皇的阴谋》,1986 年版。

25. 中共南阳市卧龙区党史研究室编:《中共南阳城区史》,第 1 卷,中共党史出版社 1998 年版。

26. 中共南召县委党史工作委员会编:《中共南召县地方史》,中共党史出版社 1995 年版。

27. 镇平县史志办公室编著:《中共镇平县历史》第 1 卷,中央文献出版社 1999 年版。

28. 蒋纬国总编:《国民革命战史第三部:抗日御侮》第 8 卷,黎明文化印行公司 1978 年版。

29. [日]服部卓四郎:《大东亚战争全史》,商务印书馆 1984 年版。

30. 高应笃:《内政春秋》,华欣出版社 1984 年版。

31. 王辅:《日军侵华战争(1931—1945)》,辽宁人民出版社 1990 年版。

32. 万新方:《宛西自治述评》,《河南大学学报(社会科学版)》1996 年第 3 期。

33. 封太运:《西峡抗战纪实》,河南省地方史志编纂委员会编:《河南史志资料》第 9 辑。

34. 金明坤:《西峡抗战纪实》,中国人民政治协商会议河南省西峡县委员会文史资料委员会:《西峡文史资料》第 4 辑。

责任编辑:王世勇　李肖胜

图书在版编目(CIP)数据

南阳会战——中国对日最后一战/秦俊 主编 李学峰 副主编.
　-北京:人民出版社,2016.3(2024.11重印)
ISBN 978－7－01－015882－2

I.①南…　II.①秦…②李…　III.①抗日战争时期战役战斗-史料-南阳市
　IV.①E297.3

中国版本图书馆CIP数据核字(2016)第037361号

南 阳 会 战

NANYANGHUIZHAN

——中国对日最后一战

秦　俊　主编　李学峰　副主编

人 民 出 版 社

河南科学技术出版社　出版发行

(100706　北京市东城区隆福寺街99号)

环球东方(北京)印务有限公司印刷　新华书店经销

2016年3月第1版　2024年11月北京第3次印刷
开本:710毫米×1000毫米 1/16　印张:17.5
字数:227千字

ISBN 978－7－01－015882－2　定价:68.00元

邮购地址 100706　北京市东城区隆福寺街99号
人民东方图书销售中心　电话 (010)65250042　65289539